법인으로 투자할까
개인으로 투자할까

인아랑 지음 (따스한 지인)

법인으로 투자할까
개인으로 투자할까

초판 1쇄 인쇄 2022년 06월 22일
초판 3쇄 발행 2023년 10월 15일

지은이 • 인아랑(따스한 지인)
발행인 • 강혜진
발행처 • 진서원
등록 • 제 2012-000384호 2012년 12월 4일
주소 • (04021) 서울 마포구 동교로 44-3 진서원빌딩 3층
대표전화 • (02) 3143-6353 / **팩스** • (02) 3143-6354
홈페이지 • www.jinswon.co.kr | **이메일** • service@jinswon.co.kr

편집진행 • 안혜희 | **기획편집부** • 한주원, 김유진
표지 및 내지 디자인 • 디박스 | **종이** • 다올페이퍼 | **인쇄** • 보광문화사 | **마케팅** • 강성우

ISBN 979-11-86647-91-2 13320

진서원 도서번호 20006

값 22,000원

부동산, 명의 선택이 수익을 좌우한다!

법인으로 투자할까
개인으로 투자할까

인아랑 지음(따스한 지인)

진성원

나는 7년 차 부동산법인 대표입니다

법인열풍이 잠잠해진 후 이 책을 쓰게 된 이유

반갑습니다. 먼저 귀한 시간을 내서 이 책을 보는 독자들에게 감사하다는 말부터 하고 싶습니다. 정부의 규제가 심해진 지금, 부동산법인은 사실상 큰 메리트가 없어졌습니다. 하지만 아이러니하게도 그 덕분에 저는 계속 미루었던 집필을 마음 편하게 시작할 수 있었습니다.

리처드 도킨스(Richard Dawkins)는 《이기적 유전자》에서 환경을 잘 이용하는 자연 개체만 결국 진화하고 살아남는다고 말했습니다. 유행처럼 번지던 부동산법인 설립이 잠잠해진 지금, 오히려 부동산시장의 질서가 잡혀가고 있다고 생각합니다. 제가 다시 이 책을 쓸 수 있었던 이유는, 부동산법인에 대한 무조건적인 지지나 과장을 담을 필요 없이 솔직하게 이야기를 시작해도 되는 시점이라고 생각했기 때문입니다.

법인은 만능이 아니라 수익을 위한 '수단'일 뿐!

요즘은 개인 명의로만 투자를 지속하기에는 한계가 있어서 부동산법인에 대한 갈증이 커지고 있습니다. '법인 설립'이라는 가보지 않은 길에 대해 막연한 동경이 있을 수도 있고, 어설프게 설립하는 것보다 안 하는 게 낫겠다는 생각도 있을 거예요. 하지만 참새가 방앗간을 그냥 지나치지 못하듯이 부동산 투자를 하는 사람이라면 부동산법인 설립을 마음속에 갖고 있을 것입니다.

모든 투자 행위의 목적은 경제적, 정서적 안정에 있습니다. 개인에게 주어진 비과세 혜택 때문에 개인 명의를 고집할 필요도 없고, 부동산법인을 설립했기 때문에 법인으로만 투자할 필요도 없습니다. 요리 재료에 맞게 필요한 조리 도구가 달라지듯이, 상황에 맞게 개인 명의와 법인 명의를 적절하게 활용하는 것이 장기적으로 유리합니다.

부동산법인을 설립한다는 것은 내가 매년 매출을 일으킬 만한 투자 실력을 갖추었다는 것을 의미합니다. 이 사실을 외면한 채 법인을 설립한다면 실력도 없는 요리사가 식당을 개업한 것과 같은 결과를 가져올 수 있습니다.

편법을 가장한 절세 방법과 현란한 투자 기술은 패스!

개인 명의로만 부동산 투자를 해도 한계점이 있습니다. 그렇다고 부동산 법인을 꼭 설립하라고 등을 떠미는 것도 반대입니다. 개인 투자와 법인 투자를 고민한다면 부디 이 책을 읽어본 후 투자의 방향을 잡아보기를 바랍니다.

이 책에는 편법을 가장한 절세 방법이나, 희박한 확률로 대박 환상을 일으키는 투자 기술은 소개하지 않습니다. 혹시 그런 것을 기대한다면 이 책을 덮어도 괜찮습니다. 다만 부동산법인을 합법적으로 운영하면서 수익 창출을 원한다면 이 책이 도움이 될 것입니다. 왜냐하면 이 책에는 정부의 눈치를 볼 필요 없이 자신의 목적에 맞게 오래도록 법인을 운영할 수 있는 실무 비법이 담겨져 있으니까요.

20여 년 가까이 부동산과 뒹굴면서 7년 차 부동산법인을 운영해 본 결과, 대표로서 알아야 할 세무·법무 지식은 그리 많지 않았습니다. 그래서 현장에서 자주 쓰지 않는 어려운 내용은 시간을 절약하는 차원에서 걸러냈습니다. 이것이 어쩌면 부동산법인 실무가 복잡하고 어려워서 설립을 망설였던 사람들에게는 희망을 줄 수 있을 것입니다.

투자하는 사람에 따라 당장 법인을 설립하는 것보다 개인 명의로 투자하는 게 나을 수도 있습니다. 그렇게 마음먹는 것도 고민거리를 덜어내는 것이기 때문에 결과적으로는 이 책이 의미 있고 유용할 것이라고 생각합니다.

포트폴리오에 따라 개인+법인 병행 투자 추천
개인과 법인을 한배에 태우기

경제적 안정과 정서적 안정이라는 목적을 위해서 개인 투자와 법인 투자의 장단점부터 확실하게 파악해야 합니다. 자신의 목적에 맞는 도구를 활용하려면 그 도구의 장단점을 제대로 아는 게 선행되어야 하니까요.

저는 개인 명의와 법인 명의를 적절히 활용하여 단기, 중기, 장기 포트폴리오를 짜고 긴 호흡으로 한 발씩 나아가고 있습니다. 지금은 부동산을 매입할 때 법인을 명의 수단으로만 사용하지 않고 사업을 다각화하면서 활용하고 있습니다. 시간이 지날수록 법인의 가치는 제가 부여하는 만큼 풍성해지고 그 안에 있는 대표도 함께 성장한다는 것을 발견하게 되었습니다.

개인과 법인을 한배에 태워 목적지로 순항하고 있는 저의 노하우를 나누게 되어 영광이고 이렇게 저의 말에 귀 기울여주어서 감사합니다. 제 법인의 사명감은 '유무형 가치의 선순환'입니다. 따라서 이 책이 누군가에게 작은 불빛이 되기를 진심으로 바랍니다.

인아랑 (따스한 지인)

차
—
례
—

준비
마당

부동산법인 대표가 되려는 당신에게

첫째
마당

또 다른 나,
부동산법인 설립하기

둘째
마당

법인 VS 개인 명의
선택 실전 사례

셋째
마당

매년 흑자 행진!
법인 운영법

넷째
마당

나는 이렇게 연봉 7천만 원 법인 대표가 되었다

법인으로 투자할까 개인으로 투자할까

부동산법인 대표가 되려는 당신에게

01 내가 부동산법인을 설립한 이유

26살부터 시작한 투자, 결국 내 인생의 절반이 부동산!

저는 대학교에서 부동산학과 도시공학을 공부했습니다. 이렇게 진로를 선택한 것은 유년 시절 부동산 관련 일을 하셨던 부모님의 영향이 컸습니다.

부모님께서는 제가 아주 어린 시절부터 생계형 임대업을 시작으로, 자가 집을 개조하여 자영업과 중개업을 하셨습니다. 태어난 곳이 주거환경재정비 사업으로 지정되었고 21살 때까지 한 집에서 모두 함께 모여 살았습니다. 그래서 개발 사업이란 것은 시간이 무척 많이 걸린다는 것을 어렸을 때부터 알게 되었습니다. 중학생 때는 개발 사업과 관련하여 시청에 민원을 넣기도 했습니다. 틈틈이 부모님과 주고받았던 이야기는 밥상머리 부동산 교육이나 다름없었고 저는 어린 시절부터 자연스럽게 부동산에 관심을 갖게 되었습니다.

대학교에 다니면서 공인중개사 자격증도 취득했고 졸업하자마자 은행에 취업을 했습니다. 은행에서도 전공과 자격증의 이점을 살려 채권팀, 감사팀 등의 대출 업무와 사후 관리에 관한 업무를 담당했고 퇴사 후에는 부동산중개업도 3년 정도 했습니다. 어렸을 때부터 배운 것이 부동산이니 부동산으로 돈을 벌고 싶다는 욕심이 생겼습니다. 사람이라면 누구나 자본소득이 근로소득을 뛰어넘어 경제적 자유를 이루고 싶은 마음이 당연히 들 겁니다. 그래서 저 역시 그 흔한 욕심에 취업하자마자 종잣돈을 모아서 26살 때부터 본격적으로 투자를 시작했습니다.

올해 제 나이가 흔히 '불혹(不惑)'이라고 하는 마흔 살이 넘었습니다. 그러고 보니 지금까지 부동산과 함께한 지 벌써 20여 년 가까이 되었네요. 유년 시절까지 거슬러 올라가면 저에게는 '인생의 절반 이상이 부동산과 함께'라는 사실이 과언이 아닙니다.

부동산에 대한 자신감이 오히려 발목을 잡다

부동산 DNA를 물려주신 부모님이 계시고, 대학교에서 부동산학과를 졸업했으며, 공인중개사 자격증과 은행에서 근무한 경력까지 있으니 "빌딩이라도 하나 있으세요?", "강남에 집 한 채라도 있으세요?"라는 질문을 많이 받습니다. 솔직히 말씀드리면 저는 우리나라 수도인 서울에 집 한 채도 없습니다. 당연히 빌딩도 없고요.

저는 20대 중반인 2008년부터 투자를 시작했습니다. 젊다는 패기와 부동산에 대해 아는 것이 많다는 착각이 오히려 투자에 방해가 되었다는 것을 솔직하게 고백합니다. 실력보다 욕심이 앞섰고 이런 제 마음은 부동산시장의 하이에나들에게 발각되어 수많은 어려움을 겪었습니다.

부동산 투자를 해도 성과가 없었을 때 느끼는 쓸쓸함과 회의감으로 무척 힘들었습니다. 뿐만 아니라 때마침 육아 때문에 퇴사까지 한 상태여서 자존 감이 바닥을 치고 있었습니다.

'내가 앞으로 무엇을 할 수 있을까?'

'나는 어떤 사람이고 어떤 일을 좋아할까?'

'나는 꽤 괜찮은 사람이라고 생각했는데……'

이런 생각이 들자, 저를 필요로 하는 곳도, 제가 할 수 있는 일도 당장 없는 것 같았습니다. 이후 오랫동안 사회의 한 구성원으로서 앞으로 무엇을 할지 고민하면서 많은 시간을 보냈습니다. 결국 그 고민을 탈출하기 위한 실마리 가 저에게는 바로 부동산법인이었습니다.

스스로 평생직장을 만들기 위해 설립한 부동산법인

부동산법인의 설립은 제 자신에게 일터를 만들어주자는 것에서부터 출발 했습니다. 현재는 법인을 설립하여 대표로 취직을 하고 법인으로부터 월급을 받고 있죠.

저에게 부동산법인은 사회적 테두리이자, 저의 장점, 정체성, 가치관을 담 은 꿈의 회사입니다. 시작은 미미했고 남들 보기에 번듯한 회사도 아니었지 만, 근무 시간을 정해 그동안의 수많은 실패를 복기(復棋)해 보면서 부동산시 장이 어떠한 원리로 움직이는지 연구하기 시작했습니다. 그렇게 매일 출퇴근을 하면서 대표로 근무한 지 벌써 7년이란 시간이 흘렀습니다.

이 책은 부동산법인 열풍에 편승해서 수익을 낸 사람이 쓴 책이 아닙니다. 인생의 절반 이상을 하루 종일 부동산만 생각했던 사람이 실패를 딛고 부동산법인을 설립한 이야기입니다. 법인을 세우고 대표로 성실히 근무하면서 목적에 맞게 잘 운영한다고 자신 있게 말할 수 있기 때문에 그 방법을 여러분과 공유하기 위해 쓴 책입니다.

이 책은 원래 2년 전에 출간하려고 했습니다. 하지만 그 당시에는 부동산법인을 하나의 명의나 수단으로만 생각하는 사람들이 많아서 이대로 책을 내면 제가 법인을 운영하는 모습이 하나의 가십거리처럼 평가될 것 같았습니다. 또한 혼란스러운 집값 때문에 허탈감이 큰 사람이 주변에 많았기 때문에 이 책이 오히려 정서적으로 불편할 수 있겠다는 생각이 들기도 했습니다.

이렇게 힘든 상황에서 부동산법인이 정답이라면서 설립을 부추기고 싶지도 않았고, 곱지 않은 시선으로 평가받고 싶지도 않았습니다. 남이 뭐라고 해도 저에게 부동산법인은 거친 세상에서도 지키고 싶은 소중한 제 회사이니까요. 이 책도 부동산법인의 대표인 저의 정체성의 일부이기 때문에 함부로 평가받도록 내버려 두고 싶지 않아서 이제야 집필하게 된 것입니다.

규제 속에서도 더욱 단단해진 부동산법인

지난 2년간 정부의 규제 속에서 저와 부동산법인은 꾸준히 성장했습니다. 시련 속에서도 오히려 더 단단해진 것입니다.

앞에서 이야기했듯이 저는 부동산법인을 단순히 부동산을 사고파는 명의 때문에 설립하지 않았습니다. 꿈의 회사로 만들고 싶어서 사무실부터 구해야겠다고 생각했고 법인 명의의 상가를 낙찰받았습니다. 그리고 투자와 병행하면서 부동산법인 전문 공유 오피스도 운영하고 있습니다. 이곳에서 다른 부동산법인 대표들의 성장을 도와주면서 저와 가치관이 비슷한 부동산 투자자들과 사무실을 공유하고 있습니다.

이 모든 사업의 뿌리는 부동산법인이었습니다. 그리고 그 부동산법인의 성장 과정을 블로그에 기록하여 남겼더니 글을 보고 저를 찾아오는 사람들이 많았습니다. 저처럼 의미 있게 운영하고 싶다는 사람도 있었고 어쩌다 유행처럼 부동산법인을 설립한 사람도 있었습니다. 찾아오는 이유는 서로 달랐지만, 양쪽 모두 어떻게 운영해야 할지 몰라서 막막하고 힘들다는 이야기가 많았습니다. 그 모습을 볼 때마다 저는 과거에 바닥에서 울고 있는 제 모습이 많이 떠올라 마음이 늘 무거웠습니다.

법인의 본령, 유무형 가치의 선순환을 위하여

여느 회사처럼 제 부동산법인도 설립과 운영에 대한 대원칙이 있는데, 그중 하나가 '유무형 가치의 선순환'입니다. 제가 사무실에서 진행하는 소규모 특강은 세무사나 법무사가 아니라 실제로 부동산법인을 운영해 본 대표가 직접 진행하고 있습니다. 그리고 편법으로 위험하게 부동산법인을 이용하는 것이 아니라 나의 또 다른 직장, 또 다른 나로 부동산법인을 생각하는 사람들만 모아 소수로 진행하고 있습니다. 그래서인지 전국 각지에서 사람들이 모여들었고 한정된 자리 때문에 늘 일찍 마감이 되어 죄송하면서도 무척 감사했습니다. 아울러 제가 생각했던 것보다 부동산법인을 제대로 운영하려는 사람들이 많다는 사실도 함께 확인했습니다.

합법적인 테두리 안에서 법인을 성장시키기 위해 부동산법인 대표의 자기 정당화는 반드시 필요합니다. 그리고 이러한 힘이 발판이 되어야 무급여 상태에서도, 성과가 보이지 않는 상황에서도, 빛나는 내일을 위하여 한 발을 내딛을 수 있습니다.

당장의 수익만 추구하는 게 아니라 부동산에 대해서 심도 있게 공부해 보고 싶거나, 부동산시장이 움직이는 근본 원리를 추적하고 싶거나, 그래서 결국 흔들리지 않는 자신만의 인사이트를 구축하고 싶다는 등의 이유가 바로 부동산법인 설립의 원동력이 될 수 있습니다. 그냥 법인을 설립해도 되지만, 무언가 의미를 부여하고 제도권이라는 테두리 안에서 공부하는 것도 분명히 자신의 명분과 이유가 될 수 있습니다.

저의 경우에는 법인사업자등록증에 '대표'라고 찍힌 제 이름을 보는 순간, 강력한 동기가 유발되었습니다. 그리고 부동산에 대한 인사이트와 배경 지식이 없는 무능한 대표는 되지 말아야겠다고 다짐했어요.

부동산법인의 대표가 된다는 것은 엄연한 사업체 대표가 되는 것입니다. 한 사업체를 운영하는 대표로서 부동산법인을 존속시키는 것은 쉬운 일이 아닙니다. 유행을 좇는 부동산 투자보다 본질적으로 부동산에 대해 더 많이 이해해야 했고 해마다 수익을 달성하기 위해 매순간 분주할 수밖에 없었습니다. 부동산법인을 설립해서 지금까지 잘 운영하고 있지만, 불쑥불쑥 불안함이 엄습해 오기도 합니다. 우리는 예측할 수 없는 미래와 무수히 많은 선택지를 두고 항상 무엇인가를 결정해야 합니다. 여러모로 애를 썼지만 때로는 만족스럽지 못한 결과를 오롯이 혼자 감당해야 합니다. 이 모습이 바로 부동산법인 대표의 모습입니다. 하지만 그럴 때마다 당신은 혼자가 아니라고 이야기하고 싶습니다.

02 지금 당신에게 정말 부동산법인이 필요한가

당신의 투자 성적표는 어떤가

우선 가장 원초적인 질문을 해 보겠습니다. 과연 당신에게 부동산법인이 정말 필요한가요? 지금 당신 옆에서 부동산법인 설립을 부추기는 사람들의 속마음은 무엇인지 한 번이라도 생각해 본 적이 있나요? 부동산 상승기인요 몇 년 동안 부동산법인을 설립한 사람들은 어려움을 겪을 시기가 없었습니다. 그래서 그들에게 부동산법인에 대한 조언을 구했다면 한쪽으로 치우친 의견만 들었을 수도 있어요.

수익적인 측면만 본다면 부동산 투자에서 법인과 개인은 단순히 명의일 뿐입니다. 그래서 이 둘의 명의를 적절하게 활용하는 것이 장기적으로 가장 유리하다고 거듭 강조하고 있습니다. 결국 핵심은 '무엇을, 언제 사고, 언제

파느냐?'입니다. 그리고 더욱 중요한 것은 '내가 그것을 볼 안목이 있는가?'입니다. 멀리 갈 것도 없이 본인 실력은 본인이 가장 잘 압니다. 따라서 그동안의 투자 성적표를 스스로 떠올려보기를 바랍니다.

법인 대표로 대리인을 내세우는 것은 절대 비추!

부동산법인은 설립이 가장 쉽습니다. 법무사에게 서류만 맡기면 일주일 만에 법인이 설립됩니다. 하지만 법인은 청산이 어렵고 매년 꾸준히 흑자 운영을 하는 것은 더욱 어렵습니다. 특히 공무원이거나, 공기업에 다니거나, 회사 내규 상 겸업 금지라면 본인이 대표가 될 수도 없습니다. 이 경우 다른 사람이 대표가 되어야 하는데, 그러면 너무 번거롭지 않을까요?

급여도 못 받고, 차량 렌트도 못하며, 제3자를 내세워서 또 다른 사람에게 불편함을 줄 수도 있는데, 무엇을 위해서 법인 대표로 대리인을 세우려는지 개인적으로 이해가 되지 않습니다. 법인 대표를 중심으로 큰돈이 오가고 다른 사람들에게 신뢰감을 주어야 하는 위치인 만큼 본인이 직접 대표가 되어 운영하는 것이 정말 중요합니다.

법인 설립은 1주 만에 끝! 다만 흑자 운영이 어렵다

부동산법인을 설립한다는 것은 '매년 투자를 통해 수익을 낸다'는 것인데, 매년 꾸준히 무엇을 매도할 것인지, 반대로 매년 꾸준히 무엇을 매수할 것인지, 그리고 이렇게 하기 위해서 하루에 얼마나 근무를 하고 시간을 투자할 수 있는지 등을 고민해야 합니다.

만약 도저히 자신이 직접 설립할 상황이 아니라면 부동산법인을 설립하지 않기로 마음먹는 것도 하나의 성과입니다. 나중에 부동산법인 대표로 성실히 근무할 수 있을 때, 그리고 제대로 성과를 낼 수 있을 때 법인을 설립해도 늦지 않습니다.

다시 한번 강조하지만 법인 설립이 목적이 되지 않기를 바랍니다. 개인과 법인의 장단점을 충분히 파악한 후 본인에게 유리하게 적용하고 그것에 만족하면 최고의 행복인 것입니다. 그러나 법인을 설립하기로 마음을 먹었다면 뒤돌아보지 말고 최선을 다해야 합니다. 이 경우에는 자신을 믿고 자신의 목적에 맞게 부동산법인의 다양한 요소들을 살려 설립하는 것이 중요합니다.

절세가 설립 목적이라면 원점에서 다시 고민하자

부동산법인의 창업은 인테리어 비용 등 초기 투자 비용이 많이 들어가지 않아서 다른 창업보다 쉽습니다. 주변을 돌아보면 부동산 상승기와 맞물리면서 절세 목적으로 법인을 설립한 경우가 많습니다. 하지만 부동산 정체기에 들어서면 오히려 부동산법인이 짐스러울 수 있어요.

이와 같이 부동산시장은 늘 변화합니다. 이전에는 맞았던 이야기가 시간이 지나면서 틀리기도 하고 반대의 경우도 많습니다. 오르는 지역도, 내리는 지역도 늘 다릅니다. 게다가 '부동산'이라는 분야는 굉장히 다양해서 각 종목에 대한 장단점을 모두 파악하기도 힘듭니다.

부동산 투자로 어려움을 겪었거나 실패한 사람은 말이 없습니다. 이미 시장에서 사라져 버렸거나 남아있다고 해도 성공담뿐입니다. 또한 사회 정서상 실패한 이야기는 창피하기 때문에 잘 하지도 않습니다. 이러한 인식 때문에 다들 법인 운영을 잘만 하는데 나만 못한다는 생각이 들고, 더욱 의기소침해지면서 법인이 방치되기도 합니다. 결과적으로 부동산법인 운영이 어려운 이유는, 절세와 명의를 위해서만 부동산법인을 설립해 놓고 법인에 대한 목표와 나아가야 할 방향이 없기 때문입니다.

부동산법인이 달성해야 할 한 해의 매출 목표를 세우고 그 안에서 대표인 나의 꿈은 무엇인지에 대해서 구체적으로 생각해 보았나요? 하나의 사업체가 나아가야 할 목표와 방향이 없다면 대표가 할 일은 잘 떠오르지 않을 것입니다. 반대로 부동산법인의 운영이 어려운 이유는, 본인에게 너무 과도한 기준을 부여했기 때문일 수도 있습니다. 실패를 한 번도 안 해 본 투자자는 없습니다. 만약 모두 성공했다고 말한다면 그 사람은 거짓말쟁이거나 사기꾼입니다.

때로는 실패해도 괜찮다고 스스로에게 이야기해 주세요. 중요한 것은 반복되는 투자 경험이 쌓여서 승률이 높아지는 것입니다. 처음부터 100점을 맞으려고 하면 이 세상 모든 일이 어렵다는 것을 꼭 기억하세요.

03 법인과 개인의 명의를 유연하게 활용하자

단기 투자는 법인 명의로, 장기 투자는 개인 명의로!

제가 부동산법인을 설립했다고 법인 명의로만 투자를 했을까요? 아닙니다. 부동산법인을 설립했지만, 개별 지역과 개별 단지, 그리고 개별 물건을 매수할 때마다 매도 계획 시나리오를 세워본 후 장기 보유 포지션이 낫겠다 싶으면 개인 명의로 보유했습니다. 물론 단기 매도가 예상되는 곳은 부동산법인 명의로 매수하고요. 이와 같이 재료와 도구의 특성을 파악하고 최선의 선택을 하는 것이 중요합니다. 오래 전부터 특강이나 블로그에서 장기 보유할 물건이라면 항상 개인 명의로 소유하는 게 유리하다고 강조했는데, 이것은 지금도 유효하다고 생각합니다. 반대로 목표한 시나리오에 따라 법인 명의로 매수가 유리하다면 그렇게 진행하기도 합니다.

개인 투자 VS 법인 투자, 무엇을 선택할까

결국 개인과 법인의 장단점을 파악하고 명의를 유연하게 활용해야 합니다. 이 책에서는 합법적으로 쓸 수 있는 개인 명의와 법인 명의에 대해 살펴보면서 각각의 세금 차이점, 실무적인 장단점 등과 관련된 핵심 내용만 정확하게 알려줄 예정입니다. 금액에 맞게 개인과 법인의 투자를 비교한 내용도 제공할 것이므로 잘 활용해 보세요(둘째마당 참조).

개인과 법인의 명의를 활용하면 투자 기간을 단기, 중기, 장기로 세울 수 있습니다. 그 외에도 부동산법인을 이용한 사업 다각화에 대한 이야기도 할 것입니다(셋째마당 참조). 알아야 할 것이 많아 보이지만, 실제로 현장에서 필요한 정보는 한정되어 있습니다. 저도 실무에서는 간단한 것들만 머릿속에 넣고 시나리오와 목표에 맞게 명의를 정합니다.

이왕 부동산법인을 설립하기로 결심했다면 내가 일하기 좋게, 나의 정체성을 닮게 설립하는 것이 좋으므로 정해야 할 구성 요소와 절차에 대해서도 알려주겠습니다(첫째마당 참조). 법인을 이미 설립했다면 한 번 점검해 보고 혹시 놓친 것이 있다면 이제라도 목적에 맞게 수정해 보세요.

법인 명의로 매수, 보유, 매도를 했을 경우 세금과 비용 처리는 어떻게 하는지, 1년 성적표인 재무제표는 어떻게 해석해야 하는지 등 제가 부동산법인 대표로 근무하면서 겪었던 전반적인 업무 내용에 대해서 설명할 예정입니다(셋째마당 참조).

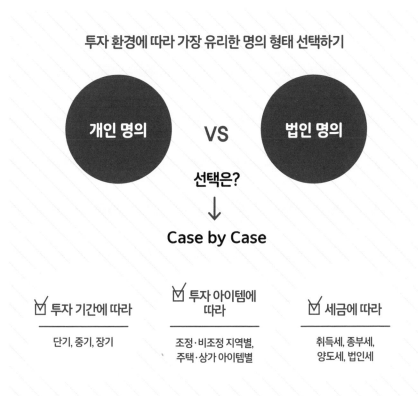

투자 환경에 따라 가장 유리한 명의 형태 선택하기

개인 명의   VS   **법인 명의**

선택은?

↓

Case by Case

☑ 투자 기간에 따라

단기, 중기, 장기

☑ 투자 아이템에 따라

조정·비조정 지역별,
주택·상가 아이템별

☑ 세금에 따라

취득세, 종부세,
양도세, 법인세

명의는 수단일 뿐, 목표는 수익 창출!

법인과 개인은 매수의 수단일 뿐, 우리의 진짜 궁극적인 목적은 경제적 안정을 발판으로 삼은 정서적인 안정입니다. 법인 설립이나 부동산 투자 자체가 목적은 아닐 테니까요. 가장 중요한 것은, 자신이 투자할 물건이 경제적 자유를 이룰 만한 가치가 있는지, 그리고 이런 상황에서 이 물건을 어느 명의로 했을 때 더 효율성이 좋아지는지의 여부입니다. 이런 경우에는 목적과 수단을 분명하게 해야 합니다. 남들 하는 것을 보고 무작정 따라하지 말고 자신의 목적을 확실하게 떠올리기를 바랍니다.

저의 경우는 투자하기 전에 전체적인 부동산 흐름부터 살펴봅니다. 전국 단위를 본 후 도 단위, 시 단위로 쪼개보면 국가 위기 상황을 제외하고는 늘 오르는 곳이 어딘가에 있었습니다. 결국 자기가 아는 만큼 보이게 마련입니다. 사실 우리에게 이러한 믿음이 없으면 이 일을 하는 것 자체가 코미디에 불과합니다. 부동산 가격이 떨어질 것이라고 스스로 예상하면서 불안해하면 투자 자체를 해서는 안 되는 것이죠.

'어딘가 오르는 곳은 있다.'라고 생각하고 그것을 고민하면서 연구하는 일이 바로 부동산 투자이고, 그것을 업으로 삼았다고 말하는 사람이 부동산법인 대표입니다. 전국을 기준으로 여러 지역과 다양한 단지를 후보군에 놓고 계속 비교하면서 본인의 투자 기준에 맞는 곳에 대해 스스로 수많은 질문과 고민을 하고 연구해야 합니다.

결국 시장을 보는 자신의 안목이 어느 정도인지, 자신의 성향은 어떤지 파악하는 것이 선행되어야 합니다. 그리고 개인과 법인의 명의마다 투자 가용 금액을 배정하고 개인과 법인이 추구하는 목표점에 맞는 투자 기준을 세우는 게 우선입니다. 혹시라도 투자 전에 세워야 할 기준이 미흡하다는 생각이 든다면 이 책을 읽으면서 조금 길게 호흡해 보고 앞으로 어떤 목표를 가져야 할지 먼저 고민해 보세요.

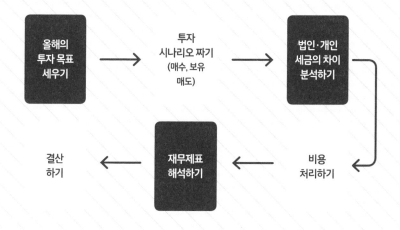

부동산법인의 연간 목표에 따른 주요 업무

매수 전 매도 계획부터 세우자

여러분이 자신만의 목표와 안목을 세웠다고 가정하고 투자가 예상되는 매물을 발견했을 때 어떻게 해야 할지 이야기를 시작해 보겠습니다. 우리는 매수하기 전에 매도 금액과 매수 시기에 따른 시나리오를 상상해야 합니다.

이 시나리오는 주관적이거나 터무니없는 상상이 아니라 누구에게나 설명을 해도 설득이 가능하면서 현실적이어야 합니다. 적어도 명의자가 될 본인이나 법인 대표는 확신이 있어야 나중에 시나리오를 보고 어느 명의가 더 유리한지 판단할 수 있습니다.

해당 지역에서 추후 예상되는 흐름과 자신이 투자하려는 단지와 개별 물건의 특성(세입자 만기일, 입주 가능 여부, 수리 상태 등)을 파악한 후 큰 틀에서 살펴보고 단기 보유가 예상되는 매물은 법인으로, 장기 보유해야 의미 있는 수익이 예상되는 매물은 개인으로 보유하는 것이 유리합니다.

단기 투자는 법인, 장기 투자는 개인 추천! 변수도 대비하자

현 시점에서 가장 유리한 투자 시나리오는 개인으로 매수해서 2년 보유 후 일반 세율을 받는 것입니다. 비조정 지역을 개인으로 매수해서 2년 보유하거나, 조정 지역이어도 비수도권 지역(광역시 제외)에서 2년 보유 후 매도할 경우 양도소득세율은 일반 세율이 적용됩니다(매도 시점 공시 가격 3억 원 이하일 경우). 이것은 다주택자도 마찬가지입니다. ◆

저 역시 이러한 지역은 굳이 법인 명의를 활용하기보다 개인으로 매수하는 것이 유리하기 때문에 개인 명의를 활용합니다. 그리고 경험상 이제 막 상승기를 시작한 지역이나 신축 단지의 경우에는 너무 짧게 보유하는 것보다 2년 정도 보유하는 것이 나았습니다.

이런 원칙이 모든 물건에 적용되지는 않습니다. 개별 물건의 경우에는 세입자가 1년 안에 이사를 가기로 한 집이거나, 그 지역의 특성상 사려고 하는 물건의 경쟁력이 떨어져서 단기 보유를 해야겠다는 계획을 세웠다면 법인 명의를 활용하는 것이 낫겠죠. 결국 개별 지역, 개별 물건의 시나리오를 예상하

◆ 조정 지역이어도 다주택자에 대한 양도소득세 중과가 2022년 5월 10일 ~ 2024년 5월 9일까지 2년 이상 보유한 물건을 양도하는 경우에 한하여 한시적으로 배제됩니다.

고 매수 시점부터 매도 시점까지 계획을 세운 후 개인과 법인의 장단점을 고려하여 명의를 정하는 것이 중요합니다.

어느 것을 자신이 감당하고, 어느 것에 대한 이익을 취할 것인지는 선택의 문제입니다. 선택에 대한 장단점은 각각 분명히 존재합니다. 그리고 그 장점을 취하려면 일정한 대가를 치러야 하는 것도 세상의 이치입니다. 물론 자신이 예상한 대로 흘러가지 않을 수도 있습니다. 부동산 투자라는 것이 수학공식처럼 딱 들어맞을 수는 없으니까요.

전체 부동산시장에 참여하는 주체는 모두 사람입니다. 갈대처럼 움직이는 사람의 마음이 늘 변수이지요. 그렇다고 해도 그 순간에는 개인이 나을지, 법인이 나을지 최선을 다해서 선택해 봅시다. 여러 번 고민해 보고 자신에게 솔직할 수 있을 정도로 최선을 다했다면 어떤 결과든지 잘한 것입니다.

투자에는 정답이 없습니다. 그 결과를 받아들이고 만족한다면 그것이 바로 정답입니다. 그리고 분명히 다음 선택은 좀 더 나을 겁니다.

그 외 부족한 부분은 저의 블로그(blog.naver.com/jiin1983)를 통해서 꾸준히 소통하겠습니다. 이 책을 읽는 독자 중에는 새로운 도전을 준비하는 사람도 많을 것입니다. 부동산법인을 세상에 하나뿐인 또 다른 나로 성장시켜 나가기 바랍니다. 부동산법인이 성장하는 만큼 그 안에 있는 대표인 자신도 함께 성장합니다. 자신의 장점을 살린 부동산법인 안에서 충분히 오랫동안 꾸준히 행복하기를 바랍니다. 자신이 직접 설립한 부동산법인을 귀하게 여길수록 그 안에 있는 대표인 당신도 귀해진다는 사실을 꼭 명심하세요.

▲ 부동산법인 소통을 위한 저자의 블로그(blog.naver.com/jiin1983)

04 부동산법인,
믿는 만큼 자란다

법인의 가치는 신뢰와 함께 성장한다

우리의 투자 환경은 항상 변합니다. 하지만 변하지 않을 자신만의 부동산 법인의 대원칙과 목표를 세운 후 거부할 수 없는 명분을 만들고 의미를 부여하면 됩니다. 그리고 이것을 달성하기 위해 대표인 내가 열심히 근무하면 됩니다. 이것은 너무나 당연한 이야기지만, 꾸준히 노력하면 어떠한 환경에서도 부동산법인은 항상 유효합니다. 예를 들어, 개인 명의는 비과세를 받으면서 주택 투자를 이어가고 싶을 때 유리하고, 법인 명의는 비주거용 부동산으로 대출을 받을 때 유리합니다. 2022년 상반기를 기준으로 2년 미만의 투자를 할 때는 법인이 유리해 보이지만, 이것도 항상 변합니다.

저도 개인과 법인의 장단점을 정확하게 파악하고 그때그때 상황에 맞추어 유연하게 활용하면서 조금씩 앞으로 나아갔습니다. 하지만 상황이 언제나 나에게 유리하지만은 않습니다. 시간이 지난 후에야 그때가 좀 더 나았던 것처럼 느낄 뿐입니다.

결과는 당장 눈에 보이지 않습니다. 하지만 어느새 시간이 흘러 평범했던 제가 이렇게 책을 쓰는 날도 왔습니다. 그러므로 변하지 않을 자신만의 계획을 세우고 그 계획을 부동산법인의 목표와 방향으로 정한다면 부동산법인은 늘 유효할 것입니다.

편법 수단이 아닌 꿈의 회사로 성장시키는 방법

부동산 투자는 큰 계획을 세워야 흔들림이 없습니다. 작은 이익에 맞추어서 계획을 세우다 보면 규제가 나올 때마다, 그리고 시장이 흔들릴 때마다 마음이 불안해지기 마련입니다. 자칫 잘못하다가는 분주하게 움직인 만큼 소득이 없을 수도 있어요.

이왕 설립한다면 부동산법인을 하나의 명의로만, 또는 절세의 방법으로만 설립하지 마세요. 그렇게 접근한다면 수시로 변하는 시장 환경에 따라 이미 설립해 놓은 자신의 법인의 운명은 바뀔 수밖에 없습니다. 제대로 잘 운영해 보고 싶거나, 법인의 운명을 다른 사람이 결정하게 만들고 싶지 않거나, 정처 없이 떠도는 휴면 법인으로 만들고 싶지 않다면, 자신의 부동산법인에 아무도 범접할 수 없는 자신만의 원대한 의미를 부여하고 소중히 여기면서 가꾸고 성장시켜야 합니다.

내가 가치를 부여하는 만큼 부동산법인은 언제나 유효합니다. 부동산법인이 다른 사업체와의 가장 큰 차이점은, 대표의 역량에 따라 존폐 여부는 물론, 매출 및 생산성에 대한 대표 의존도가 매우 높다는 것입니다.

부동산법인은 흑자를 거두어야만 세금 혜택을 볼 수 있다는 사실을 빨리 알아야 합니다. 그리고 부동산법인이 부동산 임대시장의 활성화에 큰 도움이 될 수 있는 주체로 발돋움하려면 부동산법인 대표 스스로가 사명감과 책임감을 가져야 합니다.

현장에 나가보면 부동산법인을 하나의 단순 명의로만 여겨서 쉽게 폐업시켜버리고 그 책임을 다른 사람에게 전가시켜버리는 대표들을 자주 목격합니다. 이들의 가볍고 무책임한 행동 때문에 피해를 호소하는 사람들을 만날 때마다 같은 업종에 종사하는 일원으로서 미안하기만 합니다.

자, 부동산법인을 이제 막 설립하려고 한다면 앞으로 다가올 현실이 사실은 그리 쉽지만은 않다는 것을 직감했을 것입니다. 그럼에도 불구하고 부동산법인을 설립하겠다면 저의 이야기가 작은 불빛이 되었으면 합니다. 어쩌다가 유행에 따라 부동산법인을 설립했는데, 매출도 없이 한 해를 마감하고 있어서 마음이 무겁다고요? 그렇다면 이 책이 다시 해 볼 수 있다는 희망과 용기를 주었으면 합니다.

또 다른 나,
부동산법인
설립하기

05 법인의 '보이는' 장점
— 명의 분산, 대출, 비용 공제, 절세 등

아무리 부동산법인과 관련된 규제가 많아도 여전히 법인의 장점은 많습니다. 그러면 우리를 유혹하는 부동산법인의 장점에 대해 하나씩 알아봅시다.

보이는 장점 ❶ 명의 분산 효과가 있다

개인 명의 부동산을 추가로 소유하고 싶지만, 상황이 여의찮은 경우가 종종 있습니다. 1가구 1주택의 비과세 혜택을 받아야 하거나, 청약 당첨을 위하여 무주택 자격을 유지해야 하는 경우가 대표적이죠. 현재 3기 신도시 사전청약 같은 경우에도 본 청약까지 반드시 무주택을 유지해야 합니다. 또한 주택담보대출이나 전세자금대출, 생활안정자금대출을 받은 경우에는 대부분 주택 추가 취득 금지 조항 등에 서명해야 하므로 개인으로 주택을 취득하는

데 큰 장애가 됩니다. 이럴 때 법인 명의로 부동산을 취득하면 앞에서 나열한 예시의 상황에서 1주택자, 무주택자, 대출자의 지위를 그대로 유지할 수 있습니다.

보이는 장점 ❷ 개인보다 대출이 유연하다

개인은 가계대출의 규정을 따릅니다. 하지만 법인의 경우에는 상법상 사업자등록증이 있기 때문에 기업대출의 규정을 따릅니다. 각각 대출 가이드라인이 달라서 개인보다 법인에게 LTV(Loan To Value ratio, 담보 대출 비율)가 유연하게 적용됩니다. 특히 주거용이 아닌, 상업용이나 업무용 부동산에 대한 대출을 받을 때는 법인이 유리한 경우가 많습니다. 다만 개인도 대출받을 때 개인 신용 등급과 소득이 중요하듯이 법인도 이러한 대출의 장점을 활용하려면 법인의 재무제표와 대표의 신용 관리가 필요합니다. 이것에 대한 자세한 내용은 233쪽 '30 은행에서 대출해 주고 싶은 법인이 되려면'에서 다루겠습니다.

보이는 장점 ❸ 비용 공제 항목의 범위가 넓다

개인 명의 부동산의 양도소득에 대해서는 비용 공제 항목이 한정되어 있습니다. 그래서 양도한 자산을 보유하는 동안 지출했던 대출 이자나 도배장판 교체 비용과 같은 수익적 지출에 포함된 수리 보수 비용 및 세입자를 구하기 위한 중개 비용 등은 인정을 못 받습니다. 하지만 법인의 경우에는 대출 이자뿐만 아니라 도배장판 교체 비용과 부동산 투자 관련 수강비 등을 포함하여 부동산 취득, 보유, 양도에 관련된 대부분의 비용을 사업 비용으로 인정받습니다. 법인을 유지하기 위해 지출한 사업 비용에 속하기 때문에 법인세를 계산할 때 비용으로 인정받는 것입니다.

보이는 장점 ❹ 양도차익 과세에 유리하다

개인과 법인의 양도차익에 대한 세금 부과 방법에 차이가 있습니다. 개인의 경우에는 양도차익에 대한 소득세율이 '과세 표준'에 따라 정해지지만, 법인의 경우에는 '법인세율'에 따라 부과됩니다. 물론 2년 이상 장기 보유와 양도차익 금액에 따라 개인이 더 유리한 구간도 있습니다. 하지만 통상적으로 2

양도차익에 대한 세금 부과 비교하기

개인

법인

양도세

법인세

2년 이상
장기 보유 시 유리

2년 미만
단기 보유 시 유리

VS

년 미만의 단기 보유와 양도차익이 커질수록 법인세는 단일 세율로 적용되기 때문에 단기 보유할 경우에는 상대적으로 법인이 훨씬 유리합니다.

보이는 장점 ❺ 자녀가 법인 주주로 참여할 수 있다

우리가 설립하는 부동산법인의 주주는 보통 가족으로 구성됩니다. 대표 1인이 전체 주식을 소유할 수도 있지만, 전체 주식 중 10% 또는 그 이하의 주식을 자녀에게 증여하는 경우도 있어요. 보통 미성년자는 10년에 2천만 원까지만 증여세가 비과세로 처리되는데, 다음의 과정을 통해 어린 시절부터 자연스럽게 부의 축적이 가능합니다.

❶ 법인 설립 시 필요한 자본금에 해당하는 잔고증명서를 출력하기 전에 자녀 이름으로 자본금에 해당하는 일부 금액을 입금합니다.
❷ 그러면 자녀는 발기인이 되어 자연스럽게 부동산법인의 주주가 됩니다.
❸ 이렇게 증여세가 비과세 되는 범주 안에서 한 번 주식을 증여하면 매년 법인 수익의 일부분을 자녀에게 배당해 줄 수 있습니다.

이것은 이미 대기업이나 자산가들에게는 익숙한 방법으로, 우리 법인도 작게나마 시작할 수 있는 순차적 증여의 한 방법입니다.

06 법인의 '숨은' 장점
— 자기결정권, 일과 가정의 균형,
그리고 내적 성장

앞에서 나열한 부동산법인의 장점만으로도 부동산법인 설립에 솔깃할 것입니다. 하지만 이러한 법인의 장점을 활용하려면 일단 수익이 발생해야 합니다. 또한 이렇게 눈에 보이는 장점은 한시적일 수도 있고 정부와 정부 지침에 따른 금융기관에서 정한 규칙이기 때문에 언제든지 변할 수도 있고요. 예를 들어볼까요? 현재는 법인이 주택을 양도하면 법인세 외에 추가 과세 20%가 붙지만, 불과 얼마 전까지만 해도 추가 과세는 10%였습니다. 좀 더 거슬러올라가면 과거에는 추가 과세가 30%로 들쭉날쭉했습니다.

미래는 알 수 없고 세법은 시대의 흐름에 따라 항상 변합니다. 내가 마음대로 정할 수 없는 외부 변수죠. 따라서 부동산법인의 장점을 스스로 찾고 만들어가야 흔들림 없이 운영할 수 있습니다. 그러면 제가 생각하는 눈에 보이지 않는 법인의 장점이 무엇이길래 어떠한 외부 변수가 오더라도 부동산법인을 운영하려고 하는지 궁금하지요? 자, 그러면 법인 투자의 숨은 장점을 하나씩 살펴볼게요.

숨은 장점 ❶ 스스로에게 사회적 테두리를 만들어준다

저와 같이 아이 둘 낳은 경단녀들은 과거에 아무리 화려한 경력과 스펙을 가지고 있어도 재취업하기가 쉽지 않습니다. 부동산법인의 대표가 된다는 것은, 본인 스스로 고용주와 사용자가 되는 것입니다. 내가 만든 법인이 나를 대표로 고용해서 일하게 하죠. 근로자이기 때문에 회사에서 가입해 주는 국민연금 및 의료보험도 가입할 수 있고, 직장인 신용대출도 받을 수 있어요. 규모가 작은 1인 법인이지만, 생각을 바꾸면 스스로 사회적 테두리를 만들어주었다는 심리적 만족감을 얻을 수 있습니다. 개인적으로 이 점이 눈에 보이지 않지만 최고의 장점이라고 생각합니다.

숨은 장점 ❷ 내가 나에게 월급을 줄 수 있다

법인에서의 첫 월급날은 저에게 결코 잊을 수 없는 선물 같은 날이었습니다. 퇴사 후 쓸쓸했던 제 모습과 오버랩되면서 제 자신이 대견하고 뿌듯했습니다. 현재도 매달 월급을 받는 날은 다른 직장인처럼 신난답니다.

법인에서 월급을 받는다는 것은 의미가 좀 다릅니다. 대부분의 직장인들은 월세를 받는 것이 로망일 것입니다. 저도 두 명의 아이들을 챙기면서 회사생활을 할 때 급여만큼 월세를 만들려고 월세 수익률이 높은 도시형 생활주택과 오피스텔, 상가 등을 매수한 경험이 있습니다. 그리고 연령대가 낮을수록 자본의 크기 자체가 작기 때문에 월세 수익률을 높이려면 대출을 많이 받아야 했습니다. 시간이 지나 세입자가 바뀔 때마다 수선비와 중개비, 그리고 월세 수익에 대한 종합소득세까지 따져보니 '앞에서 벌고 뒤로 깨진다'는 말이 딱 맞았습니다. 그리고 월세 수익률이 높은 부동산 상품은 사실 시세차익이 높지 않은 경우가 많기 때문에 점점 더 외곽으로 밀려나가는 투자를 하게 되었습니다. 결국 이런 부동산 상품은 시세가 오르기는커녕 하락기 때는 매도조차 힘든 경우가 많았어요.

골치 아픈 부동산 투자의 경험이 부동산법인을 운영하면서 급여를 받기로 한 이유 중 하나였습니다. 시세차익이 예상되는 부동산을 법인으로 매입하고 다시 매도한 시세차익을 나누어서 월급을 받는 것이, 매달 50만 원(대출 이자 빼면 실제 월세는 20~30만 원) 받는 부동산을 여러 개 관리하는 것보다 훨씬 더 나은 대안인 셈이었습니다.

물론 '개인으로도 이렇게 투자해서 양도차익이 생겼을 때 나누어서 받으면 되지.'라고 생각할 수도 있을 거예요. 하지만 매도를 하게 되면 대부분 재투자로 이어지기 때문에 큰돈을 통장에 넣어 놓고 매달 빼서 쓰는 것이 정서적으로 편하지는 않습니다. 게다가 이런 경우에는 자칫 한두 번의 시세차익을 뭉쳐 수익형 부동산 투자로 눈을 돌리는 잘못을 저지르기 쉽습니다.

청년기와 장년기 포트폴리오는 수익형보다 시세차익 중심으로 투자할 필요가 있습니다. 하지만 주변의 소음 때문에 선택과 집중을 하기 힘들죠. 그러므로 차라리 법인으로 투자를 하고 대표로서 월급을 받는 게 훨씬 나은 대안이라는 것을 앞선 경험자로서 조심스럽게 조언합니다.

법인을 통해 나에게 월급을 준다

법인 매수 → 법인 매도 → 시세 차익 → 대표 월급 지급

숨은 장점 ❸ 체계적이고 꾸준하게 투자할 수 있다

부동산법인 대표라고 하면 개인 투자자보다 무언가 좀 더 달라 보이기도 합니다. 직원 하나 없는 1인 법인이지만, 한 사업체를 꾸리고 있는 엄연한 대표님이기 때문이죠.

'자리가 사람을 만든다.'고 합니다. 개인 투자자였을 때는 통장에 돈 있을 때만 간헐적으로 부동산에 대해 그때그때 관심을 갖는 경우가 대부분이었습니다. 하지만 부동산법인 대표가 되었기 때문에 매 회계연도마다 일정한 소득을 창출해야 하고 월급을 받아야 하므로 체계적이고 꾸준하게 투자하게 됩니다.

매년 발생하는 법인 운영비를 생각하면서 마이너스가 아닌 플러스로 마감해야 한다는 무언의 압박감이 생기고 이것이 바로 강력한 동기 부여로 이어집니다. 게다가 구체적이고 확실한 목표도 생기죠. 그렇다 보니 법인 대표로 근무(고민)하는 시간이 많아질수록 법인 투자도, 개인 투자도 자연스럽게 잘하게 됩니다. 결국 부동산법인의 운명은 대표가 수익을 내는 부동산을 보는 안목이 있느냐의 여부에 따라서 결정됩니다. 이렇게 체계적이고 꾸준히 관심을 갖고 공부하면서 근무(고민)하다 보면 자연스럽게 개인 자산 형성에도 큰 도움이 됩니다.

숨은 장점 ❹ 일하는 시간과 장소를 내가 정할 수 있다

대부분 규모가 작은 1인 부동산법인의 대표이기 때문에 눈치를 볼 상사도, 챙겨야 할 후배도 없습니다. 때로는 이것이 단점이기도 하죠. 하지만 반대로 그렇기 때문에 정해진 시간과 장소에 구애받지 않고 언제든지 자신이 원하는 시간에 일할 수도 있고, 근무 장소도 자신이 직접 정할 수 있답니다. 바로 이것이 법인 설립의 장점이기도 합니다.

만약 육아에서 자유롭지 못하다면 더 이상 아이를 맡기는 문제로 혼자 발을 동동 구르지 않아도 되고, 출근 시간 때문에 아픈 아이를 억지로 어린이집에 보내지 않아도 됩니다. 아이들과 충분히 시간을 보낼 수도 있고, 가끔 아이친구 엄마들과 유쾌한 시간을 보낼 수도 있어요. 이것은 회사 생활을 할 때는 꿈도 못 꿀 일이었지요. 대신 아이들이 유치원이나 학교에 갔을 때 고도의 집중력으로 일하고, 아이들이 자는 새벽 시간이나 밤늦은 시간에도 대표의 의지에 따라 근무 시간을 수시로 정해 탄력적으로 연구하면서 일해야 합니다. 이 부분이 단연코 부동산법인의 보이지 않는 큰 장점 중 하나입니다.

숨은 장점 ❺ 노력한 만큼 함께 성장한다

회사에 처음 입사했을 때로 되돌아가 볼까요? 신입사원 때는 회사를 위해서라면 무슨 일이든지 다 할 수 있을 것만 같았습니다. 회사가 성장하는 만큼 자신도 함께 성장한다고 믿습니다. 하지만 연차가 쌓일수록 회사 속의 나라는 존재는 부품일 뿐이라는 생각이 듭니다. 결국 회사는 근로자가 굶어 죽지 않을 정도의 월급만 주고, 근로자는 '짤리지' 않을 정도만 일을 하게 되죠. 아, 한 번뿐인 인생인데 순식간에 정말 허무해집니다. 다들 이런 생각을 아마도 한두 번씩은 했을 것입니다.

하지만 부동산법인은 자신이 근로자이기도 하고 대표이면서 주주인 자신의 회사입니다. 법인의 매출을 위해서라면 야근도, 새벽 근무도 마다하지 않고, 심지어 주말에도 열심히 일하는 제 모습에 저 스스로가 놀라기도 합니다. 노력하는 만큼 나와 내 법인은 함께 성장하고 있고 법인 운영에 대한 고민과 함께 연차가 쌓일수록 더욱 경험이 풍성해지는 것이 바로 부동산법인입니다.

숨은 장점 ❻ 또 다른 나를 발견할 수 있다

불과 얼마 전까지 저의 부동산법인 매출은 대부분 부동산 양도차익이었습니다. 하지만 현재는 부동산법인 관련 블로그와 공유 사무실을 통해 상담과 강의까지 하다 보니 또 다른 법인 매출이 발생하고 있습니다. 처음 부동산법인을 설립했을 때는 전혀 예상하지 못했던 일이었습니다. 이렇게 책을 쓰고 있는 지금 저의 모습도 무척 낯설게 느껴진답니다. 남들보다 먼저 부동산법인을 설립하고 운영하고 있는 덕분에 소소하지만 저의 경험을 이야기해 줄 수 있다는 것에 감사하며 행복해하는 저의 모습도 함께 발견하게 되었습니다.

그렇습니다! 여러분들도 마음속에 하고 싶었던 일, 잘할 수 있는 일을 법인 사업에 함께 넣어보기를 적극 추천합니다. 그리고 이왕 설립한 법인이니 단순히 부동산을 사고파는 용도로만 사용하지 않았으면 합니다.

법인의 업태와 종목에 부동산 매매를 추가하고 부수적으로 교육 사업이나 온라인 쇼핑몰, 도서 출판, 인테리어, 광고, 가구 제작, 악기 수업 등 다 좋습니다. 이전에 했던 일이나 혼자 알기 아까운 자신만의 꿈이나 취미 등도 같이 넣어보세요. 법인은 우리가 원하는 모습으로 얼마든지 만들어갈 수도 있고, 대표가 꿈꾸고 바라는 대로 운영할 수도 있어요. 여러분의 장점과 끼를 듬뿍 담은 여러분만의 멋진 법인을 만들기 바랍니다.

지금까지 부동산법인의 보이는 장점과 보이지 않는 장점에 대해 이야기해 보았는데, 너무 구구절절한가요? 사람이든, 법인이든 자신이 어떠한 의미를 부여하고 마음가짐을 다르게 하느냐에 따라 결과가 달라집니다. 자신만의 법인을 만들었으니 이곳에 특별한 의미와 정성을 쏟아보세요. 이렇게 노력하는 대표의 하루하루가 모여서 매년 연봉 인상의 순간이 오는 것입니다.

결국 앞에서 이야기한 부동산법인의 혜택을 누리려면 꾸준한 수익이 계속 발생해야 합니다. 매출 없는 부동산법인은 앞에서 나열한 장점이 모두 그림의 떡입니다. 그러므로 개인 투자할 때보다 좀 더 업그레이드된 대표의 성실한 근무 자세가 반드시 필요합니다.

회사 생활하면 으레 회사의 미래를 안줏거리 삼아 회사와 경영진에 대한 걱정 아닌 걱정을 늘어놓게 됩니다. 부동산법인은 대표인 자신의 역량이 매우 중요하기 때문에 남을 탓할 이유가 '1'도 없습니다. 대표의 극진한 신뢰를 받은 법인과 함께 성장하는 나, 정말 멋지지 않나요? 바로 여러분들도 할 수 있습니다.

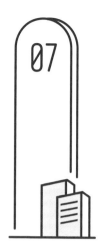

법인의 단점을 정확히 알자

07

개개인들은 각자 고유의 성격을 가지고 있고 다양한 장단점이 존재합니다. 이것은 법인도 마찬가지입니다. 개인 투자와 비교해 보면 법인도 장점과 단점이 있어요. 하지만 '적을 알고 나를 알면 백전백승(百戰百勝)'이라는 말도 있으므로 법인의 단점을 찾아보고 차근차근 극복해 봅시다.

단점 ❶ 세입자 구하기가 다소 어렵다

제가 부동산법인으로 세입자를 구하기 위해 가장 먼저 하는 일은 중개사님에게 이해와 설득을 구하는 것입니다. 그래야 중개사님이 세입자에게 잘 설명하고 제대로 설득할 수 있기 때문입니다. 중개사님이 법인에 대한 편견을 갖고 있거나 정보가 전혀 없다면 세입자들에게 법인 물건을 브리핑하기가 매우 어려워져서 결국 우선순위에서 밀리게 됩니다.

물론 중개사님까지 설득해도 세입자 개개인이 갖고 있는 법인에 대한 생소함과 불안감이 쉽게 해소되지 않는 경우도 많습니다. 법인으로 매수 계약을 진행 중이었는데, 임대인이 법인이면 'No'라는 전세입자 때문에 결국 등기전에 매수인을 법인에서 개인으로 바꾼 경우도 있었습니다. 법인과는 절대로 전세 재계약을 할 수 없다는 세입자를 붙잡기 위해 취득세와 등기 비용을 다시 부담하고 개인 명의로 이전등기한 후 재계약한 경우도 있었고요.

이 모든 것이 세입자들만의 문제는 아닙니다. 그동안 부동산법인이 사회에 보여준 한 단면 때문이라고 생각하므로 세입자들에게 질 좋은 임대 서비스를 제공하면서 실타래를 풀어나가고 있습니다. 이 밖에 제도적인 문제도 있습니다. 임대인이 법인이면 세입자의 전세자금대출 상품의 가입이 제한되기 때문에 법인에 대한 선입견이 크게 없는 세입자도 제도적인 약점으로 계약하기 어려운 적도 있었습니다.

단점 ❷ 때로는 개인보다 세금을 더 낼 수도 있다

단순히 개인 양도소득세율(경우에 따라 추가 과세 포함)과 법인세율만 비교해본 후 법인이 세금을 덜 낸다고 생각하는 사람들이 많습니다. 하지만 이것은 절반만 해당되고 조목조목 따져보면 개인보다 법인이 세금을 더 많이 내는 경우도 있습니다.

부동산법인으로 돈을 벌어도 법인이 돈을 번 것이지, 내가 돈을 번 것은 아닙니다. 수택을 팔 경우에도 수익에 대해 법인세와 추가 과세를 일단 부담해야 하고, 그 수익을 내 주머니로 가져오려면 근로소득세 및 4대 보험료나 배당소득세를 부담해야 합니다. 결국 이중 과세가 되는 구조여서 어떤 경우에는 의도치 않게 세금을 더 많이 내는 애국자(?)가 되기도 합니다.

법인세율의 과세 표준은 2억 원 이하일 때는 10%이지만, 2억 원 초과부터는 20%로 올라갑니다. 여기에 주택을 매도할 경우 추가 과세 20%와 대표에게 급여를 줄 때 내야 하는 4대 보험료(약 17%), 소득세(약 15%) 또는 배당소득세

개인 VS 법인의 돈을 대표에게 가져올 수 있을까

▲ 개인과 법인의 세금 비교

(약 15.4%)를 계산하다 보면 '절세를 위해 설립한 법인이 맞나?' 하는 생각마저 듭니다.

단점 ❸ 장기 투자에는 불리하다
공제 금액 無, 매년 종합부동산세 최고 세율 5% 적용!

개인으로 투자한 물건이 시세차익이 나지 않았다면 굳이 서둘러 매도할 필요가 없습니다. 만약 하락하더라도 부동산 자산 특성상 다시 흐름이 좋아지면 물가 상승률만큼은 우상향하기 때문에 오를 때까지 기다려도 좋습니다. 하지만 법인의 경우 개인 혜택인 공제금 6억 원도 없을 뿐만 아니라 조정 지역 2주택 소유 법인부터는 매년 종합부동산세 최고 세율인 5%가 적용됩니다.

부동산 매매 외의 업종을 따로 운영하지 않는 법인이라면 매년 보유하고 있는 부동산을 매도해야 매출이 발생합니다. 하지만 시장 흐름이 예상과 다를 수 있다는 것을 꼭 명심해야 합니다. 조금 더 보유하면 상황이 좋아질 것으로 예상되어도 해당 회계연도 재무제표상 당기순이익을 플러스로 마감하기 위해 아쉬움을 뒤로 하고 매도해야 하는 경우도 있습니다. 이렇게 팔지 않으면 당기순이익이 마이너스로 마감된 재무제표 때문에 법인대출이 순조롭지 않을 수도 있고, 다음 연도 사업에 큰 영향을 줄 수도 있으므로 잘 결정해야 합니다.

단점 ❹ 숨만 쉬어도 내는 돈이 있다

부동산법인을 설립할 때 본점 주소지를 정해야 합니다. 71쪽에서 다시 다루겠지만, 비과밀억제권역에 본점을 설립해야 취득세 중과에서 벗어날 수 있어요. 물론 현재 살고 있는 집에 본점을 설립할 수도 있습니다. 다만 그곳이 과밀억제권역이나 본인 소유가 아니라면 본점 사업장으로 사용할 사무실을 따로 구해야 하는데, 이때 사무실 임차 비용이 발생합니다.

법인은 복식부기의 회계장부를 만들어야 하기 때문에 세무사에게 기장을 맡겨야 합니다. 월 기장료는 보통 10~15만 원(부가세 별도) 정도 발생하고 결산 시 '세무결산조정료'라는 별도의 비용이 적게는 100만 원부터 많게는 300만 원까지 발생합니다. 세무결산조정료는 매출액에 비례해서 계산되므로 혹시 매출액이 더 많이 발생했다면 앞에서 설명한 금액 이상으로 나오기도 합니다. 사무실 임차 비용과 월 기장료 및 세무결산조정료는 개인 명의로 투자할 때는 전혀 발생하지 않는 비용으로, 결국 법인이 숨만 쉬어도 내야 하는 돈이랍니다.

이 밖에도 법인은 개인의 주민등록증처럼 법인등기사항증명서로 법인의 인격체를 증명해야 합니다. 법인등기사항증명서는 부동산을 계약할 때나 은행 거래, 관공서에 갈 때와 같이 법인이 무슨 일을 할 때면 반드시 지참해야 하는 서류입니다. 등기에 변동 사항이 있거나 법정 기한이 만료되었을 경우에도 법인등기사항증명서를 수정해야 하는데, 이때도 비용이 발생합니다. 만약 이러한 의무 사항을 이행하지 않을 경우에는 과태료 등 불이익이 발생할 수 있으므로 주의하세요.

단점 ❺ 법인의 고유 업무가 존재한다

법인을 개인 투자의 또 다른 명의로만 생각했다면 법인의 의무가 귀찮게 느껴질 수 있어요. 법인은 3개월마다 부가세 신고를 해야 하고 매달 급여를 받으면 4대 보험료와 소득세를 납부해야 합니다. 물론 담당 세무사가 이런 것들을 챙겨주지만, 법인이 어떻게 돌아가고 있는지와 세무기장료 또는 각종 공과금 등 기타 비용이 빠져나가는 것을 대표가 매달 반드시 체크해야 합니다.

그렇다면 월세를 받을 경우에는 어떻게 처리해야 할까요? 이 경우에는 개인이 아니라 법인 사업자이기 때문에 부가세를 포함해서 월세를 받았다면 세금계산서를 발행해야 합니다. 그리고 주택의 경우 부가세를 제외한 월세를 받았어도 계산서를 매달 발행해야 할 의무가 있습니다. 분양권 등 권리에 관한 매도를 했을 때도 그에 따른 (세금)계산서를 개인과 다르게 발행해야 하죠. 이것은 사업자이기 때문에 발생하는 업무입니다. ◆

단점 ❻ 국민주택 규모 이상 매도 시 부가가치세를 내야 한다

국민주택 규모 이상의 주택, 즉 전용 면적 85㎡를 초과하는 주택을 법인 명의로 매수한 후 매도할 경우에는 부가가치세가 발생합니다. 양도차익이 없어도 해당 주택 건물가의 10%를 부가세로 납부해야 하므로 투자할 물건이 제한된다는 점도 단점입니다.

◆ 계산서 발행에 대한 자세한 내용은 206쪽을 참고하세요.

단순히 법인의 보이는 장점만 생각하고 설립했는데, 막상 운영하면서 발생하는 단점 때문에 법인 설립을 후회하는 대표들도 적지 않게 만나보았습니다. 법인의 장점에 의미를 부여하고 잘 활용하려면, 단점은 그에 따라 당연히 감수해야 하는 것입니다. 구더기 무서워서 장을 못 담그는 건 아니기 때문이죠.

📋 Tip 법인 설립의 적기는 언제?

매년 수익을 낼 수 있을 때가 설립 적기!

법인 설립 절차는 어떻게 보면 정말 간단합니다. 법인 설립 요소에 필요한 것들만 정해서 서류를 제출하면 보통 일주일 만에 법인이 나오기 때문이죠. 하지만 매년 수익을 내면서 결산하는 것이 투자 경험이 없는 사람에게는 분명히 막막한 일입니다. 그래서 유행처럼 법인을 설립하고 나서 그대로 방치하는 사람도 사실 많습니다.

다시 이야기하지만 법인은 언제든지 설립할 수 있습니다. 법인 설립의 적기는 자신이 매년 수익을 낼 수 있는 부동산을 볼 수 있는 안목이 있을 때이고 이것이 가장 중요합니다. 단순히 법인을 절세와 명의 분산의 대상으로만 설립했다면 앞에서 이야기한 법인의 단점뿐만 아니라 정부 규제 등의 외부 변수가 발생되었을 때 무용지물이 되고 맙니다.

법인 설립 자체가 목적이 되어서는 안 됩니다. 본인이 법인을 왜 설립하려고 하는지, 법인의 대표로서 어떻게 법인을 운영할 것이지, 그리고 우리 법인의 목표와 방향은 무엇인지를 정말 진지하게 고민해 보아야 합니다.

법인의 설립 자본금을 500만 원 또는 그 이하로 설립했다고 무용담처럼 자랑하는 사람들을 종종 볼 수 있습니다. 물론 개인 상황에 따라 자본금을 자유롭게 정할 수 있지만, 법인을 설립하는 표면적인 형태로만 정하는 것은 바람직하지 않습니다.

자본금을 포함해서 대표, 본점 주소지, 주주 등의 법인 구성 요소는 법인 설립 목표와 방향에 따라 개인마다 다르게 구성해야 합니다. 이것은 자신의 법인의 목표와 방향이 다른 사람과 다르기 때문에 법인 구성 요소도 무작정 따라 할 필요가 없다는 뜻입니다. 사람의 생김새만큼 성격이나 바라는 꿈과 삶이 모두 다릅니다. 자신이 바라는 법인의 모습에 따라 방향과 목표를 세우고 그것에 맞게 법인 구성 요소를 정해보는 것은 어떨까요?

08 법인 설립 전에 결정할 것들 ①
주소지, 대표, 감사

주소지 - 신중하게 결정할 것

부동산법인의 구성 요소 중에서 제가 가장 중요하게 생각하는 것은 법인 본점 주소지와 대표입니다. 앞에서도 말했듯이 수도권정비계획법에 의거하여 법인 본점의 주소지가 어느 권역에 있느냐에 따라 부동산법인이 취득할 때 부담하는 취득세가 달라집니다(둘째마당 참고).

과밀억제권역에 부동산법인 본점 주소지를 정한 상태에서 과밀억제권역의 부동산을 취득하면 취득세 중과가 됩니다. 현재 법인은 주택에 대해서는 이미 최고 세율이 부과되기 때문에 주택 투자는 배제하더라도 비주택인 상가 등도 기본 세율에서 취득세 중과됩니다. 물론 과밀억제권역에 본점을 설립한 후 5년이 지나면 중과되지 않는데, 5년이라는 시간이 생각보다 깁니다. 또한 비과밀억제권역에서 설립 후 5년이 지난 법인이 다시 과밀억제권역으로 본점을 이전한다고 해도 과밀억제권역에서 다시 5년이 지나야 취득세 중과에서 자유로울 수 있어요.

우리나라의 세금 원칙은 실질주의입니다. 만약 법인 본점은 비과밀억제권역인 김포나 안산, 용인 등에 설립하고 실제로 그곳에서 법인 운영에 대한 근무를 하지 않는다면 어떨까요? 심지어 본인 집은 서울이고, 법인으로 보유한 부동산도 서울에 있으며, 법인 운영에 대한 대부분의 시간을 서울에서 보낸다면 과연 이 법인의 실제 본점 주소는 어디일까요?

이렇게 법인을 사용하면 '형식상 법인 주소 사용으로 인한 취득세 중과 규제'를 받을 수 있습니다. 이것에 대한 이슈에서 벗어나려면 수도권의 인구와 산업을 적정하게 배치하기 위한 국토계획법의 입법 취지를 정확하게 이해하고 이것을 지킬 필요가 있습니다. 따라서 실제 법인 대표로서 근무가 가능한 곳으로 법인 본점 주소지를 정하기를 바랍니다.

부동산법인 사무실은 아무래도 주소만 사용할 수 있는 사무실을 구하는 경우가 많습니다. 그래서 인터넷에서 공유 오피스 등을 검색해 보면 다양한 업체가 나오죠. 같은 조건이라면 좀 더 저렴한 곳을 이용하고 싶은 것이 사람 심리입니다. 하지만 저렴한 곳은 아무래도 내부 인테리어가 엉성한 곳이 많고 담당자가 상주하지 않아서 대부분 사무실이 비어있습니다.

또한 국세청뿐만 아니라 4대 보험 관련 우편물을 포함하여 우리 법인이 보유하고 있는 전반적인 물건에 수시로 등기우편물이 배송됩니다. 그러므로 우편물 수령이 가능한 사무실이어야 원활하게 법인 업무를 볼 수 있습니다.

과밀억제권역

> • 과밀억제권역에 법인을 설립하면 취득세 중과(5년 후 해제)
> • 비과밀억제권역에서 과밀억제권역으로 이전하면 취득세 중과(다시 5년 후 해제)

- 서울특별시

- 인천광역시
  강화군, 옹진군, 서구 대곡동·불로동·마전동·금곡동·오류동·왕길동·당하동·원당동·청라동(2018년 7월 1일 개정), 인천경제자유구역(경제자유구역에서 해제된 지역 포함) 및 남동국가산업단지는 제외

- 경기도
  - 의정부시, 구리시
  - 남양주시(호평동, 평내동, 금곡동, 일패동, 이패동, 삼패동, 가운동, 수석동, 지금동 및 도농동)
  - 하남시, 고양시, 수원시, 성남시, 안양시, 부천시, 광명시, 과천시, 의왕시, 군포시
  - 시흥시(반월특수지역(반월특수지역에서 해제된 지역 포함)은 제외)

▲ 권역별로 설립 비용에 큰 차이가 날 수 있다.

권역 구분하기

수도권정비계획법에 의거 수도권의 인구와 산업을 적정하게 배치하기 위하여 수도권을 '과밀억제권역'과 '성장관리권역', 그리고 '자연보전권역'과 같이 세 개의 권역으로 구분하고, 권역 특성별로 인구 집중 유발 시설과 대규모 개발 사업의 입지에 대한 차등 규제를 실시하고 있습니다.

❶ 과밀억제권역: 인구와 산업이 지나치게 집중되었거나, 집중될 우려가 있어 이전하거나 정비할 필요가 있는 지역

❷ 성장관리권역: 과밀억제권역으로부터 이전하는 인구와 산업을 계획적으로 유치하고 산업의 입지와 도시의 개발을 적정하게 관리할 필요가 있는 지역
❸ 자연보전권역: 한강 수계의 수질과 녹지 등 자연환경을 보전할 필요가 있는 지역

↓

비과밀억제권역

이 밖에도 '사업체 조사'라고 하여 매년 해당 관공서에서 사무실로 찾아와 법인 실태 조사를 합니다. 세무서에서 발송된 우편물이 반송되거나 사업체 조사를 위해 찾아온 사무실이 비어있는 등 법인 사업자로서의 의무를 게을리 한다면 조사 당국에서 실사가 나오기도 합니다. 이때 사무실이 엉성해 보이거나 비어 있다면 공무원이 법인을 바라보는 시각이 어떨까요? 아무래도 좋게 보이지는 않을 것입니다.

법인 주소를 이전할 경우에는 법인등기사항증명서부터 변경해야 합니다. 관내 이전은 같은 시 안에서, 관외 이전은 다른 시로 법인 주소를 이전하는 것으로, 관외 이전한다면 설립할 때 들었던 설립 비용이 다시 발생합니다. 그러므로 소중한 나의 법인 본점 주소로 쓸 곳을 구할 때 위에서 설명한 내용을 참고하여 신중하게 선택하는 것이 중요합니다.

대표 – 대리인을 두지 말고 본인이 직접 할 것

대표는 부동산법인을 실질적으로 설립하고 싶거나 잘 운영해서 성과를 내고 싶은 사람이 하는 것이 맞습니다. 가끔 상담하러 오는 분 중에는 공무원이거나 회사의 겸업 금지 규정 때문에 본인이 대표를 못하므로 시골에 계신 부모님이나 친구 등 지인이 대표가 되는 것에 대한 의견을 묻습니다.

이 경우 법인 설립 절차상 문제는 없지만, 본인이 대표가 될 수 없는 상황이라면 나중에 설립하는 것을 추천합니다. 중개사님이나 세입자를 만날 때, 그리고 은행대출 등의 업무를 볼 때 아직은 법인에 대한 편견이 많습니다. 이런 상황에서 대표가 본인이 아니고 그나마 동석한 대표가 아무것도 모른다면 상대방이 얼마나 불안할까요?

부동산법인의 또 다른 장점 중 하나인 법인대출을 받을 때도 원활하게 진행하려면 대표의 소득과 신용 등급이 매우 중요합니다. 그런데 연로하신 부모님이 대표인 경우에는 아무래도 소득이 묘연한 경우가 많습니다. 또한 법인대출을 받을 때 대표가 대부분 연대보증인으로 입보(入保)되어야 하는데, 본인 외의 제3자가 이러한 제안을 선뜻 받아들이기가 쉬울까요? 대표는 더욱 세심하게 투자에만 집중하기도 바쁜데, 이런저런 이유로 본인 외의 다른 사람에게 부탁해야만 하는 상황이 많아질수록 법인으로 물건을 매입하고 관리하는 과정이 어려워질 수 있어요. 그래서 결국 법인을 설립한 의미마저 퇴색해버린 채 방치되는 경우도 있습니다.

자신의 목적지를 위해서 정작 자신은 보조석에 안고, 자신의 목적지와 상관없는 다른 사람에게 운전대를 맡긴 후 이 길로 가라, 저 길로 가라고 부탁하는 것과 같은 이치입니다. 목적지로 가다가 다른 일정이 있다면서 운전기사가 차에서 내려버린다면 우리 법인은 어떻게 될까요?

감사 – 가족이 하는 것이 가장 무난하다

상대적으로 부동산법인의 감사는 대표에 비해 크게 나설 일이 많지 않습니다. 감사는 상법상 설립 요소이기 때문에 설립할 때 자본금을 출자하지 않아도 되는(주식 없는) 감사가 필요하고, 설립 후 감사 사임도 가능합니다. 나중에 감사 지위를 유지해도 법인 설립 후에는 증여나 매매로 주식 취득도 가능합니다. 다시 말해서 감사는 상대적으로 대표에 비해 나서는 일이 별로 없으므로 배우자나 부모님, 또는 성년의 자녀가 감사를 해도 좋습니다. 하지만 이 경우에도 가족 외의 지인이 감사가 되는 것은 개인적으로 찬성하지 않습니다. 추후 감사로서 역할이 부적절해져서 사임해야 하는 경우에도 감사의 개인인감증명서가 필요한데, 가족 외의 지인에게 이런 것을 부탁하기 어려운 경우가 종종 발생하기 때문입니다.

 Tip 공무원은 법인 대표가 될 수 없으니 주의!

공무원이나 공무원 복무 규정을 사내 규정으로 사용하는 기관 및 회사에 소속되어 있는 사람들이 가끔 상담하러 옵니다. 공무원 복무 규정 제25조에는 '사적 이익을 추구하는 곳의 이사나 감사 등 임원과 발기인이 될 수 없다.'라고 명시되어 있습니다. 따라서 이러한 복무 규정을 준수해야 하는 직장에 근무하는 사람은 법인의 대표, 감사, 자본금을 출자하는 발기인이 될 수 없습니다. 단지 법인 설립 후 증여나 매매로 주식 취득만 가능하다는 것을 꼭 기억하세요.

법인 설립 전에 결정할 것들 ②
자본금, 주주 구성, 법인명

09

자본금은 얼마로 해야 할까

자본금은 법인 설립을 위하여 출자하는 금액을 말합니다. 처음 법인을 설립할 경우에는 자본금을 얼마로 시작해야 할지 고민이 많습니다. 온라인에서 자본금 500만 원이나 1천만 원으로 설립한 사례를 접하면 자본금을 많이 설정하는 게 왠지 손해 보는 느낌마저 들게 됩니다. 법인을 운영해 본 입장에서 조언하자면 오래 운영할 법인의 경우 너무 적은 자본금은 추천하고 싶지 않습니다. 하지만 당장의 여유 자금이 많지 않다면 본인이 가능한 금액에서 자본금을 정하는 것이 우선입니다. 그리고 여유 자금이 5천만 원 이상이라면 자신이 법인으로 목표하는 것이 무엇인지 고려하면서 앞으로의 방향에 따라 자본금을 정하는 게 좋습니다.

자본금에 따른 설립 비용

구분	과밀억제권역 및 중과 업종			
자본금	1천만 원	2천만 원	3천만 원	5천만 원
등록면허세(원)	337,500	337,500	360,000	600,000
지방교육세(원)	67,500	67,500	72,000	120,000
합계(원)	405,000	405,000	432,000	720,000

구분	과밀억제권역 이외 지역 및 비중과 업종			
자본금	1천만 원	2천만 원	3천만 원	5천만 원
등록면허세(원)	112,500	112,500	120,000	200,000
지방교육세(원)	22,500	22,500	24,000	40,000
합계(원)	135,000	135,000	144,000	240,000

· 등록면허세 = 자본금 × 0.4%   · 대법원 증지 = 약 2만 원
· 지방교육세 = 등록면허세 × 20%   · 법인인감도장 = 약 2만 원

+ 법무사 보수비(약 25~50만 원)

자본금이 적으면 자본 잠식 위험 Up!
대출 불가 확률도 Up!

자본금을 적게 시작할 경우에는 자본금 외에 법인이 필요한 금액을 대부

분 대표가 대여하게 됩니다. 나중에 법인에서 수익이 발생하면 대표가 대여한 금액만큼 법인에서 가져올 수 있기 때문에(대여금 상환) 자본금을 적게 시작하는 투자자가 많습니다. 법인을 개인 투자의 한 방법으로만 생각하고 법인에 자금을 최대한 넣고 싶지 않다는 생각이 크면 그럴 수 있지만, 이런 경우에는 감수해야 할 것들이 있습니다. 즉, 법인 설립 후 최초 설립연도에 수익이 발생하지 않으면 대부분의 비용을 자본금에서 차감해야 하는데, 자본금이 너무 적으면 결산할 때 자본 잠식 등 재무제표에 악영향을 줄 수 있다는 것입니다.

재무제표는 은행에서 대출을 진행할 때 법인을 평가하는 중요한 요인입니다. 자본 잠식 상태여도 대출이 가능한 은행이 있지만, 본인이 원하는 은행에서 원하는 한도와 금리로는 대출이 어렵습니다. 이 경우 대안이 있기는 합니다. 연말 결산할 때 자본금을 증액하거나, 발생한 비용을 대표가 입금 처리하면서 비용 처리를 하지 않는 식으로 말이죠. 이런 상황이라면 반드시 회계 마감일 전에 미리 담당 세무사와 협의하기 바랍니다.

만약 자본금이 조금이라도 넉넉하다면 당장 비용이 발생해도 완전히 자본 잠식이 되지는 않기 때문에 앞의 경우보다는 상황이 조금 낫습니다. 그리고 대부분의 부동산법인은 수익이 나더라도 재무제표상 부채 비율이 높은 편입니다. 왜냐하면 세입자의 전세임차보증금과 대표 가수금이 모두 재무제표상 부채로 합산되기 때문입니다. 보통 주택 몇 채만 보유해도 전세임차보증금이 10억 원이 넘어가고 부채도 10억 원이 훌쩍 넘는 경우가 많습니다.

법인의 자본금이 1천만 원인데, 부채가 10억 원이라면 좋은 법인이라고 평가를 받을 수 없습니다. 저도 당기순이익이 발생했지만, 부채 비율이 높다는 이유로 법인대출 거절을 당해본 경험이 있어요. 그러므로 이왕 오래 보유할 법인이라면 본인의 목적에 맞도록 적정하게 자본금을 정하는 것이 중요합니다.

주주 구성 - 대표가 최대 주주가 되는 것 추천

자본금을 출자하는 사람을 '발기인(發起人)'이라고 합니다. 법인 설립이 끝나면 자본금을 주식화하고 한 주당 가격을 정한 후 출자한 자본금에 비례해서 주식을 발행하는데, 이러한 주식을 발행받는 과정을 통해 발기인은 주주가 됩니다. 이 경우 이왕이면 대표가 최대 주주가 되는 것을 적극 추천합니다. 왜냐하면 법인에서 발생된 이익을 급여뿐만 아니라 배당으로도 가져올 수 있다면 대표는 아무래도 더 열심히 일할 수밖에 없기 때문입니다.

주주명부는 은행대출을 받을 때, 법인카를 렌트할 때, 전세입자 전세반환보증보험에 가입할 때, 사업자등록증상으로 변경하는 과정 중 세무서에서 요청할 때 등등 기타 의사회 의결권이 필요할 때 제출을 요청받습니다. 이런 경우에는 어차피 대표가 움직여야 하는데, 이때 대표와 최대 주주가 같으면 혼자 가서 일을 처리하면 됩니다. 그런데 대표와 최대 주주가 다르다면 상황에 따라서 함께 움직여야 하므로 번거로울 수 있어요. 움직임이 가벼워야 일하기 편하기 때문에 부동산법인 구성 자체를 대표 본인이 일하기 쉽게 설립하는 것이 매우 중요합니다.

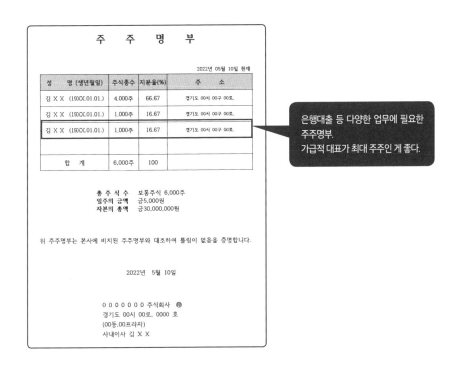

주 주 명 부

2022년 05월 10일 현재

성 명 (생년월일)	주식총수	지분율(%)	주 소
김 X X (19XX.01.01.)	4,000주	66.67	경기도 00시 00구 00로.
김 X X (19XX.01.01.)	1,000주	16.67	경기도 00시 00구 00로.
김 X X (19XX.01.01.)	1,000주	16.67	경기도 00시 00구 00로.
합 계	6,000주	100	

총 주 식 수   보통주식 6,000주
일주의 금액   금5,000원
자본의 총액   금30,000,000원

위 주주명부는 본사에 비치된 주주명부와 대조하여 틀림이 없음을 증명합니다.

2022년 5월 10일

0 0 0 0 0 0 0 주식회사   ㊞
경기도 00시 00로., 0000 호
(00동,00프라자)
사내이사 김 X X

> 은행대출 등 다양한 업무에 필요한 주주명부.
> 가급적 대표가 최대 주주인 게 좋다.

주주가 여러 명이면 배당금 2천만 원까지 종합소득세 배제 가능

매년 법인세를 납부하면 세후 잉여금이 남는데, 이것은 법인 주주들의 몫입니다. 잉여금은 결산 후에 받을 수도 있고, 사업연도 중이어도 '중간 배당'이라고 해서 법인의 내부 규정과 이사회회의 및 주주총회 등의 절차를 걸쳐 배당할 수 있습니다. 이때 굳이 배당을 안 받고 법인의 잉여금으로 남겨두어도 괜찮습니다.

앞에서 대표가 최대 주주가 되는 것이 업무상 편리하다고 설명했지만, 그렇다고 해서 대표 본인이 100% 주식을 갖는 것도 추천하지 않습니다. 왜냐하면 '배당소득세' 때문입니다. 1년에 1인당 은행 이자 소득 및 배당 소득 2천만 원까지는 15.4%(14% 소득세 + 1.4% 농어촌특별세)의 세금만 부담하면 됩니다. 하지만 2천만 원이 넘어가면 본인의 근로소득 등과 합산해서 종합소득세를 신고해야 하므로 보통 2천만 원이 넘어가지 않게 배당을 하게 됩니다.

만약 법인 수익이 많아서 배당할 금액이 4천만 원 정도라면 혼자 배당받는 것보다 가족 중 한 사람이 주주로서 함께 나누어 배당받는 것이 좋습니다. 따라서 잉여금이 많을수록 주주가 많다면 배당할 때 유리합니다.

차등 배당 가능해 보유 주식 수대로 배당하지 않아도 OK!

대표가 최대 주주이고 나머지 주주들은 전체 주식의 10~20% 정도, 또는 그 이하로 보유하고 있어도 같은 금액의 배당이 가능합니다. 이것은 차등 배당이 가능하기 때문이죠. 예를 들어, 최대 주주인 대표에게 주식 수가 많아도 배당금을 주지 않는 대신, 기타 주주들에게만 배당하거나 주식 보유 비율과 관계없이 배당도 가능합니다.

만약 우리 법인이 각각 이해 관계가 다른 주주들이 모여있다면 주식 보유 수와 상관없이 똑같이 배당을 할 경우에 동의해 줄까요? 아마 이런 안건이 올라오면 주주총회 자체가 열리지 않을 겁니다. 하지만 우리는 1인 법인이거나 소규모 가족 법인이기 때문에 가능하죠. 다만 균등하지 않은 조건으로 배당받은 금액인 초과배당금에 대해서는 최대 주주 등의 특수 관계인의 증여로 볼 수도 있어서 배당을 받기 전에 담당 세무사와 꼭 상의해 보세요. 아마도 이렇게 행복한 고민을 하려면 법인 수익이 좀 나야겠죠?

법인명도 잘 지어야 한다

법인을 설립할 때 정해야 할 것들 중 그나마 큰 고민 없이 정하는 것은 법인명일 것입니다. 저의 경우는 경험 부족으로 초기에 법인명을 너무 길게 지어서 계약할 때마다 중개사님이 몇 번이나 다시 물어보는 경우가 많습니다. 각자 취향대로 정하되, 법인명은 단순하게 짓는 것을 추천하고 세입자에게 거부감이 들 만한 너무 자극적인 법인명은 피하기를 바랍니다.

 자녀에게 합법적으로 법인 주식을 증여하는 방법

법인 설립 초창기부터 자녀를 주주로 참여시키자

법인 설립부터 자녀에게 자본금의 일부 금액을 증여하면 자녀가 발기인이 되어 주주로 참여할 수 있습니다. 이 경우에도 대표인 자신이 최대 주주가 되고 10~20% 범위 안에서 주식을 자녀에게 주어 주주를 구성하면 법인 결산 시 이익이 날 경우 매년 자녀에게 배당해 줄 수 있습니다. 이 방법은 자녀가 성인이 되었을 때 한꺼번에 큰 금액을 증여하는 것보다 자녀 본인의 주식에서 매년 배당받는 것이기 때문에 증여세 절세에 큰 도움이 됩니다.

이미 자산가들은 이렇게 조금씩 자녀들에게 자산을 형성해 주고 있습니다. 우리도 규모는 작지만, 법인으로서 가능한 일입니다. 다만 앞에서 설명했듯이 초과배당금에 대한 증여 문제에 대해서는 담당 세무사와 미리 의논해 보는 것이 좋습니다.

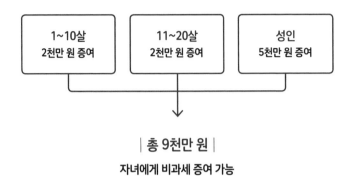

| 1~10살 2천만 원 증여 | 11~20살 2천만 원 증여 | 성인 5천만 원 증여 |

| 총 9천만 원 |

자녀에게 비과세 증여 가능

법인 설립 후 자녀에게 주식을 증여하는 방법

자녀를 주주로 참여시키지 않고 법인을 설립했다면 어떻게 해야 할까요? 이 경우에는 법인을 설립한 상태에서 대표인 자신의 주식을 증여하면 됩니다. 이때 주식증여계약서를 작성하여 세무서에 신고해야 하고, 신고 후에는 담당 세무사에게도 알려야 주식 변동에 대하여 연말결산서를 반영할 수 있어요. 다만 법인이 당기순이익이 난 해에 증여했다면 설립했을 때 정했던 한 주당 가격을 다시 평가해야 합니다. 설립 초기에는 처음에 정했던 주식의 한 주당 가격을 인정하겠지만, 당기순이익이 나서 법인세를 납부한 해라면 설립 초기에 정했던 한 주당 주식 가격으로는 더 이상 평가할 수 없기 때문입니다.

세무서 입장에서 간단하게 주식을 평가하는 방법을 설명할게요. 예를 들어, 자본금이 3천만 원이고 한 주당 5천 원의 주식을 발행한 법인이라고 가정해 보겠습니다. 6천만 원의 당기순이익이 발생했을 경우 자본금의 두 배에 해당하는 당기순이익이 생겼기 때문에 한 주당 금액도 두 배인 1만 원으로 평가해야 합니다. 그만큼 우리 법인이 보유한 주식 가치가 높아진 것입니다. 그 결과, 예상했던 증여 금액보다 커져서 증여세 과세 구간이 될 수도 있다는 것을 반드시 염두에 두어야 합니다. 따라서 이왕이면 이익이 나지 않는 초기에 자녀에게 증여하는 것이 훨씬 유리하답니다.

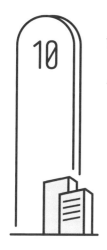

법인 설립 전에 결정할 것들 ③
사업 기간, 사업 목적

사업 기간은 12월 결산으로 정하는 게 가장 무난하다

대부분의 법인은 1기 사업 기간을 1월 1일부터 12월 31일까지로 정하는 12월 결산법인입니다. 하지만 꼭 이렇게 해야만 하는 것은 아닙니다. 사업 기간은 각 법인마다 법인을 설립할 때 정관에서 지정할 수 있습니다.

자, 그러면 예를 들어볼까요? 한 해의 사업 마감일을 3월 31일이나 6월 30일, 또는 9월 30일로 정할 수도 있습니다. 하지만 법인을 설립하려는 시점이 9월이나 10월인데, 12월 결산법인으로 한다면 어떨까요? 아무래도 몇 개월 만에 의미 있는 매출을 발생시키기가 물리적으로 힘듭니다. 그럼에도 불구하고 정관에 12월 말 결산법인으로 정했다면 매출도, 이익도 없이 회계연도를 마감하는 경우가 발생합니다.

사실은 저도 그랬습니다. 설립일과 사업 기간의 대해 제대로 이해하지 못했기 때문에 11월에 법인을 설립해서 결국 당해에는 무실적으로 마감을 했답니다. 상황이 이러하니 법인대출을 위해 은행에서 3개년 비교식 재무제표를 제출하라고 요청했을 때 실적이 없는 이유에 대해서 소명해야 하는 상황도 발생했습니다. 이와 같은 이유 때문에 법인 설립일과 사업 기간에 대해 잘 생각해 보아야 합니다.

그렇다고 한 번 사업 기간을 정하면 계속 유지해야 하는 것은 아니고 정관을 다시 수정해서 보편적인 12월 말 결산법인으로 바꿀 수도 있습니다. 하지만 이 경우에는 아무래도 번거로우므로 처음 법인을 설립할 때 12월 말 결산법인을 추천합니다. 왜냐하면 세무사 사무실 일정 때문입니다. 이곳에서는 2월에는 근로소득세에 대한 연말정산을 해야 하고, 3월에는 법인세 신고, 5월에는 종합소득세 신고 등등 각종 세금신고일에 맞춰서 해당 월마다 진행해야 하는 일이 있어요. 그런데 우리 법인만 결산일이 다르다면 세무사 입장에서는 조금 번거롭기 때문에 우리 법인의 기장 업무를 맡기가 힘들 수도 있습니다.

사업 목적이 다양할수록 활용 범위가 넓어진다

법인을 설립한 후 부동산 매매뿐만 아니라 임대 외 다른 업종으로도 매출을 발생시킬 수 있습니다. 사업자등록증에 해당 종목을 추가하려면 일단 법인등기사항증명서의 사업 목적에 들어있는 업종이어야 가능합니다. 사업자등록증을 발급한 후 사업 목적을 변경하거나 추가하려면 나중에 법인등기사항증명서를 수정해야 하므로 설립 초기에 다양한 사업 목적을 넣는 것을 추천합니다.

부동산법인이라면 사업자등록증에 부동산 매매 및 임대가 들어가는 것이 자연스럽습니다. 하지만 부동산법인에 대한 다소 부정적인 사회적 시선 때문에 다른 종목을 넣었다가 나중에 추가하기도 합니다. 그런데 먼저 넣었던 다른 종목에서 특별하게 발생하는 매출이 없다면 결국 그 종목을 영위하는 사업자로 보지 않을 수도 있다는 것을 꼭 기억하세요.

사업자등록증에 사업 목적을 추가하려면 법인등기사항증명서도 수정해야 하므로 설립할 때 다양하게 추가하는 게 좋다.

Tip 법인이 정관을 만드는 이유

정관에 퇴직금, 유족보상금 등을 명시해야 횡령 오해가 없다

정관(定款)은 한 회사의 설립, 조직, 업무, 활동 등에 관한 기본 규칙을 정한 문서입니다. 부동산 법인도 엄연히 상법상 적합하게 설립한 회사이기 때문에 상법에 따라 정관을 만들어야 합니다. 설립 초창기에는 잘 모르기 때문에 설립을 대행해 주는 인터넷 사이트나 법무사에서 기본적인 사항만 넣어주기도 합니다. 하지만 시간이 지나면서 법인의 규모와 이익금이 커지면 주주의 관리와 의무뿐만 아니라 주주 상호 간 또는 주주와 회사 간의 법적인 규정도 필요해집니다. 바로 이런 사항을 정관에 명시해야 나중에 발생할 수 있는 분쟁이나 부정 행위를 예방할 수 있습니다. 부동산법인은 대부분 특수한 관계로 주주가 구성되기 때문에 절세와 관련된 퇴직금이나 유족보상, 사내복지와 관련된 것들까지 정관에 명시해야 합니다. 그렇지 않으면 나중에 횡령 등의 오해로까지 일이 커질 수 있으므로 정관으로 어느 정도 명분을 만들어주는 것이 매우 중요합니다.

정관 변경은 법무사 대행을 추천한다

만약 정관에 이런 내용이 없어도 크게 걱정하지 않아도 됩니다. 정관을 변경하는 것은 원칙적으로 자유입니다. 다만 회사의 경우에는 변경에 따른 영향이 크므로 엄격한 법적인 절차를 밟아야 합니다. 주주총회의 특별 결의, 즉 출석한 주주의 의결권의 3분의 2 이상의 수와 발행 주식 총 수의 3분의 1 이상의 수로 의결됩니다.

대부분의 부동산법인은 주주들이 소규모로 구성되어 복잡하지 않으므로 법인을 운영해 나가면서 보완이 필요할 때 정관을 변경하면 됩니다. 다만 정관은 강행 법규나 선량한 풍속 및 기타 사회질서에 위반되지 않아야 합니다. 그리고 주주의 고유 권한이나 주주 평등의 원칙에 어긋나거나 주식회사의 본질에 반하는 형태로의 정관 변경은 허용되지 않으며, 이러한 형태로 변경된 정관은 무효가 됩니다. 따라서 법률적 지식을 갖춘 전문가의 도움을 받는 것이 좋습니다. 왜냐하면 모든 것을 대표가 다 알 수도, 할 수도 없기 때문에 절차와 관련된 것과 내용 등은 거래하는 법무사와 상의해서 진행하는 것을 추천합니다. 그리고 그 시간에 법인의 대표는 본인만 해야 하고, 본인만이 할 수 있는 법인의 성장과 유지를 위해 근무하는 것을 개인적으로 추천합니다.

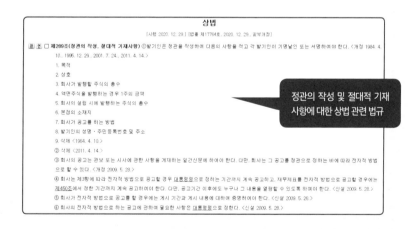

부동산법인 설립 절차
—등기소, 세무서, 은행별로 챙기자

대표와 감사가 준비해야 할 서류

앞에서 설명한 대로 본점 주소지와 대표, 감사, 주주, 자본금, 사업 목적, 법인명을 정했나요? 그렇다면 그에 맞는 서류도 준비해야 합니다. 대표와 감사는 개인인감증명서, 주민등록등본, 인감도장이 필요하고 발기인은 자본금에 해당하는 잔고증명서도 준비해야 합니다. 이때 온라인에서 출력한 잔고증명서는 등기소에서 반려될 요인 중 하나이기 때문에 직접 은행을 방문하여 별도로 발급받는 것이 좋습니다.

위의 준비물이 모두 준비되면 법무사에게 의뢰하거나 셀프로 진행할 수 있습니다. 법인정관 및 의사록, 이사회의록, 주식인수증, 임원취임승낙서, 인감신고서 등은 법무사에게 의뢰하면 대리 작성해 줍니다.

셀프로 진행할 경우에는 온라인 사이트에서 서식을 제공하므로 참고하세요.

▲ 셀프 법인 설립에 유용한 사이트(startbiz.go.kr, egbiz.or.kr)

관할 등기소에 법인 출생 신고하기

사람이 태어나면 관할 주민센터에 출생 신고를 하지만, 법인은 관할 등기소에 설립등기를 신청하면서 태어납니다. 온라인으로도 설립등기 접수가 가능하고 접수 후 약 일주일 정도 지나면 법인등록번호가 부여된 법인등기사항증명서가 만들어집니다. 이것은 사람의 주민등록등본과 같은 서류로, 이제부터 이것으로 부동산 계약이나 경매 입찰도 가능합니다.

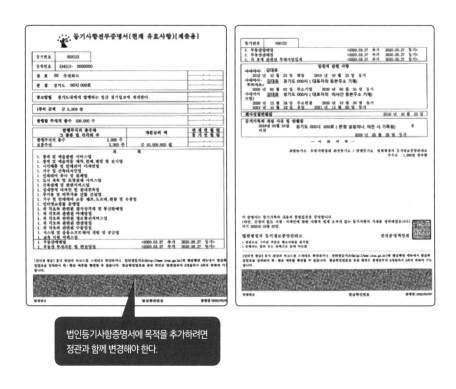

법인등기사항증명서에 목적을 추가하려면
정관과 함께 변경해야 한다.

법인 설립은 법무사 대행을 적극 추천!

온라인에서 필요한 서식을 이용하여 셀프 설립을 하는 것이 나은지, 법
무사에게 의뢰하는 것이 나은지에 대한 고민도 매우 큽니다. 왜냐하면 법무
사에게 의뢰하면 셀프 설립보다 비용이 약 25~50만 원 정도 더 들기 때문이
죠(76쪽 참조). 셀프 설립의 최대 장점은 비용이 적게 든다는 것이지만, 부동산
1인 법인에 맞는 정관 내용을 내 입맛에 맞게 보완하기가 힘들다는 단점이 있
습니다.

정관은 우리 법인의 규약입니다. 정관을 통해 감사와 대표이사의 구성뿐만 아니라 퇴직금과 상여금, 학자금 지급 등 지출 명분을 세울 수 있습니다. 하지만 법인 운영을 시작하는 초기, 또는 설립할 때는 몰랐거나 무심히 지나쳐서 정관에 기입하지 않은 게 많으면 정관을 다시 수정해야 합니다. 이때 정관을 포함한 법인등기부등본까지 변경해야 하고 비용도 발생하다 보니 법무사에게 의뢰하는 게 나았겠다는 이야기도 종종 듣게 됩니다.

3년마다 돌아오는 등기 의무, 위반 시 과태료가 부과된다?

법인을 운영하다 보면 대표가 이사하거나, 법인 본점 주소가 변경되거나, 지점 설치 및 폐업 등 법인등기부등본을 수정해야 할 일이 생깁니다. 이렇게 우리가 인지하는 것에 대한 변경은 크게 실수하는 경우가 없어요. 하지만 상법에 3년마다 임원 변경 및 임원 중기에 대해서 등기를 해 주어야 한다는 조항이 있는데, 바로 이것이 문제입니다.

상법 제383조를 살펴보면 '이사의 임기는 3년을 초과하지 못한다. 단, 이 임기는 정관으로 그 임기 중에 최종 결산기에 관한 정기 주주총회의 종결에 이르기까지 연장할 수 있다.'라고 나와있습니다. 감사의 경우도 상법 제410조를 살펴보면 '감사의 임기는 취임 후 3년 내의 최종 결산기에 관한 정기총회의 종결 시까지로 한다.'라고 명시되어 있습니다.

대표가 계속 연임하는 경우에는 이러한 조항을 그냥 지나치기가 쉽습니다. 대표나 감사가 계속 연임하는 경우에도 해임과 선임에 대한 내용을 법인등기부등본에 등기해야 하는데, 이것을 '임원중임등기'라고 합니다. 법인 설립 담당 법무사가 있다면 법인 운영에 바쁜 대표 대신 등기 의무 사항에 대하여 챙길 수 있도록 의뢰하는 것도 좋습니다. 만약 이러한 임원중임등기 및 아래의 표에 나와 있는 변경 등기를 게을리할 경우에는 상법 제635조 과태료에 처할 행위에 의하여 500만 원 이하의 과태료를 부과받게 됩니다.

변경 등기 사유에 대한 변경 기한

변경 등기 사유	변경 기한
대표의 주소 변경	대표 주소 변경 후 2주 이내
임원 변경 및 임원 중임	임원 임기 3년(재선임 가능), 중임 등기
본점 이전(관내, 관외)	법인 주소 변경 후 2주 이내
상호, 목적 등 변경 및 추가	2주 이내
지점 설치, 이전, 폐지	본점 소재지 2주 이내, 지점 소재지 3주 이내
자본금 변경	납입 기일 다음 날부터 2주 이내

세무서에서 사업자등록증까지 받아야 법인 등록 완성!

등기소에서 법인등록번호만 나와도 경매 입찰 등 계약은 가능하지만, 상법상 정식 사업을 하려면 사업자등록증을 발급받아야 합니다. 통장을 발급할 때도 사업자등록증이 필요하죠. 사업자등록증이 나오려면 법인등기부등본, 본점 주소지에 대한 임대차계약서(법인을 임차인으로 작성한 계약서), 법인인감증명서, 법인인감도장, 정관, 주주명부, 대표 신분증을 지참하여 관할 세무서로 가야 합니다. 관할 세무서가 멀다면 가까운 세무서에서도 접수는 가능하지만, 관할 세무서로 가야 좀 더 빠르게 업무를 처리할 수 있습니다.

사업자등록증에 '임대' 종목 넣기 – 사업자 단위 과세? 지점 설치?

부동산법인이 무분별하게 생기기 전에는 본점 사업자등록증의 앞면에 있는 종목 코드에 '임대' 종목을 넣는 것이 그리 까다롭지 않았습니다. 하지만 요즘에는 '임대' 종목을 넣기가 무척 힘듭니다. 이전에는 원칙상 안 되었던 것을 담당 공무원의 착오로 들쭉날쭉 발급 허가를 내어주었기 때문에 가능했죠. 하지만 기본적으로 법인의 본점 주소가 법인 소유여야 '임대' 종목을 사업자등록증에 넣을 수 있고, 그 외의 곳을 임대하려면 매입하는 부동산마다 지점을 설치한 후 따로 사업자등록증을 내야 합니다.

만약 지점까지 설치해야 한다면 정관부터 수정한 후 다시 법인등기부등본도 수정해야 하기 때문에 상당히 번거로워집니다. 또한 법인 본점 사업자등록증 외의 지점 사업자등록증이 따로 발급되면 관리할 때 어려움도 생깁니다. 이럴 때 법인 본점 사업자등록증을 기준으로 임대할 부동산을 '사업자 단위 과세'라는 것을 통해 뒷장에 추가하면 한 개의 법인 본점 사업자등록증으로 보유한 여러 임대사업장을 한꺼번에 관리할 수 있어서 편리합니다.

매입하는 부동산마다 그곳을 사업장 소재지로 해서 사업자등록증을 내야하는 것이 원칙입니다. 하지만 사업자등록증이 많아지면 관리도 번거롭고 각 사업장별로 각종 세금 신고 및 납부가 현실적으로 어려워집니다. 이에 단위 과세는 각 사업장을 대신하여 법인 사업자의 본점이나 주 사무소의 소재지를 대표 사업장으로 하는 것을 의미합니다.

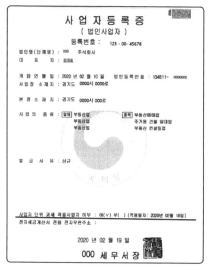

▲ 보유 부동산이 추가될 때마다 사업자등록증에 사업자 단위 과세를 추가한다.

사업자등록증에 '임대' 종목이 있어야 전세자금대출이 가능하다

사업자등록증에 이렇게까지 '임대' 종목을 넣으려고 하는 이유는, 세입자가 전세자금대출을 받을 경우 임대인이 법인일 때 은행에서 '임대' 종목이 포함되었는지 요구할 수 있기 때문입니다. 하지만 전세자금대출을 받지 않는 세입자도 있으므로 사업자 등록할 때 '임대' 종목이 빠졌다고 실망할 필요는 없습니다. 계약 전에 전세입자가 전세자금대출을 받을 계획인지 미리 체크한 후 필요하다면 사업자 단위 과세 등을 통해 사업자등록증을 나중에 정정하면 됩니다. 이렇게 사업자 단위 과세로 '임대' 종목을 전세자금대출일(전세 잔금일) 전에만 보완하면 전세 세입자가 전세자금대출을 받는 것에는 이상이 없습니다.

하지만 요즘에는 세무 당국에서 법인 사업자의 본점 사업자등록증 자체는 과세사업장이고, 전용 면적 85㎡ 이하의 주택인 경우에는 면세사업장이기 때문에 이것이 상충되어 사업자 단위 과세조차도 내어주지 않는 경우가 있습니다. 그래서 지점 설치를 따로 요구받기도 하죠. 이 경우에는 세무 당국과 잘 협의하여 매출이 발생하지 않는 단순 전세 임대라는 것을 조건부로 허가받아야 사업자 단위 과세사업장으로 인정받을 수 있습니다. 만약 이 방법도 여의치 않으면 결국 지점을 설치해야 할 수도 있고요. 세무 당국의 담당자마다 일 처리가 조금씩 다르므로 여러 가지 대안을 생각해 두는 게 좋습니다.

한도 거래 설정이 아쉬운 법인통장 만들기

제가 법인을 설립했던 2016년에도 지금처럼 법인통장 만들기가 매우 힘들었습니다. 은행에서 보이스피싱 등의 범죄 사건을 예방하기 위해 통장 개설 목적을 증명하지 못하면 '한도 거래'라고 하여 30만 원 또는 100만 원으로 이체 및 ATM 출금 한도를 제한시키는 조건으로 통장을 개설해 주었습니다.

한도 거래가 설정된 통장을 개설한 후 한도 거래를 풀려면 은행 담당자가 실제로 본점 주소지를 방문하거나, 중개사의 직인이나 서명이 날인된 법인의 본점 임대차계약서, 또는 법인 명의의 매매계약서 등을 요구했습니다. 그런데 이제 막 설립한 법인이라면 매매계약서도 거의 없고, 법인 본점 주소지로 쓸 공유 오피스를 계약한 경우에는 중개사의 날인을 받은 것도 아니니 무척 난처했습니다. 그럴 때는 본점 소재지 근처의 은행 중 대표와 개인 거래가 있는 은행으로 가면 그나마 신분 확인이 가능하기 때문에 법인통장 개설은 가능했지만, 한도 거래를 푸는 것은 대표의 능력이 요구되었습니다.

은행에 근무했던 입장에서 작은 팁을 알려줄게요. 은행도 수익을 내야 하는 영업점이어서 부가 수익을 올릴 수 있는 다양한 상품을 판매합니다. 그래서 은행 창구직원들이 자연스럽게 영업 이벤트를 하는 경우가 많죠. 요즘 주력으로 판매해야 하는 상품이 무엇인지 물어보고 자신이 해 줄 수 있는 것들은 해 주면서 법인통장을 개설한다면 서로에게 도움이 되겠죠? 법인을 운영하면서 서로 도움이 되는 일이 많아질수록 법인 운영이 점점 더 풍성해진답니다. 그리고 법인을 먼저 설립해서 잘 운영하고 있는 대표가 있다면 주거래로 이용하고 있는 은행을 소개받는 것도 좋은 방법입니다.

이제 법인도 설립했고 통장도 만들었으니 어엿한 법인 대표가 되었네요. 축하합니다! 아직 법인을 설립하지 않았더라도 미리 상상해 보는 것만으로도 마음가짐이 달라질 뿐만 아니라 확실하게 동기 부여도 될 것입니다. 그러면 이렇게 태어난 법인을 실무에서는 어떻게 운영하는지 〈둘째마당〉 법인 VS 개인 명의 선택 실전 사례'에서 살펴보겠습니다.

법인 설립 절차 총정리

1
대표가
법인 정보
결정하기

....

□ 주소지　　□ 대표
□ 감사　　　□ 자본금
□ 주주 구성　□ 법인명
□ 사업 기간　□ 사업 목적

→

2
필요 서류 준비하고
은행에서
잔고증명서 발급받기

....

□ 인감 및 등본 등
　개인 서류 준비
□ 발기인(최대 주주) 통장에
　자본금으로 쓸
　잔고증명서 발급

→

3
법무사(또는 셀프)를
통해 정관 등 등기소에
제출할 서류 준비하기

....

□ 사업 기간, 사업 목적,
　임원 등 준비 서류와
　맞추어서 서류 확인
□ 한 주당 액면 금액도 확인

4
등기소에서 법인 등기
출생 신고하기

....

□ 신청하면 일주일 후
　발급 가능

→

5
세무서에서 사업자
등록증 발급받기

....

□ 법인등기사항증명서
□ 임대차계약서 사본
□ 주주명부
□ 정관 사본
□ 대표 신분증
□ 법인인감도장

→

6
법인통장을 발급받은
후 한도 거래 풀기

....

□ 법인등기사항증명서
□ 사업자등록증
□ 임대차계약서 사본
□ 주주명부
□ 법인인감증명서
□ 대표 신분증
□ 법인인감도장

법인 설립 전에 대표가 지출한 비용 처리 방법

대표가 법인을 설립하기 전에 발생시킨 지출을 해당 법인에 귀속시키는 것이 조세 포탈의 우려가 없다면 최초 사업연도의 기간이 1년을 초과하지 않은 범위 안에서 비용으로 넣을 수 있습니다. 법인 설립 전에 사무실 임차 비용, 법인 설립 비용 등 법인을 위해 미리 지출하는 금액이 있습니다. 어떤 사람은 법인 등기부등본이 나오자마자 대표의 통장에서 가계약금을 이체시키고 법인 명의로 매수계약서를 작성합니다. 왜냐하면 아직 법인통장을 못 만들었기 때문입니다.

일단 법인 설립등기가 끝나고 사업자등록증을 발급받았다면 법인통장을 만들어야 합니다. 자본금 잔고증명서에 있던 대표 또는 발기인의 자본금을 법인통장으로 이체한 후 법인통장에서 대표가 법인을 위해 지출한 금액을 대표에게 다시 이체하면 됩니다. 다만 분명히 법인을 위해 지출한 금액이어야 하고, 세금계산서나 지출 증빙 현금영수증 등으로 소명이 가능해야 합니다. 회사에 다닐 때 지출한 경비를 총무팀에게 청구하고 나중에 돌려받는 이치죠.

사업자등록증을 발급받기 전에 지출한 비용을 미리 대표 주민등록번호로 세금계산서로 발급받아놓을 수도 있습니다. 이후 사업자등록증 발급까지 포함한 법인 설립 절차가 끝나면 홈택스(hometax.go.kr)에서 '주민번호 수취분전환및조회'라는 절차를 이용할 수 있습니다. 그러면 대표의 주민등록번호로 발행된 세금계산서를 법인 사업자로도 전환할 수 있게 됩니다.

법인 설립 전 대표가 지출한 비용 처리 과정

1	2	3	4
법인통장 발급	법인통장에 자본금 입금	법인통장에서 대표에게 지출 비용 입금	대표 주민등록번호로 이미 지출된 법인 비용이 법인 사업자로 전환되었는지 확인 (주민번호 수취분 전환 및 조회)

Q 설립 전 대표 명의로 발행된 세금계산서는 어떻게 처리하나요?

A | '주민번호 수취분전환및조회' 절차를 통해 대표의 개인 세금계산서를 법인 사업자로
전환할 수 있습니다.

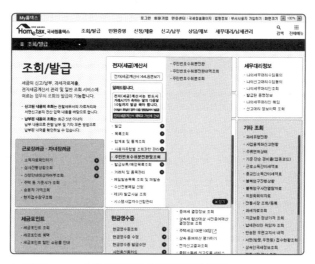

▲ 홈택스(hometax.go.kr)에서 '주민번호 수취분전환및조회' 하기

법인 VS 개인
명의 선택
실전 사례

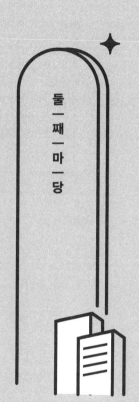

개인 투자가 최우선, 법인 투자는 그 다음!

현 시점은 개인 투자의 장점이 더 커진 상황이다

개인과 법인은 장단점이 다릅니다. 다음 표에서 분홍색 글자가 개인과 법인의 장점인데, 한눈에 보더라도 현재는 개인의 장점이 훨씬 많죠? 결론부터 말하자면 부동산법인을 운영하고 있는 저조차도 법인 투자가 불리하다면 개인 명의로 투자를 합니다.

저는 개인 명의의 장점을 충분히 활용하자고 거듭 강조했습니다. 이렇게 개인 투자의 장점이 많은 데도 불구하고 법인 투자를 고집하는 사람들을 종종 봅니다. 법인에 신기루가 있을 거라고 착각하고 무작정 설립하기 때문이죠.

법인과 개인의 한배 타기 - 현 시점은 개인 투자가 유리

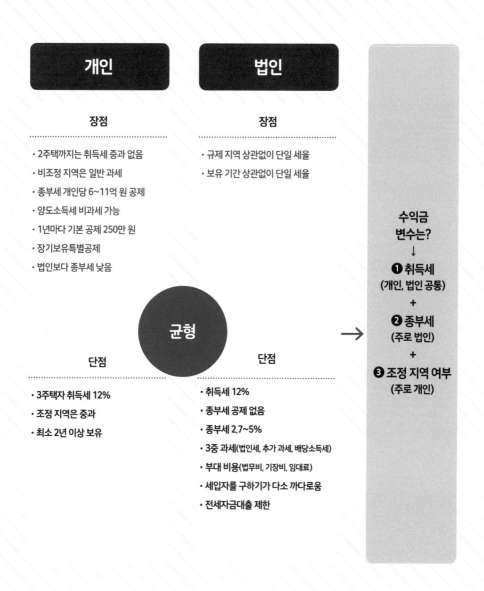

개인

장점

- 2주택까지는 취득세 중과 없음
- 비조정 지역은 일반 과세
- 종부세 개인당 6~11억 원 공제
- 양도소득세 비과세 가능
- 1년마다 기본 공제 250만 원
- 장기보유특별공제
- 법인보다 종부세 낮음

법인

장점

- 규제 지역 상관없이 단일 세율
- 보유 기간 상관없이 단일 세율

균형

단점

- 3주택자 취득세 12%
- 조정 지역은 중과
- 최소 2년 이상 보유

단점

- 취득세 12%
- 종부세 공제 없음
- 종부세 2.7~5%
- 3중 과세(법인세, 추가 과세, 배당소득세)
- 부대 비용(법무비, 기장비, 임대료)
- 세입자를 구하기가 다소 까다로움
- 전세자금대출 제한

수익금
변수는?
↓
❶ 취득세
(개인, 법인 공통)
+
❷ 종부세
(주로 법인)
+
❸ 조정 지역 여부
(주로 개인)

개인 명의 2년 보유 후 양도세 일반 과세 받는 게 최고!

제 생각에 현재 시점에서 가장 좋은 투자 시나리오는 개인 명의로 2년 동안 보유한 후 매도하여 양도소득세율 구간에서 일반 세율을 받는 것입니다. 여기에 공동명의로 해서 양도소득세율까지 낮춘다면 합법적으로 가장 좋은 절세 방법입니다.

다주택자라도 양도소득세율이 중과되지 않는 지역을 매수한 후 매도하면 됩니다. 예를 들어, 조정 지역에 집이 있는 1주택자도 비조정 지역에 두 번째로 산 집이 취득가액 6억 원 이하라면 1%대의 취득세만 부담하게 되므로 현재 시점에서 개인 명의로 투자하는 게 가장 매력적입니다.

만약 개인 명의를 활용하지 않고 부동산법인 설립부터 한다면 첫 시작부터 크게 아쉬울 확률이 높습니다. 앞에서 이야기한 대로 개인 명의 투자를 최적화한 다음에 투자를 이어가려면 바로 그때 법인 설립을 고려하는 것이 좋습니다.

개인 명의 투자 최적화 조건 총정리

1 | 개인 명의 2년 보유 후 매도

- 1주택자 또는 일시적 1가구 2주택자는 12억 원 구간까지 비과세
- 양도소득세 일반 세율 적용
- 공동명의를 활용해서 양도소득세율 낮추기

2 | 다주택자는 양도세 중과 제외 지역 투자 공략

- 조정 지역 1주택자도 비조정 지역에 집을 사면 취득세 1%
  (취득가액 6억 원 이하)
- 단, 중과 제외 지역이라는 이유만으로 그 지역을 좋게 보면 안 됨

< 결론 >

개인 명의 투자를 최적화한 후 법인 설립을 고려할 것!

각자의 목표에 따라 선택지는 각양각색!

"저는 비과세를 받아야 해서 주택 수를 늘리면 안 돼요."

"실거주할 집을 매수할 때 받은 대출 상품이 주택 수를 늘리지 않는 조건 이에요."

이렇게 말하는 사람들이 종종 있습니다. 이럴 때 정답은 본인이 선택해야 합니다. 각 개인마다 추구하는 인생관과 가치관에 따라 선택지는 달라지기 때문에 이것에 대한 정답은 없습니다.

175쪽에서 설명하는 단기, 중기, 장기 포트폴리오를 보고 내가 최종으로 추구하는 것이 무엇인지, 내가 비과세를 계속 유지할 때와 다른 것을 선택했을 때 어떠할지, 거주의 안정이 최우선인지, 아니면 경제적 자유가 최우선인지, 그래서 내가 어떤 것을 감당하고, 어떤 대가를 치르며, 어떠한 이득이 예상되는지를 차분하게 생각해 보아야 합니다. 충분히 고민해 본 후 그 결정에 따라 선택을 하고, 선택에 대한 책임을 다하며, 그 결과에 만족하면 됩니다.

개인 양도세 적용 순서는 비과세 → 일반 과세 → 중과세

개인은 부동산을 매도할 때 이익이 발생하면 '양도소득세(양도세)'를 내야 합니다. 양도세는 크게 '비과세', '일반 과세', '중과세', 이렇게 세 가지로 나뉩니다.

① 비과세

비과세 조건에 맞는 매도자(실거주 장기 투자자 등)에게는 양도세를 과세하지 않습니다. 비과세는 개인이 1주택을 소유하거나 일시적 1가구 2주택일 경우에 해당합니다.

② 일반 과세

비과세를 받지 못한다면 일반 과세를 따져야 합니다. 양도차액의 각 구간별로 세금의 세율이 정해져 있는데, 이것을 '기본 세율'이라고도 합니다. 일반 과세는 양도차액이 커질수록 세금이 커지는 누진세율의 형태입니다(110쪽 참조).

③ 중과세

중과세는 '세금이 중과된다'는 의미입니다. 일반 과세에서 적용되는 세율뿐만 아니라 '지역'이나 '보유 주택 수'에 따라 중과세율이 20~30% 증가합니다.

참고로 법인은 양도세 대신 법인세를 냅니다. 주택과 부수토지 등을 매도하면 추가 과세 20%와 그 소득을 합하여 법인 비용을 공제한 후 과표에 따라 세율이 정해지는 법인세를 내는데, 앞의 추가 과세와 합하여 세금을 납부해야 합니다.

13 개인 투자와 법인 투자의
장단점 비교하기

개인 투자의 장점
- 종부세 공제, 비과세, 기본 공제, 장기보유특별공제

다시 본론으로 되돌아와서 개인 명의에 대한 장점을 계속 이야기하겠습니다. 최근 이슈는 바로 '종합부동산세'(이하 종부세)입니다. 종부세는 재산세 중하나로, 일정한 기준을 초과하는 부동산 소유자에게 누진세율을 적용하는 세금입니다. 개인에 대한 종부세는 6억 원까지 기본 공제가 되므로 법인보다 이득입니다. 양도소득세도 운이 좋으면 비과세가 가능하고, 1년마다 250만 원씩 기본 공제도 가능하며, '장기보유특별공제'라는 혜택도 있습니다. 이 모든 것이 법인에게는 절대 없고 개인에게만 해당되는 큰 혜택입니다.

개인 투자의 최대 장점

종부세 공제 + 비과세 + 기본 공제 + 장기 보유 특별 공제

개인 투자의 단점
- 최소 2년 보유 의무, 조정 지역 주택 매도 시 양도세 중과

개인 투자의 단점은 두 가지 정도로 정리됩니다. 첫 번째 단점은 최소 2년 이상 보유해야 일반 과세를 적용받을 수 있다는 것입니다.

개인의 보유 기간이 2년 미만에 해당하는 단기 매도에 대한 세율은 사악하기 그지없습니다. 양도소득세율 자체가 60~70%일 뿐만 아니라 양도소득세에 대한 지방소득세(10%)까지 내고 나면 남는 것이 거의 없다고 봐도 무방합니다. 이렇게 단기 매도가 예상되는 물건에 투자한다면 세율 면에서는 법인이 훨씬 유리합니다.

개인 양도소득세율

보유 기간	양도소득세율(%)
1년 미만	70
2년 미만	60
2년 이상	기본 세율

2년 미만 단기 매도 시 세금 폭탄!

두 번째 단점은 다주택자가 조정 지역◆에 대한 주택을 매도를 할 경우 양
도소득세율에 대해 중과가 된다는 것입니다. 20~30% 정도 중과되니 양도차
익이 클수록 누진세율에 중과세율까지 더하고 나면 남는 것이 거의 없습니다.

개인 양도소득세 일반 과세율(2년 이상 보유할 경우)

| 과세 표준 | 세율(%) | 조정 지역 | | 누진공제액(원) |
		2주택 중과(%)	3주택 중과(%)	
1,200만 원 이하	6	26	36	
4,600만 원 이하	15	35	45	-108만
8,800만 원 이하	24	44	54	-522만
1.5억 원 이하	35	55	65	-1,490만
3억 원 이하	38	58	68	-1,940만
5억 원 이하	40	60	70	-2,540만
10억 원 이하	42	62	72	-3,540만
10억 원 초과	45	65	75	-6,540만

· 다주택자에게 가혹한 양도세 중과 과세
  개인 양도세 계산법: (매도 차익 - 공제 항목) × 과세 표준 세율 - 누진공제액
· 참고로 분양권 양도세는 조정 지역과 비조정 지역에 상관없이 1년 미만 **70%**, 1년 이상 **60%** 부과된다.

◆ **조정 지역**: 정부가 부동산 과열을 막기 위해 지정한 지역. 서울은 모든 지역이, 수도권은 대부분의 지역이 조정 지역에 해당
되며 지방 주요 구역도 지정되어 있습니다. 조정 지역에서는 LTV와 DTI 등 주택담보대출과 중도금대출이 제한되고, 다주택
자의 양도세 중과 및 장기보유특별공제가 배제되며, 2년 이상 거주 요건 등의 제한 조건이 있습니다.
조정 지역이어도 다주택자에 대한 양도소득세 중과가 2022년 5월 10일 ~ 2024년 5월 9일까지 2년 이상 보유한 물건을 양
도하는 경우에 한하여 한시적으로 배제됩니다.

이와 같이 다주택자가 조정 지역의 물건을 양도할 경우 일반 세율에 20~30% 가산세가 양도세에 더 추가됩니다. 하지만 비조정 지역의 경우에는 과세 표준에 따라서 6~45%의 기본 세율만 적용하여 산정되므로 양도세 중과가 되지 않습니다. 따라서 개인 투자자는 조정 지역인지의 여부가 투자의 필수 조건이 됩니다. 여기서 잠깐 다음 문제를 한번 풀어보세요.

> **Q** 비조정 지역에 한 채, 조정 지역에 한 채를 보유한 개인은 어떤 집을 팔아야 세금을 적게 낼까요?
>
> **A** | 조정 지역의 집을 팔면 양도세 중과가 있으니 가격이 상대적으로 낮은 비조정 지역의 주택부터 파는 것이 낫습니다.

상호보완이 필요한 개인 투자 VS 법인 투자

앞에서 설명한 개인의 장점이 법인에게는 그림의 떡이고, 개인의 단점이 오히려 법인에게는 장점이 됩니다. 그래서 이것을 유연하게 활용하면 의미 있게 자산을 늘릴 수 있어요. 단, 어설프게 도구를 잘못 휘두르면 그 도구를 휘두른 사람이 다칠 수 있습니다. 그래서 두 가지 경우의 수에 대한 장단점과 나중에 발생할 수 있는 일에 대해서 자신이 그것을 감당할 환경인지 예상해보고 이것에 대비해야만, 목표에 맞게 의미 있는 성장을 할 수 있습니다.

법인 투자의 장점
– 기간과 지역에 상관없이 단일 세율

이제 법인 이야기를 좀 할게요. 개인의 단점 그대로가 바로 법인의 장점입니다. 법인은 보유 기간과 지역에 상관없이 단일 세율입니다. 최근에는 이것이 개인과 너무 형평성에 어긋난다는 법안이 발의되기도 했는데, 이것은 아주 단편적인 면만 본 것입니다.

여기까지 읽었다면 지금 심장이 쿵쾅거리면서 당장이라도 법인을 설립하고 싶을 것입니다. 하지만 두근거리는 마음을 일단 진정시키세요. 앞에서도 강조했듯이 저는 법인 설립을 무조건 추천하지 않습니다. 그리고 제가 진행하는 특강을 듣고서 법인 설립을 안 하기로 결심하게 되어 감사하다는 인사를 받기도 했고요. 저희 사무실 스터디 멤버 중에는 법인이 없는 회원도 있습니다. 이유가 무엇일까요?

주택 매도 시 법인세율

과세 표준	기본 세율(%)	누진공제액(원)	주택 추가 과세
2억 원 이하	10	없음	과세 표준 상관 없이 주택은 모두 +20%
2억 원 초과~200억 원 이하	20	2천만	

- 법인 주택 양도세(=법인세 포함)는 추가 과세 20% + 기본 법인세율 + 지방소득세(법인세 과세표준액 2억 원까지 1%, 2억 원 초과~200억 원까지 2%) 적용(지역, 보유 기간 상관없음)

법인 투자의 단점 ❶
- 종부세, 추가 과세, 3중 과세

취득세는 개인과 법인 모두 공시 가격이나 거래 금액으로 계산되므로 큰 차이점은 없습니다. 그런데 법인의 가장 큰 단점은 해마다 납부해야 하는 종합부동산세입니다. 이것은 '징벌적 세금'이라고 말할 수 있을 만큼 정말 사악합니다.

법인은 개인과 달리 공제금이 없을 뿐만 아니라, 2채 또는 3채부터 종합부동산세율이 각각 2.7%, 5%입니다. 개인종합부동산세 구간 중 최고 세율을 곧바로 적용받는 것이죠.

예를 들어볼까요? 내가 법인으로 투자한 주택 두 채의 공시 가격이 각각 2억 원, 3억 원이라고 가정해 보면 둘 다 합쳤을 때 5억 원 정도입니다. 수십억

개인 VS 법인 다주택자 종합부동산세율

> 종합부동산세 납부 기준일이 6월 1일이어서 3~5월 매도가 어렵다.

과세 표준	주택(2주택 이하)		주택(3주택 이상)	
	개인(%)	법인(%)	개인(%)	법인(%)
3억 원 이하	0.5		0.5	
6억 원 이하	0.7		0.7	
12억 원 이하	1.0		1.0	
25억 원 이하	1.3	2.7	2.0	5.0
50억 원 이하	1.5		3.0	
94억 원 이하	2.0		4.0	
94억 원 초과	2.7		5.0	

원짜리 부동산도 아닌데, 매년 몇천만 원 상당의 종합부동산세가 부과됩니다. 시간을 먹고 자라는 것이 부동산인데, 이런 상황에서 매년 수천만 원의 세금을 내면서 이익을 낼 자신이 있나요? 이런 이유 때문에 종합부동산세 납부 기준일인 6월 1일 전인 3월부터 5월까지 법인 물건의 매도가 쏟아지지만, 계약까지 성공하기는 매우 어렵습니다.

법인과 개인은 엄연히 명의가 다릅니다. 따라서 '내 돈도 내 돈, 법인 돈도 내 돈'이라는 생각은 절대 하지 마세요. 법인의 수익금을 개인인 대표가 가져오려면 적법한 과정이 필요하다는 것을 꼭 기억해야 합니다.

일단 법인은 주택의 매도차익이 발생하면 추가 과세(20%, 회계 기간 종료 후 법인세와 함께 납부)가 발생합니다. 또한 대표가 급여를 받으면 급여에 따른 근로소득세가 발생하고 근로소득세에 해당하는 4대 보험료도 추가로 발생합니다. 그리고 매년 결산할 때마다 법인세가 발생하기 때문에 법인은 개인적으로 3중 과세인 셈입니다.

그러면 배당을 받으면 될까요? 법인으로 주택을 매도한 후 수익금을 주주로서 배당받으려면 추가 과세(20%)와 법인세(10%)를 내고 배당소득세(15.4%, 상한선 2천만 원 넘어가면 다른 소득과 합산하여 종합소득세로 부담)까지 부담해야 겨우 내 주머니로 들어옵니다. 계산해 보니 중과만 되지 않는다면 개인 일반 양도소득세율이 더 낮죠? 개인은 양도소득세만 내면 그냥 다 내 것이 되니까요.

그러면 경비로 처리되는 법인 운영 비용을 많이 쓰면 법인세가 좀 줄어들까요? 물론 이렇게 하면 삶이 좀 더 윤택해질 수도 있습니다. 그렇지만 비용을 낭비하다 보면 어느 순간 손에 남는 것이 없을 수 있어요. 우리가 사치스러운 생활을 하려고 법인을 설립한 것은 아니니까요. 그러므로 법인 설립의 의미에 대해 다시 한번 잘 생각해 보기 바랍니다. 그리고 법인 운영과 관련 없이 대표의 개인적인 일로 사용한 비용은 엄연히 회사 공적 자금 횡령이기 때문에 나중에 문제가 될 수 있다는 점도 반드시 기억해야 합니다.

법인 투자의 단점 ❷
– 연 400~500만 원의 법인 운영비도 부담스럽다

아직 법인의 단점이 끝나지 않았습니다. 이야기를 더 들어봐야 나중에 마음 고생을 덜 합니다. 개인 투자는 신경 쓰지 않아도 되는데, 법인 투자는 남다른 보살핌이 필요합니다. 왜냐하면 설립할 때 비용이 들고 법 테두리 안에서 많이 구속받을 뿐만 아니라 주기적으로 등기 사항을 체크해야 하므로 그에 따른 부대 비용이 또 들기 때문입니다. 그리고 매달 세무기장 비용이 지출되고, 결산할 때는 결산 비용에 해당하는 조정료가 들며, 법인 본점 주소지를 임대하면 임대료까지 해서 연 400~500만 원 정도의 운영비가 발생합니다. 여기서 가장 큰 비용이 바로 세무기장비와 조정료입니다. 이것은 법인의 이익 유무와 관계없이 무조건 발생하는 금액으로, 숨만 쉬어도 내야 합니다.

이 비용을 월별로 따져도 매우 아쉬운 금액입니다. 사실 성인이 되면 이 정도 금액조차도 마음 편하게 쓰지 못하는 달이 더 많죠. 하물며 이익도 나지 않은 법인이라면 서글픈 마음이 드는 건 당연합니다. 그렇기 때문에 개인 투자로 투자 근육을 단단히 키운 후 법인 설립을 하는 것이 장기적인 계획을 세우는 데 매우 유리합니다. 결국 이 모든 것을 극복하려면 법인에 남다른 의미를 부여해야 합니다.

이제 개인과 법인의 차이를 조금은 이해했을 테니 이제는 진짜 실전으로 넘어가 보겠습니다. 도대체 어떤 시나리오가 예상될 때 언제는 개인 명의가 유리하고, 언제는 법인 명의가 유리할까요? 제가 본격적으로 투자하기 전에 실제로 사용하고 있는 금액별 시나리오를 보면서 이야기해 보겠습니다.

여기서 제가 다시 한번 더 짚고 넘어가고 싶은 것은, 명의 먼저 정하고 물건을 고르지 말라는 것입니다. 실전에서는 명의 문제가 아니라 물건 자체 문제인 경우가 대부분입니다. 오르는 부동산이라면 명의에 따른 세금 때문에 최종 수익금에서 약간 차이가 나겠지만, 그래도 괜찮습니다. 하지만 수익이 안 나는 부동산은 어느 명의를 갖다 써도 문제라는 것이죠. 그렇기 때문에 121쪽부터 나오는 시나리오는 명의를 떠나 물건 자체만 생각해 봅시다. 즉, 괜찮은 지역과 단지를 찾았는데, 그 지역과 단지가 비조정 지역인지, 조정 지역인지, 보유 기간은 어느 정도일지, 그리고 그에 따른 수익이 얼마나 예상될 지를 먼저 따져본 후 승산이 있겠다는 생각이 들면 법인 명의로 할지, 개인 명의로 할지 고민해 보자는 것입니다. 우리의 궁극적인 목적은 결국 나 개인의 경제적, 정서적 여유임을 잊지 마세요.

 개인 VS 법인 세금 총정리

1 | 취득세

개인 명의로 취득세를 낼 때는 주택 수와 취득 지역이 조정 대상 지역인지, 비조정 대상 지역인지에 따라 달라집니다. 1주택의 경우 취득세는 조정 지역, 비조정 지역에 상관없이 6억 원 이하는 1%, 6억 원 초과, 9억 원 이하에서는 1~3%, 9억 원 초과에서는 3%입니다. 그리고 1주택자가 취득하는 2주택이 조정 지역인 경우에는 8%, 3주택 이상부터는 12%입니다. 법인은 지역에 상관없이 취득세가 단일 세율인 12%입니다.

| 주택 유상·무상 취득별 세율 |

취득 원인	구분	조정 지역(%)	비조정 지역(%)
유상	1주택	• 6억 원 이하: 1 • 6억 원 초과, 9억 원 이하: 1~3 • 9억 원 초과: 3	
	2주택	8 (일시적 2주택 제외)	1~3
	3주택	12	8
	법인/4주택 이상	12	12
무상 (상속 제외)	3억 원 이상	12	3.5
	3억 원 미만	3.5	3.5

- 일시적 2주택자는 1주택자 조건에 해당
- 개인(다주택자)과 법인 상관없이, 조정 지역과 비조정 지역 상관없이 공시 가격 1억 원 이하는 취득세 1%

| 주택 외 부동산 세율 |

구분		세율(%)
주택 외 유상 매매(토지, 건축물)		4
원시 취득, 상속(농지 외)		2.8
무상 취득(증여)	비영리 사업자	2.8
	그 외	3.5
농지	매매	3.0
	상속	2.3
공유물 분할		2.3

- 과밀억제권역에 본점이 소재한 법인(설립 후 5년 내)이 과밀억제권역의 부동산 취득 시에는 중과 대상임(71쪽 참고)

| 중과세율 |

	중과세 대상	세율 예시
대도시 내 법인	①-1 본점용 부동산 신·증축을 위한 부동산 취득	• 건축 신축: 2.8%+(2%×2배)=6.8% • 토지 취득: 4%+(2%×2배)=8%
	①-2 공장 신·증설을 위한 부동산 취득	• 건축 신축: 2.8%+(2%×2배)=6.8% • 토지 취득: 4%+(2%×2배)=8%
	②-1 법인 설립, 지점 설치, 전입 관련 부동산 취득	• 건축 신축: 2.8%×3배-(2%×2배)=4.4% • 토지 취득: 4%×3배-(2%×2배)=8%
	②-2 공장을 신·증설하기 위한 부동산 취득	• 건축 신축: 2.8%×3배-(2%×2배)=4.4% • 토지 취득: 4%×3배-(2%×2배)=8%
	① 및 ②가 동시에 적용되는 경우 (**예** 법인 설립 후 5년 내 본점 신축)	• 토지 취득: 표준 세율(4%)×3배=12%
사치성 재산	③-1 별장, ③-2 골프장, ③-3 고급 주택, ③-4 고급 오락장, ③-5 고급 선박	• 건축 신축: 2.8%+(2%×4배)=10.8% 토지 취득: 4%+(2%×4배)=12% • 고급 주택 취득: 2~3%+(2%×4배)=10~11%
	②와 ③이 동시에 적용되는 경우 (**예** 법인이 대도시 내 고급 오락장 취득)	표준 세율(4%)×3배+중과 기준 세율(2%)×2배=16%
	법인·다주택자의 주택 취득과 ③이 동시에 적용되는 경우 (**예** 법인이 고급 주택을 취득하는 경우)	중과세율(8~12%)+중과 기준 세율(2%)×4배=16~20%

2 | 종합부동산세(종부세)

종합부동산세의 경우 개인은 기본 공제, 세액 공제, 세부담 상환율 등의 혜택이 있지만, 법인은 없습니다. 게다가 법인 다주택자는 매년 3~6% 종부세를 고스란히 내야 합니다.

| 개인 VS 법인 종합부동산세 비교 |

개인(개인 사업자)			법인 사업자	
세율(%)	2주택 이하	0.5~2.7%	2주택 이하	2.7%
	3주택 이상	0.5~5.0%	3주택 이상	5.0%
기본 공제(원)	1가구 1주택	12억	없음	
	다주택자	9억	없음	
세액 공제(%)	1가구 1주택자 (연령, 보유 기간별)	최대 80%	없음	

법인은 기본 공제, 세액 공제 등의 혜택이 없다.

3 | 양도세(법인세)

개인은 주택을 매입할 때 다주택자인지의 여부와 2년 보유 여부에 따라 세율이 크게 달라집니다. 반면 법인은 단일 세율로 주택(분양권 포함)과 부수 토지 등의 매도차익에 대한 추가 과세 20%, 그리고 회계연도 총수익에서 총비용을 뺀 법인세 과세 표준 2억 원 이하 10%를 합하여 납부합니다. 그리고 개인과 법인 모두 납부해야 하는 소득세액(양도세, 법인세)의 10%인 지방소득세도 별도로 납부해야 합니다.

| 개인 VS 법인 양도세 비교 |

과세 표준	무주택자/일시적 2주택자	2주택자	3주택자	법인
	일반 세율(2년 보유 후 매도)(%)	20% 중과 세율(%)	30% 중과 세율(%)	
1,200만 원 이하	6	26	36	
4,600만 원 이하 (누진공제액 - 108만 원)	15	35	45	
8,800만 원 이하 (누진공제액 - 522만 원)	24	44	54	① 각 주택 등 매도 차익의 추가 과세: 20%
1.5억 원 이하 (누진공제액 - 1,409만 원)	35	55	65	② 법인세(법인세 과세 표준 2억
3억 원 이하 (누진공제액 - 1,940만 원)	38	58	68	원 이하 10%, 200억 원 이하
5억 원 이하 (누진공제액 - 2,540만 원)	40	60	70	20%)
10억 원 이하 (누진공제액 - 3,540만 원)	42	62	72	→ ① + ②
10억 원 초과 (누진공제액 - 6,540만 원)	45	65	75	

개인의 경우
· 1년 미만 매도 시: 70%   · 1~2년 미만 매도 시: 60%

14 명의 선택 사례 ①
공시 가격 '1억 원 초과'인 '비조정 지역'에서 매매차익 1억 원이 예상될 때

이번에는 사례를 중심으로 명의 선택에 따른 시나리오를 살펴보겠습니다. 개인은 처한 상황에 따라 공시 가격 1억 원 이상인 물건도 취득세 최고 세율인 12%를 부담합니다. 여기서는 법인과 단순 비교하기 좋게 최고 세율을 받는 3주택자 개인의 사례를 들어 설명하겠습니다.

투자 사례 2억 5천만 원 → 3억 5천만 원 매도 목표

이 물건은 비조정 지역이고 매수가는 2억 5천만 원, 매도가는 3억 5천만 원을 예상하는데, 어느 명의가 더 나은지 선택하기 전에 각각의 명의에 따라 시나리오를 예상해 봅시다. 공시 가격 1억 원 초과인 주택이므로 개인 3주택자와 법인 모두 최고 취득세율 12%를 물게 되는 사례입니다. ◆

....

◆   개인과 법인의 취득세에 대한 자세한 내용은 116쪽을 참조하세요.

개인 VS 법인 투자수익 비교
(공시 가격 1억 원 초과/비조정 지역)

<2년 보유, 양도차익 1억 원> 공동명의 활용/3주택자인 경우

① 개인

매입가	2억 5천만 원	
매도가	3억 5천만 원	
취득세	3천만 원	**2.5억 원 × 취득세 12%**
개인당 차익	3,500만 원	**차익 1억 원 - 취득세(3천만 원)**
양도세	각 417만 원 → 총 834만 원	**3,500만 원 × 15% - 누진공제액 108만 원**
총이익금	약 6,166만 원	**차익 1억 원 - 취득세 - 양도세**

VS

② 법인

매입가	2억 5천만 원	
매도가	3억 5천만 원	
취득세	3천만 원	**2.5억 원 × 취득세 12%**
법인 차익	7천만 원	**차익 1억 원- 취득세(3천만 원)**
추가 과세	1,400만 원	**7천만 원 × 20%**
법인세	700만 원	**7천만 원 × 10%**
종합부동산세	약 900만 원	**공시 가격 1.5억 원 예상 × 2.7% × 2년**
총이익금	약 4천만 원	**차익 1억 원 - 취득세 - 추가 과세 - 법인세 - 종부세**

· 비용을 지출하여 법인세가 줄어들 수 있음. 종부세율 5% 적용 시 이익금은 약 3,400만 원으로 줄어듦
· 반대로 급여 지급 등으로 4대 보험 및 소득세 지출이 늘어날 수 있음

비조정 지역 물건은 3주택자 이상의 개인도 양도소득세가 중과되지 않으므로 양도소득세 일반 세율을 적용받는다. 이때 공동명의 활용으로 양도소득세율을 더 낮추는 것이 유리하다. 하지만 2년은 보유해야 의미 있는 수익이 나올 것이라 예상했고 법인과 비교했을 때 종부세 부담이 없는 개인 명의로 결정했다. 단, 개인 보유 물건이 많아 부과받는 종부세가 법인과 크게 다르지 않다면 다시 원점에서 고민해 보아야 한다.

<1년 미만 단기 보유, 양도차익 1억 원>인 경우

개인			
매입가	2억 5천만 원	
매도가	3억 5천만 원	
취득세	3천만 원	**2.5억 원 × 취득세 12%**
개인 차익	7천만 원	**차익 1억 원 - 취득세(3천만 원)**
양도세	약 4,900만 원	**7천만 원 × 70%**
총이익금	약 2,100만 원	**차익 1억 원 - 취득세 - 양도세**

VS

법인			
매입가	2억 5천만 원	
매도가	3억 5천만 원	
취득세	3천만 원	**2.5억 원 × 취득세 12%**
법인 차익	7천만 원	**차익 1억 원 - 취득세(3천만 원)**
추가 과세	1,400만 원	**7천만 원 × 20%**
법인세	700만 원	**7천만 원 × 10%**
종합부동산세		**1년 미만 단기로, 종부세 없음**
총이익금	약 4,900만 원	**차익 1억 원 - 취득세 - 추가 과세 - 법인세**

· 비용을 지출하여 법인세가 줄어들 수 있음
· 반대로 급여 지급 등으로 4대 보험 및 소득세 지출이 늘어날 수 있음

해설 종부세 비교가 핵심! 2년간 개인 보유로 방향 잡기

이곳은 2년 이상 보유해야 1억 원 정도의 차익이 생길 것이 예상되는 지역이었습니다. 따라서 매년 종합부동산세가 부담되는 법인 명의보다 개인 명의가 유리합니다. 이때 개인별로 종합부동산세가 달라지므로 반드시 함께 비교해 보아야 합니다. 113쪽에서 개인과 법인에 대한 종합부동산세 세율표를 첨부했으니 개인이 보유하고 있는 매물에 대해 예상되는 종합부동산세를 계산해 보고 법인과 비교해 보세요.

혹시 보유 1~2년 미만인데도 차익이 발생될 것이라고 예상한다면 법인 명의로 진행하는 것이 나아 보일 수 있습니다. 하지만 현실에서는 종부세를 부담하지 않고 단기간에 매도하는 것이 물리적으로 쉽지 않습니다. 만약 이렇게 진행했어도 개인의 단기 세율보다야 낮지만, 개인으로 2년 보유 후 양도소득세 일반 세율을 받는 것이 총수익금에서는 훨씬 더 유리해 보입니다. 그렇다면 다음과 같이 상황별로 예상해 볼까요?

❶ **개인/공동명의를 활용해 2년 보유 후 매도를 목표로 할 경우** 3주택자이므로 약 12%의 취득세를 부담해야 합니다. 양도소득세를 낼 경우 개인당 차익 3,500만 원에 대해 15%의 양도소득세율을 적용받아 세후 총수익은 약 6,166만 원이 예상됩니다. 이때 편의상 거래 과정에서 발생하는 기타 등기 관련 부대비용 및 중개수수료와 각 개인마다 다른 종합부동산세는 제외했습니다. 본인의 사정에 맞게 거래 및 보유 시 비용을 추가하여 다시 계산해 보세요.

❷ **법인으로 2년 보유 후 매도할 경우** 공시 가격 1억 원 초과이기 때문에

3주택자 개인과 마찬가지로 12%의 취득세를 부담해야 합니다.

　법인은 주택의 경우 양도에 대한 추가 과세 20%, 법인세 10%, 종합부동산세율 2.7%(2주택 이하 법인 2.7% 적용×2년)를 계산해 보면 약 4천만 원의 법인 세후 수익이 예상됩니다. 이때도 편의상 거래 과정에서 발생하는 기타 등기 관련 부대 비용 및 중개수수료는 제외했습니다.

　만약 법인이 세 채 이상의 주택을 보유하고 있는 경우 2년간 종합부동산세율 5%(5%×2년)를 적용하면 앞의 경우보다 적은 약 3천만 원 정도 법인통장에 남습니다. 따라서 종부세를 감안하면 대략적으로 보아도 개인이 더 나아 보입니다.

　법인 수익이 세후 4천만 원이어도 대표가 다 가져올 수 없습니다. 법인이 돈을 번 것이기 때문에 수익을 대표 급여로 가져오려면 근로소득세와 4대 보험료를 내야 하고, 배당으로 가져오려면 배당소득세♦ 15.4%를 추가로 지출해야 합니다. 이러한 지출은 개인이라면 필요 없습니다. 물론 법인 비용을 많이 써서 법인세를 조금 줄일 수 있지만, 전체적으로 이런 시나리오가 예상되면 법인보다 개인이 투자하는 게 낫습니다.

대출 약정의 반격! 결과적으로 법인이 유리했던 투자

앞에서와 같은 시나리오가 예상되어 개인 명의로 매수했습니다. 그런데

♦　**배당 소득과 종합소득세**: 소득세법에 의해 배당 소득은 2천만 원 이하를 받는 경우 배당소득세율에 따라 종합소득세(14%)와 지방소득세(1.4%)가 부과됩니다. 하지만 배당금도 2천만 원 이상 받으면 종합소득세로 과세되어 다른 소득 금액과 합산된다는 것에 주의하세요.

실거주 주택담보대출이나 생활안정대출 등을 받을 때 주택 수를 늘리지 않기로 거래 조건에서 약정한 것이 뒤늦게 생각나서 부랴부랴 매도하게 되었습니다. 1년 미만, 2년 미만의 보유 기간에 해당하는 개인 양도소득세율은 각각 60%, 70%이므로 결과적으로 법인보다 불리한 상황인 것이죠.

개인 양도소득세율 2년 미만

보유 기간	양도소득세율(%)
1년 미만	70
2년 미만	60
2년 이상	기본 세율

개인이 2년 보유하지 못하고 중간에 매도하면 양도세가 60~70% 육박! 결과적으로 법인보다 불리한 투자!

　　비과세 요건을 지키기 위해 개인 명의로는 더 이상 주택을 살 수 없는 사람들이 있습니다. 하지만 어디 사연 없는 사람이 있나요? 모두 개인 사정이 있기 마련이죠. 이럴 때 제 개인적인 소견으로는 타인 명의를 빌리는 것보다 본인이 설립한 법인 안에서 마음 편하게 투자 활동을 이어가는 것이 낫다고 봅니다. 단, 법인의 장점을 누리려면 위의 세금을 모두 극복하고도 수익을 낼 만한 부동산을 보는 안목을 갖추어야 하고, 사실 이것이 가장 중요합니다. 그래야 이러한 장점을 모두 누리면서 법인 설립이 더 의미 있게 됩니다.

15 명의 선택 사례 ②
공시 가격 '1억 원 이하'인 '비조정 지역'에서 매매차익 1억 원이 예상될 때

앞의 사례처럼 공시 가격 1억 원 초과 주택을 3주택자가 매수하면 취득세율은 법인처럼 12%입니다. 높은 세율 때문에 취득가가 높아졌고 단기간에 팔경우에는 높은 단기 양도소득세율 때문에 수익을 내기가 매우 어렵습니다. 자, 그러면 이번에는 취득세율이 낮은 물건을 살펴보겠습니다.

투자 사례 1억 5천만 원 → 2억 5천만 원 매도 목표

다음은 비조정 지역, 공시 가격 1억 원 이하 주택으로, 취득세율이 1%대여서 마음이 편했던 사례입니다. 취득세율이 1%라는 장점 때문에 공시 가격 1억 원 이하 매물만 찾는 사람들도 있어요. 이런 취득세 구조 때문에 1억 원 이하 매물이 고평가된 경우도 있지만, 잘 분석하여 접근하면 수익률이 괜찮습니다.

개인 VS 법인 투자수익 비교
(공시 가격 1억 원 이하/비조정 지역)

<2년 보유, 양도차익 1억 원> 공동명의 활용/3주택자인 경우

① 개인		
매입가	1억 5천만 원	
매도가	2억 5천만 원	
취득세	165만 원	**1.5억 원 × 취득세 1.1%**
개인당 차익	4,917만 원	**차익 1억 원 - 취득세(165만 원)**
양도세	각 658만 원 → 총 1,316만 원	**4,917만 원 × 24% - 누진공제액 522만 원**
총이익금	약 8,519만 원	**차익 1억 원 - 취득세 - 양도세**

VS

② 법인		
매입가	1억 5천만 원	
매도가	2억 5천만 원	
취득세	165만 원	**1.5억 원 × 취득세 1.1%**
법인 차익	9,835만 원	**차익 1억 원 - 취득세(165만 원)**
추가 과세	1,967만 원	**9,835만 원 × 20%**
법인세	983만 원	**9,835만 원 × 10%**
종합부동산세	약 600만 원	**공시 가격 1억 원 예상 × 2.7% × 2년**
총이익금	약 6,285만 원	**차익 1억 원 - 취득세 - 추가 과세 - 법인세 - 종부세**

· 비용을 지출하여 법인세가 줄어들 수 있음. 종부세율 5% 적용 시 이익금은 약 5,885만 원으로 줄어듦
· 반대로 급여 지급 등으로 4대 보험 및 소득세 지출이 늘어날 수 있음

> 취득세 1% VS 취득세 12% 차이가 2천만 원 이상의 수익을 좌우한다.
> 이것이 바로 비조정 공시 가격 1억 원 이하 물건을 찾는 이유!

<1년 미만 단기 보유, 양도차익 1억 원>인 경우

③ 개인

매입가	1억 5천만 원	
매도가	2억 5천만 원	
취득세	165만 원	**1.5억 원 × 취득세 1.1%**
개인당 차익	4,917만 원	**차익 1억 원 - 취득세(165만 원)**
양도세	총 6,884만 원	**9,835만 원 × 70%**
총이익금	약 2,951만 원	**차익 1억 원 - 취득세 - 양도세**

VS

④ 법인

매입가	1억 5천만 원	
매도가	2억 5천만 원	
취득세	165만 원	**1.5억 원 × 취득세 1.1%**
법인 차익	9,835만 원	**차익 1억 원 - 취득세(165만 원)**
추가 과세	1,967만 원	**9,835만 원 × 20%**
법인세	983만 원	**9,835만 원 × 10%**
종합부동산세		**1년 미만 단기로, 종부세 없음**
총이익금	약 6,885만 원	**차익 1억 원 - 취득세 - 추가 과세 - 법인세**

• 비용을 지출하여 법인세가 줄어들 수 있음
• 반대로 급여 지급 등으로 4대 보험 및 소득세 지출이 늘어날 수 있음

해설 공시 가격 1억 원 이하는 취득세 1%, 수익률 견인차!

앞의 사례는 첫 번째 사례와 비교했을 때 공시 가격 1억 원 이하여서 취득세 부분에서만 수익 구조가 달라질 뿐, 나머지는 모두 같습니다. 결국 이 시나리오도 2년 보유를 예상한다면 개인 명의가 유리합니다. 현실적으로 1~2년 단기간 상승이 어렵고, 그렇게 예상된다고 해도 결론적으로 2년 보유 후 일반 세율로 양도소득세율을 적용받는 개인이 법인보다 나아 보입니다.

개인적인 생각으로는 이제 막 부동산 투자를 시작하거나, 자본금이 많지 않지만 경제적 자유를 꿈꾼다면 포기하지 않고 도전해 보면 좋을 것 같습니다. 몇 개월이 걸리든, 1년이 걸리든, 꾸준히 제대로 공부해서 성공 경험을 쌓는 것이 중요합니다.

❶ **공동명의로 개인이 보유해서 2년 후 양도소득세율을 일반 세율로 받는 경우**가 가장 유리할 것입니다. 1억 원의 매매차익이 발생했을 경우 취득세를 제외하고 명의자별로 각각 약 4,900만 원의 수익이 발생하는데, 양도소득세율 24%를 적용받아 총 세후수익금은 약 8,519만 원으로 예상됩니다. 이때도 편의상 거래 과정에서 발생하는 기타 등기 관련 부대 비용 및 중개수수료와 각 개인마다 다른 종합부동산세는 제외했습니다.

❷ **법인으로 2년 보유 후 매도할 경우** 법인은 주택 양도에 대한 추가 과세 20%, 법인세 10%, 종합부동산세 2.7%(2주택 이하 법인 2.7% 적용×2년)를 감안하면 약 6,285만 원의 세후 수익이 예상됩니다. 이렇게 발생한 세후 수익은 법인 수익으로, 앞의 사례에서도 설명한 것처럼 대표 개인에게 급여 소득으로 가져

오려면 근로(배당)소득세 및 4대 보험료 등을 별도로 부담해야 합니다.

❸ 만약 개인으로 보유하고 있는 도중에 여건상 단기 매도를 해야 할 경우 1억 원의 매매차익이 발생했어도 단기 양도소득세율을 적용받으면 총 세후 수익금은 약 2,951만 원이 예상됩니다.

❸과 같은 상황이 예상된다면 차라리 법인 명의로 보유한 후 단기 매도를 하는 것이 나아 보입니다. ❹의 상황에서 종합부동산세를 제외한 약 6,885만 원의 세후 수익이 예상되기 때문입니다.

2년 이상 개인 명의로 보유해야만 최대 수익 창출

만약 사정이 생겨서 2년 미만에 매도를 해야 하거나 차선책으로 법인 명의를 활용해야 할 경우 법인에게 부과되는 종합부동산세 및 법인 수익을 개인 소득으로 가져올 때 부담되는 2중, 3중 과세를 반드시 고려해 보아야 합니다. 또한 자신의 예상과 다르게 단기간에 수익 실현이 안 될 수도 있어요. 이 경우에는 매년 종합부동산세를 부담하면서 계속 법인으로 보유할 수 있는 여력이 되는지, 그렇게 하면 보유세 대비 수익이 날 가능성이 있는지 등을 계산하면서 면밀하게 시장을 파악해야 합니다. 그것이 아니라면 취득 부대 비용을 감안하고 수익 실현이 안 된 상태로 매도해야 할 것인가에 대해 법인 대표로서 신중하게 고민해야 할 것입니다.

개인이냐, 법인이냐, 그것이 고민이다!

비조정 지역은 대부분 수도권 외의 지역으로, 도시 규모와 경쟁력, 또는 나중에 다가올 분양 물량 등으로 2년 이상 보유하기가 부담될 수 있습니다. 이런 경우에는 오히려 법인이 나을지 고민이 되기도 합니다. 또한 개인으로 취득 후 2년 이후에 매도할 예정이었으나 세입자 퇴거 등의 문제로 2년을 더 보유하게 될 수도 있어요. 이렇게 우리는 항상 자신이 가려고 하는 방향과 부동산시장 및 도시에 대해 끊임없이 고민하면서도 결과를 알 수 없는 미래에 대해 스스로의 확신과 예상만으로 현재의 포지션을 선택해야만 합니다.

부동산 투자와 관련된 선택은 거의 대부분 후회의 연속이었습니다. 오랫동안 고민해서 명의를 선택했어도 그 선택이 처음보다 나은 선택이 아닐 수도 있고, 오히려 더 안 좋은 결과를 가져올 수도 있습니다. 그러므로 상황과 결과에 계속 대응해야 하는 영역임을 인지하고 다양한 선택과 경험을 발판으로 삼아 조금씩 좀 더 나은 선택을 하기 위해 꾸준히 노력해야 합니다.

공시 가격은 어떻게 세금에 영향을 주는가

공시 가격 확인법 – 부동산공시 가격알리미

공동 주택, 개별 주택 및 토지의 기준 시가는 국토교통부, 지자체장이 평가 및 공시하고 있고 '국토교통부 부동산공시 가격알리미' 사이트(www.realtyprice.kr)에서 조회할 수 있습니다. 공시 가격이 중요한 이유는, 공시 가격 1억 원 초과와 그 이하에 따라 취득세가 약 12배 정도나 차이 나기 때문입니다. 물론 공시 가격에 따라서 재산세와 종부세 등 보유세도 계산되고요. 조정 지역이라고 해도 기타 지방 도시(수도권 및 광역시 제외)일 경우와 매도 시점 공시 가격이 3억 원 이하일 경우에는 양도소득세가 중과되지 않기 때문에 공시 가격 확인은 매우 중요합니다.

매수 시세를 좌우하는 공시 가격

'부동산가격공시에 관한 법률' 규정에 의한 절차에 따라 국토교통부장관이 공동주택(아파트, 연립, 다세대)에 대하여 매년 공시 기준일(매년 1월 1일) 현재 적정 가격을 조사 및 산정하고 있습니다. 매년 공시 가격 예정액 발표일이 다르지만, 통상적으로 3월 중순에서 3월 말 정도에 예정액을 발표한 후 열람 및 의견 청취 기간을 거쳐 4월 말 정도에 공시 가격이 확정됩니다.

이렇게 확정된 공시 가격을 기준으로 재산세와 종부세가 부과되죠. 만약 1%대의 취득세를 부담하려고 1억 원 이하의 주택을 취득할 계획이라면 공시 가격이 확정되기 전에 매수 잔금을 치러야 합니다.

▲ '국토교통부 부동산공시 가격알리미' 사이트(www.realtyprice.kr)에서 공동 주택, 개별 주택 및 토지의 기준 시가를 조회할 수 있다.

16 명의 선택 사례 ③
공시 가격 '1억 원 초과'인 '조정 지역'에서 매매차익 1억 원이 예상될 때

이번에는 조정 지역에서 개인과 법인의 투자를 비교해 보겠습니다. 현재 시점에서 다주택자 개인은 조정 지역의 주택을 2년 이상 보유 후 매도할 경우 기본 양도소득세율에 20~30%가 추가되어 세율이 계산됩니다. [◆]

투자 사례 2억 5천만 원 → 3억 5천만 원 매도 목표

이번에는 3주택자가 조정 지역 물건을 2년 보유 후 매도할 경우 일반 양도소득세율에서 중과되는 시나리오입니다. 매수는 2억 5천만 원, 매도는 3억 5천만 원으로 상정했고 비교하기 쉽게 금액은 앞의 비조정 지역 예시와 같은 금액으로 산출해 보겠습니다.

....

◆ 조정 지역이어도 다주택자에 대한 양도소득세 중과가 2022년 5월 10일~2024년 5월 9일까지 2년 이상 보유한 물건을 양도하는 경우에 한하여 한시적으로 배제됩니다.

개인 VS 법인 투자수익 비교
(공시 가격 1억 원 초과/조정 지역)

<2년 보유, 양도차익 1억 원> 공동명의 활용/3주택자인 경우

❶ 개인

매입가	2억 5천만 원	
매도가	3억 5천만 원	
취득세	3천만 원	2.5억 원 × 취득세 12%
개인당 차익	3,500만 원	차익 1억 원 - 취득세(3천만 원)
양도세	각 1,467만 원 → 총 2,934만 원	3,500만 원 × 45% - 누진공제액 108만 원
총이익금	약 4,066만 원	차익 1억 원 - 취득세 - 양도세

VS

❷ 법인

매입가	2억 5천만 원	
매도가	3억 5천만 원	
취득세	3천만 원	2.5억 원 × 취득세 12%
법인 차익	7천만 원	차익 1억 원 - 취득세(3천만 원)
추가 과세	1,400만 원	7천만 원 × 20%
법인세	700만 원	7천만 원 × 10%
종합부동산세	약 900만 원	공시 가격 1.5억 원 예상 × 2.7% × 2년
총이익금	약 4천만 원	차익 1억 원 - 취득세 - 추가 과세 - 법인세 - 종부세

· 비용을 지출하여 법인세가 줄어들 수 있음. 종부세율 5% 적용 시 이익금은 약 3,400만 원으로 줄어듦
· 반대로 급여 지급 등으로 4대 보험 및 소득세 지출이 늘어날 수 있음

> 다주택자인 개인이 조정 지역의 주택을 2년 이상 보유한 후 매도하면 기본 양도소득세율이 20~30% 중과된다. 따라서 약 3,500만 원에 대한 3주택자의 양도세율은 30%가 중과되어 무려 45%!

<1년 미만 단기 보유, 양도차익 1억 원>인 경우

❸ 개인

매입가	2억 5천만 원	
매도가	3억 5천만 원	
취득세	3천만 원	**2.5억 원 × 취득세 12%**
개인당 차익	7천만 원	**차익 1억 원 - 취득세(3천만 원)**
양도세	약 4,900만 원	**7천만 원 × 70%**
총이익금	약 2,100만 원	**차익 1억 원 - 취득세 - 양도세**

❹ 법인

매입가	2억 5천만 원	
매도가	3억 5천만 원	
취득세	3천만 원	**2.5억 원 × 취득세 12%**
법인 차익	7천만 원	**차익 1억 원 - 취득세(3천만 원)**
추가 과세	1,400만 원	**7천만 원 × 20%**
법인세	700만 원	**7천만 원 × 10%**
종합부동산세		**1년 미만 단기로, 종부세 없음**
총이익금	약 4,900만 원	**차익 1억 원 - 취득세 - 추가 과세 - 법인세**

• 비용을 지출하여 법인세가 줄어들 수 있음
• 반대로 급여 지급 등으로 4대 보험 및 소득세 지출이 늘어날 수 있음

해설 조정 지역에서는 다주택자도 양도세 20~30% 중과!

법인 설립의 고민이 깊어진다

❶ **무주택자나 1주택자, 일시적 2주택자를 제외한 2주택 이상 보유자가 추가로 공시 가격 1억 원 초과 주택을 매입할 경우** 지역이나 명의에 상관없이 개인과 법인 모두 취득세를 12% 부담해야 합니다.

3주택자가 개인 공동명의로 2년 보유 후 양도할 경우를 상정해 보겠습니다. 차익은 1억 원이지만, 취득세 3천만 원을 빼면 수익은 7천만 원인데, 공동 명의이므로 개인당 차익은 3,500만 원이 됩니다.

비조정 지역이면 중과 없이 15%의 양도소득세율이 적용되지만, 이번 사례는 조정 지역이기 때문에 2주택자이면 35%, 3주택자이면 45%의 세율이 적용됩니다. 여기에서는 3주택자이므로 45% 세율이 적용되어 약 4,066만 원의 세후 수익이 발생합니다. 이때도 편의상 거래 과정에서 발생하는 기타 등기 관련 부대 비용 및 중개수수료와 각 개인마다 다른 종합부동산세는 제외했습니다.

❷ 법인의 경우 조정 지역이나 비조정 지역에 상관없이 주택에 대한 매도 수익의 추가 과세율이 단일 세율(20%)입니다. 따라서 121쪽의 비조정 지역, 공시 가격 1억 원 초과 사례와 수익이 같습니다.

개인은 같은 조건인데도 비조정 지역과 비교했을 때 약 2천만 원 정도의 세후수익금이 차이가 납니다. 이렇게 내 손에 들어오는 금액이 크게 다르기 때문에 조정 지역으로 발표되면 투자 심리가 급속히 얼어붙고, 조정 지역이

해제되면 투자 심리가 되살아나는 것입니다. 따라서 도시 경쟁력을 세심하게 살펴보면 좀 더 우월한 상위 도시가 조정 지역이라는 이유만으로 도시 경쟁력이 하위 지역인 비조정 지역보다 일시적으로 저평가되어 있는 경우가 종종 발견됩니다. 이런 경우에는 법인 대표가 어떤 가치관을 추구하는지, 개인 투자자가 어떤 성향인지에 따라 투자 기회가 생기기도 합니다.

공시 가격 1억 원 초과, 조정 지역 투자는 다주택자인 개인보다 법인이 유리할 수도 있다

다시 본론으로 되돌아가면 앞의 비조정 지역과 이번의 조정 지역의 시나리오에서는 개인의 경우 양도소득세율의 중과에 따른 개인의 세후 수익에 차이가 있지만, 법인의 경우(❷, ❹)는 똑같습니다. 왜냐하면 법인은 보유 기간 및 규제 지역에 상관없이 주택 매도에 대한 추가 과세가 단일 세율(20%)이기 때문입니다. 그래서 개인 양도소득세율이 중과가 되는 조정 지역일 경우 개인 명의가 나을지, 법인 명의가 나을지에 대해서 더 고민해야 합니다.

이 경우에는 취득세를 비교해 보고 선택하는 게 좋습니다. 예를 들어, 내가 무주택자여서 1%대의 취득세를 납부할 수 있는 조건이거나, 8%대의 취득세를 납부해야 하는 1주택자라면 12%대의 취득세를 납부하는 법인보다 개인 명의로 하는 것이 훨씬 유리합니다. 만약 그렇지 않다면 법인이 유리할 수도 있고요. 단 여기서도 그럴 만한 지역과 단지를 보는 안목이 가장 중요합니다.

법인 주택 장기 보유는 비추!
결국 종합부동산세가 걸림돌

여기서 한 번 더 고려할 게 있습니다. 법인이 유리한 조건에 있어도 자신이 이 물건에 대해 갖고 있는 목표치와 기대치를 생각해 보아야 합니다. 만약 장기 보유하고 싶은 물건이라면 매년 부과되는 법인의 종부세 세율을 감당해야 하므로 심적으로 많이 부담스러울 것입니다. 특히 실거주를 하고 싶은 매물이라면 매년 부과되는 종합부동산세를 납부하면서 거주하는 것이 쉽지는 않습니다. 이런 경우에는 상대적으로 법인보다 낮은 종합부동산세를 부과받는 개인 명의가 더 나을 수도 있어요. 실제로 저도 오래 보유하고 싶은 물건은 지금도 개인 명의로 보유하고 있습니다.

앞에서 설명했듯이 지역과 개별 물건 특성상 기대치가 높지 않아서 오래 보유하기 부담스럽다면 2년 안에 매도하게 될 것입니다. 이런 상황에서는 개인 단기 양도소득세율이 매우 높기 때문에 법인 명의가 더 나은 방법이 되는 셈이죠. 결국 그 물건과 지역이 자신이 추구하는 목표와 기대치에 맞는 조건을 갖추었는지가 중요하고, 그에 따라 법인과 개인의 명의 활용도가 달라집니다. 그래서 같은 물건이어도 사람마다 다르게 조언할 수밖에 없고 일률적으로 법인이 무조건 좋다고 이야기하기는 더욱 어렵습니다.

명의 선택 사례 ④
공시 가격 '1억 원 이하'인 '조정 지역'에서 매매차익 1억 원이 예상될 때

투자 사례 1억 5천만 원 → 2억 5천만 원 매도 목표

조정 지역의 공시 가격 1억 원 이하 물건도 살펴보겠습니다. 취득세가 상대적으로 낮으니 심리적으로 편안한 마음이 드는 건 사람이라 어쩔 수 없네요. 조정 지역도 공시 가격 1억 원 이하라면 127쪽의 비조정 지역의 시나리오와 같습니다. 다만 개인이 조정 지역에 투자했을 때 2년 보유 후 매도 시 적용받는 양도소득세율에서 중과율을 더해야 한다는 것이 다릅니다. 2주택자는 기본 양도소득세율에서 20%를, 3주택자는 30%를 중과받는다는 것이 차이점입니다. ◆

◆ 조정 지역이어도 다주택자에 대한 양도소득세 중과가 2022년 5월 10일~2024년 5월 9일까지 2년 이상 보유한 물건을 양도하는 경우에 한하여 한시적으로 배제됩니다.

개인 VS 법인 투자수익 비교
(공시 가격 1억 원 이하/조정 지역)

<2년 보유, 양도차익 1억 원> 공동명의 활용/3주택자인 경우

❶ 개인

매입가	1억 5천만 원	
매도가	2억 5천만 원	
취득세	165만 원	**1.5억 원 × 취득세 1.1%**
개인당 차익	4,917만 원	**차익 1억 원 - 취득세(165만 원)**
양도세	각 2,133만 원 → 총 4,266만 원	**4,917만 원 × 54% - 누진공제액 522만 원**
총이익금	약 5,569만 원	**차익 1억 원 - 취득세 - 양도세**

VS

❷ 법인

매입가	1억 5천만 원	
매도가	2억 5천만 원	
취득세	165만 원	**1.5억 원 × 취득세 1.1%**
법인 차익	9,835만 원	**차익 1억 원 - 취득세(165만 원)**
추가 과세	1,967만 원	**9,835만 원 × 20%**
법인세	983만 원	**9,835만 원 × 10%**
종합부동산세	약 600만 원	**공시 가격 1억 원 예상 × 2.7% × 2년**
총이익금	약 6,285만 원	**차익 1억 원 - 취득세 - 추가 과세 - 법인세 - 종부세**

- 비용을 지출하여 법인세가 줄어들 수 있음. 종부세율 5% 적용 시 이익금은 약 5,885만 원으로 줄어듦
- 반대로 급여 지급 등으로 4대 보험 및 소득세 지출이 늘어날 수 있음

<1년 미만 단기 보유, 양도차익 1억 원>인 경우

개인			
	매입가	1억 5천만 원	
	매도가	2억 5천만 원	
	취득세	165만 원	**1.5억 원 × 취득세 1.1%**
	개인당 차익	4,917만 원	**차익 1억 원 − 취득세(165만 원)**
	양도세	총 6,884만 원	**9,835만 원 × 70%**
	총이익금	약 2,951만 원	**차익 1억 원 − 취득세 − 양도세**

VS

법인			
	매입가	1억 5천만 원	
	매도가	2억 5천만 원	
	취득세	165만 원	**1.5억 원 × 취득세 1.1%**
	법인 차익	9,835만 원	**차익 1억 원 − 취득세(165만 원)**
	추가 과세	1,967만 원	**9,835만 원 × 20%**
	법인세	983만 원	**9,835만 원 × 10%**
	종합부동산세		**1년 미만 단기로, 종부세 없음**
	총이익금	약 6,885만 원	**차익 1억 원 − 취득세 − 추가 과세 − 법인세**

· 비용을 지출하여 법인세가 줄어들 수 있음
· 반대로 급여 지급 등으로 4대 보험 및 소득세 지출이 늘어날 수 있음

해설 1억 원 이하 조정 지역 취득세는 1.1%,

3주택자 2년 보유 양도세는 54%

먼저 취득세를 살펴볼까요? 공시 가격 1억 원 초과인 조정 지역은 취득세가 12%이지만, 공시 가격이 1억 원 이하로 떨어지면 취득세는 1.1%가 됩니다.

❶ **개인 명의로 2년 보유 후 매도할 경우** 다른 조건이 같다면 양도소득세율 중과만으로 비조정 지역과의 세후 수익금이 약 3천만 원 정도 차이가 납니다. 3주택자 개인이 조정 지역을 매수하는 경우에는 이익금이 커질수록 양도소득세율이 커지는 누진세 구조에 추가 과세까지 붙으니 세금이 많아집니다. 1억 원 차익에서 취득세 165만 원을 빼면 9,835만 원이 남습니다. 여기에 공동 명의를 활용했으므로 개인당 차익은 4,917만 원이 되겠네요.

3주택자가 조정 지역에 투자하고 4,917만 원의 차익이 발생하면 비조정 지역일 경우에는 24%의 양도소득세율을 적용받지만, 조정 지역이기 때문에 중과세율까지 54%를 적용받아 총 5,569만 원의 세후 수익이 예상됩니다. 이때도 편의상 거래 과정에서 발생하는 기타 등기 관련 부대 비용 및 중개수수료와 각 개인마다 다른 종합부동산세는 제외했습니다.

3주택자 조정 지역 중과 VS 법인 비교

과세 표준	3주택자 중과세율(%)	법인
1,200만 원 이하	36	
4,600만 원 이하	45	
8,800만 원 이하	54	• 각 주택 매도 차익 추가 과세 20% + 회계 기간 내 총수익 - 총비용
1억 5천만 원 이하	65	
3억 원 이하	68	• 법인세 과세 표준 2억 원 이하 10%, 200억 원 이하 20%
5억 원 이하	70	
10억 원 이하	72	

❷ 법인의 경우 주택 매도에 대한 추가 과세 세율은 20%로, 단일 세율입니다. 여기에 법인세 10%와 종합부동산세율 2.7%(2주택 이하 법인 2.7% 적용×2년)가 추가되는 것을 감안하면 약 6,285만 원의 세후수익금이 예상됩니다. 혹시라도 법인이 세 채 이상 보유하여 종합부동산세율 5%를 적용받는다면 세후수익금은 그만큼 더 낮아집니다.

134쪽에서 설명한 공시 가격 1억 원 초과의 조정 지역 사례와 같이 종합부동산세율을 부담하지 않고 단기 매도가 가능하다면 이번 사례에서도 이익금만 따져보았을 때는 개인보다 오히려 법인이 유리해 보입니다.

법인세 과세표준액도 2억 원 이하까지는 10%이기 때문에 종합부동산세가 매년 2.7% 정도만 부과된다고 가정한다면 표면적으로는 개인보다 법인이 좀 더 유리해 보입니다. 개인은 반드시 2년 이상 보유해야 한다는 조건 때문에 법인이 좀 더 나아 보이지만, 결국 이렇게 저평가된 부동산을 볼 안목이 있느냐가 가장 중요합니다.

개인 명의의 한계를 극복해서 꼭 법인으로 매입해야겠다는 생각과, 그 결과에 대한 책임을 대표인 내가 다 지겠다는 결심이 서면 법인을 설립할 때가 온 것입니다. 그리고 이때 이미 설립한 법인이 있다면 자신에게는 유리한 명의를 선택할 수 있는 선택권이 있는 셈이죠. 이렇게 많이 비교해 보고 자신의 목표와 방향에 맞게 현명한 선택을 하세요. 선택을 했으면 자신의 선택을 믿고 책임을 다하기 바랍니다.

18 4억 원 이상의 고가 주택도 법인으로 도전해 볼까

투자 사례 4억 원 → 5억 원 매도 목표! 고가 주택은 취득세가 비싸다

매물을 찾으러 다녀보니 가격이 비싼 게 좋아 보인다고요? 맞습니다. 앞의 시나리오를 살펴보니 조정 지역의 경우 개인은 양도소득세가 중과되기 때문에 불리하고 법인은 보유 기간에 상관없이 단일 세율로 세금을 적용받으니 법인이 조금 더 유리했습니다. 이때 공시 가격이 1억 원 이하 주택이라면 취득세율도 1%대를 적용받으니 법인 명의로 한번 투자해 볼까 싶네요.

취득세 부담이 적다는 이점 때문에 공시 가격 1억 원 이하의 구축을 보니 수리도 해야 하고 입지도 별로여서 앞의 시나리오처럼 그렇게까지 시세가 오를지 확신이 안 설 겁니다. 이때 마침 중개사님이 저의 마음을 알고 신축을 소개해 주시네요. 구축만 보다가 신축을 보니 역시 새 것이 좋아 보입니다. 건물

생심(見物生心)이라고 그냥 구경만 하려고 했는데, 물건을 보니 욕심이 나기도 하네요. 그런데 신축이라 가격이 다소 비싼 것이 문제입니다. 가격이 비싸면 부담해야 되는 취득세도 함께 높아지기 때문에 더 부담스러워집니다.

이번에는 앞의 사례와 다르게 가격대가 좀 더 비싼 경우의 사례도 한번 비교해 보겠습니다.

| 주택 유상·무상 취득별 세율 |

취득 원인	구분	조정 지역(%)	비조정 지역(%)
유상	1주택	• 6억 원 이하: 1 • 6억 원 초과, 9억 원 이하: 1~3 • 9억 원 초과: 3	
	2주택	8 (일시적 2주택 제외)	1~3
	3주택	12	8
	법인/4주택 이상	12	12

조정 지역 개인 VS 법인 12% 취득세 비교

• 일시적 2주택자는 1주택자 조건에 해당
• 개인(다주택자)과 법인 상관없이, 조정 지역과 비조정 지역 상관없이 공시 가격
 1억 원 이하는 취득세 1%

개인 VS 법인 투자수익 비교
(공시 가격 1억 원 초과/조정 지역)

<2년 보유, 양도차익 1억 원> 공동명의 활용/3주택자인 경우

① 개인

매입가	4억 원	
매도가	5억 원	
취득세	4,800만 원	4억 원 × 취득세 12%
개인당 차익	2,600만 원	차익 1억 원 - 취득세(4,800만 원)
양도세	각 1,062만 원 → 총 2,124만 원	2,600만 원 × 45% - 누진공제액 (108만 원)
총이익금	약 3,076만 원	차익 1억 원 - 취득세 - 양도세

VS

② 법인

매입가	4억 원	
매도가	5억 원	
취득세	4,800만 원	4억 원 × 취득세 12%
법인 차익	5,200만 원	차익 1억 원 - 취득세(4,800만 원)
추가 과세	1,040만 원	5,200만 원 × 20%
법인세	520만 원	5,200만 원 × 10%
종합부동산세	약 1,500만 원	공시 가격 2.5억 원 예상 × 2.7% × 2년
총이익금	약 2,140만 원	차익 1억 원 - 취득세 - 추가 과세 - 법인세 - 종부세

· 비용을 지출하여 법인세가 줄어들 수 있음. 종부세율 5% 적용 시 이익금은 약 1,140만 원으로 줄어듦
· 반대로 급여 지급 등으로 4대 보험 및 소득세 지출이 늘어날 수 있음

<1년 미만 단기 보유, 양도차익 1억 원>인 경우

개인			
매입가	4억 원	
매도가	5억 원	
취득세	4,800만 원	**4억 원 × 취득세 12%**
개인 차익	5,200만 원	**차익 1억 원 - 취득세(4,800만 원)**
양도세	약 3,640만 원	**5,200만 원 × 70%**
총이익금	약 1,560만 원	**차익 1억 원 - 취득세 - 양도세**

VS

법인			
매입가	4억 원	
매도가	5억 원	
취득세	4,800만 원	**4억 원 × 취득세 12%**
법인 차익	5,200만 원	**차익 1억 원 - 취득세(4,800만 원)**
추가 과세	1,040만 원	**5,200만 원 × 20%**
법인세	520만 원	**5,200만 원 × 10%**
종합부동산세		**1년 미만 단기로, 종부세 없음**
총이익금	약 3,640만 원	**차익 1억 원 - 취득세 - 추가 과세 - 법인세**

• 비용을 지출하여 법인세가 줄어들 수 있음
• 반대로 급여 지급 등으로 4대 보험 및 소득세 지출이 늘어날 수 있음

앞에서 2억 원 대의 조정 지역 시나리오는 살펴보았는데, 4억 원대의 시나리오는 어떻게 될까요?

❶ 3주택자도, 법인도 공시 가격 1억 원을 초과하는 4억 원대의 주택을 취득하면 취득세가 12%여서 약 4,800만 원 정도의 취득 비용이 발생합니다.

2년 후 약 1억 원 정도 시세 상승을 예상하고 개인 공동명의로 2년을 보유해도 3주택자이기 때문에 양도소득세율이 30% 중과되어 총 세후 이익이 약 3천만 원 정도 예상됩니다. 생각에 따라서 이것도 만족할 만한 성과라고 할 수 있지만, 개인마다 다른 보유세와 매수/매도 비용 등을 따져도 수익금의 약 70% 정도가 취득세와 양도세 등의 세금으로 발생되는 것입니다. 또한 혹시라도 시세 상승이 안 되는 리스크를 감당할지의 여부는 각자 판단해 보아야 합니다.

❷ 법인의 경우 1억 원 정도의 시세 상승이 예상되어도 추가 과세 20%와 법인세 10%, 그리고 종합부동산세 2.7%씩 2년을 부과받으면 최종 세후 수익이 약 2,140만 원 정도 예상됩니다. 그 밖에도 자신이 설립한 법인이 2년간 이 부동산만 보유한 채 다른 사업적인 소득이 없다면 수익 없이 매년 발생하는 법인 운영 비용(임대료, 기장료, 법무비 등 연 400~500만 원)을 감당할 생각만 해도 벌써부터 가슴이 답답해집니다. 엎친 데 덮친 격으로 투자 판단까지 잘못해서 보유한 물건을 매도하지 못하여 보유 물건이 3채 이상이 되면 종부세율도 5%나 적용받고, 정부 규제 발표로 시장 상황이 변경되어 주택 수요와 공급 상황

이 바뀌면 미처 예측하지 못했던 또 다른 변수가 생길 수도 있습니다. 게다가 시세가 상승하지 않는다면 그 초조함은 말로 다 표현하기 힘들 것입니다.

고가 주택은 세금 때문에 개인이 유리하다

상대적으로 매매 가격이 크게 부담되는 주택은 취득세와 종합부동산세가 커지고 이 부분을 상회하는 수익을 얻기까지 '시간'이라는 재료가 필요합니다. 따라서 좀 더 긴 호흡과 여유를 가질 수 있는 개인으로 매수하는 것이 더 유리하다고 판단됩니다. 실제로 현장에 나가보면 이렇게 비싼 취득세를 부담했는데도 예상보다 시세 상승이 더뎌서 단기간에 손해를 보고 매도하는 법인들이 적지 않습니다. 다만 손해를 본 속마음을 이야기하지 않을 뿐입니다.

결론적으로 4억 원이나 되는 주택을 법인이 12%의 취득세와 매년 2.7%(3채 이상 보유 법인은 매년 5%)에 해당하는 종합부동산세를 부담하면서 보유했는데, 1억 원도 못 올랐다면 안타깝게도 영업적으로는 손해라는 것입니다. 그러므로 이런 시나리오가 예상된다면 매수하지 않는 것이 좋습니다. 하지만 우리 일이 항상 순조롭지만은 않죠. 그렇기 때문에 법인으로 매수하는 것은 개인보다 더 신중하게 접근해야 합니다. 이것이 바로 제대로 준비되지 않았다면 그 누구보다 법인 설립을 적극적으로 추천하지 않는 이유 중 하나입니다.

돈의 가치는 나 스스로 부여하는 것이다

지금까지 1억 원이 오르는 것을 예상해서 다양한 시나리오를 설명했습니다. 1억 원이라고 하면 무척 큰 금액인데, 어느 순간부터 '세금'이라는 거래 비용이 너무 커졌기 때문인지, 돈의 가치가 떨어져서 그런지 예상했던 것보다 다소 아쉽게 느껴질 수도 있을 겁니다. 하지만 현장에서 경험하다 보면 '돈'은 자신이 부여하는 가치에 따라 돈에 따라오는 의미가 달라진다는 것을 느낍니다.

저는 처음에 법인 대표로 한 달에 월급 200만 원만 받아도 참 좋겠다는 마음으로 법인을 설립했고 근무를 시작했습니다. 부동산 상승기를 지나온 지금 생각해 보면 200만 원이 너무 시시한 금액이라는 생각도 들지만, 매년 꾸준히 수익을 내어 법인을 운영하면서 급여를 받는 것이 사실 쉽지는 않았습니다. 그래서 돈에 자신이 부여하는 가치에 대해서도 다시 생각해 보아야 합니다. 이렇게 고민과 선택을 하는 과정 자체에도 스스로 의미를 부여할 수 있어야 적은 금액이어도 자신에게 더욱 소중하게 여길 수 있을 것입니다.

월세용 상가 & 오피스텔은 누구의 명의가 좋을까

수익형 부동산에 투자할 경우 개인과 법인 비교하기

앞에서는 주거용 부동산 차익에 대해 다양한 시나리오를 살펴보면서 유리한 명의 선택에 대해 설명했습니다. 이번에는 수익형 부동산, 즉 월세를 받는 부동산의 경우 개인과 법인 중 어느 것이 유리한지 장단점에 대해 비교해 보겠습니다. 이번에 설명하는 내용을 꼼꼼하게 읽고 각각 본인의 상황에 맞게 유리한 선택을 해 보세요.

일단 개인으로 상가, 오피스텔, 지식산업센터 등에서 월세를 받으면 종합소득세율표에 따른 임대소득을 신고해야 합니다. 이것도 누진세 구조이고 세율은 양도소득세율과 같습니다. 여기에 개인은 복잡한 복식부기를 하지 않기 때문에 단순경비율을 적용받죠.

나라에서 일정한 비율로 경비를 인정해 주므로 이것을 공제한 후 수익을 계산하여 세금을 신고하고 납부하면 됩니다.

상가 & 오피스텔 투자 시 개인 VS 법인 비교

구분	개인	법인
소득 주체	개인 소득	법인 소득
임대 소득세율	기준(단순)경비율◆ 적용 후 종합소득세율 참고(6~42%)	법인세 10% ↓ 비용(급여 등) 발생 시 법인세가 줄어든다.
수익금이 개인에게 할당되는 경우	급여와 합산해서 종합소득세 신고 ↓ 급여 포함 소득세율이 높아진다.	법인에서 급여를 받을 경우 4대 보험료 및 소득세를 부담해야 한다.
양도 시	2년 이상 보유 시 일반 세율 (단, 조정 지역 주거용 오피스텔은 추가 20~30%)	법인세 10%(매도 전 업무용으로 사용하면 추가 과세 없음)
추천 사항	• 근로소득이 많으면 종합소득세율과 4대 보험 납부액이 누진되어 커진다. • 비근로자의 경우 의료보험 지역 가입자 납부액이 발생하거나 커진다.	• 법인 비용으로 크게 지출되면 법인세를 안 낼 수도 있다. • 지역 가입자의 경우 급여를 책정하여 건강보험료 등을 아낄 수 있다.

◆ 기준(단순)경비율은 155쪽의 표 참고

◆◆ 연임대소득금액 2천만 원 가정 시 2천만 원 - (2천만 원 × 41.5%)입니다. 연소득금액에서 기준(단순)경비율을 비용으로 차감한 후 나온 금액을 소득금액으로 인정합니다.

개인이 상가 & 오피스텔로 수익이 발생했을 때 적용되는 기준(단순)경비율

귀속연도	2022년	
기준경비율 코드	701201	
중분류명	부동산업	
세분류명	부동산 임대업	
세세분류명	비주거용 건물 임대업(점포, 자기 땅)	
업태명	부동산업	
기준 경비율	**자가율 적용 여부**	N
	일반율(%)	16.7
	자가율(%)	16.7
단순 경비율	**자가율 적용 여부**	N
	일반율(%)	41.5
	자가율(%)	41.5
적용 범위 및 기준	• 사무, 상업 및 기타 비거주용 건물(점포, 사무실 포함)을 임대하는 산업활동을 말한다. 건물과 토지를 함께 임대한 경우 건물에 정착된 토지 면적의 세 배 이내의 토지가 포함된다. <제외> • 대지 소유자가 타인인 점포 임대, 소규모 점포 임대 (→ 701202) • 지식산업센터 임대(→ 701203) • 광고용 건물 임대(→ 701204) • 임차부동산의 전대 또는 전전대에 따른 수입(→ 701300) • 공장재단 대여(자기 땅)(→ 701501) • 공장재단 대여(타인 땅)(→ 701502) • 극장 임대(→ 921404)	

> • 월세 연 2천만 원 수령 시 → 41.5%(830만 원) 비용 인정
> • 1,170만 원을 소득 금액으로 봄◆◆
> • 이에 대한 소득세 및 기존 소득과 합산하여 종합소득세와 4대 보험료 청구

만약 개인 양도소득세처럼 임대소득 금액이 커지면 누진 구조이기 때문에 세금도 커집니다. 게다가 근로소득이 따로 있다면 합산 신고를 해야 해서 결과적으로 종합소득이 커지므로 불리할 수도 있어요. 반면 별다른 소득이 없어서 그동안 의료보험을 별도로 납부하지 않았는데, 소득 신고를 하면서 지역 가입자로 가입되어 별도로 지역 의료보험료를 납부해야 할 수도 있습니다. 그러므로 사전에 4대 보험공단 및 세무사 사무실에서 상담하는 것을 추천합니다.

법인 임대료 과세 표준은 2억 원 이하까지 10%

오피스텔의 경우 주거용으로도 사용이 가능하기 때문에 세입자가 전입 신고를 하고 주거용으로 사용하면 주택으로 간주될 수 있습니다. 그리고 오피스텔을 개인으로 보유하면 매도할 때뿐만 아니라 보유할 경우에도 임대인에게 불리한 요인으로 작용됩니다. 오피스텔을 비주거용으로 사용하려면 '비주거용 임대'로 사업자등록증을 내고 사업자에게 업무용으로 임대한 후 적법하게 매월 세금계산서를 발행해야 합니다. 매도할 경우에도 주거용으로 사용하지 않았다면 2년 보유 후 양도소득세율을 참고하면 됩니다.

단, 주거용으로 사용했고 조정 지역의 오피스텔이라면 양도소득세율에 추가로 중과세율을 적용받습니다.

개인 오피스텔 양도소득세율

| 과세 표준 | 조정 지역(업무용), 비조정 지역 오피스텔(%) | 조정 지역(주거용) | | 누진공제액(원) |
		2주택 중과(%)	3주택 중과(%)	
1,200만 원 이하	6	26	36	
4,600만 원 이하	15	35	45	-108만
8,800만 원 이하	24	44	54	-522만
1억 5천만 원 이하	35	55	65	-1,490만
3억 원 이하	38	58	68	-1,940만
5억 원 이하	40	60	70	-2,540만
10억 원 이하	42	62	72	-3,540만

이러한 개인의 단점은 법인으로 진행하면 대부분 보완할 수 있습니다. 일단 법인으로 임대료를 받으면 연간 받는 임대료 총합의 법인세 과세 표준 2억 원 이하까지는 10%입니다. 개인의 누진 구조보다 낮은 세율이지만, 이것은 법인의 수익이지, 개인인 대표의 수익이 아닙니다. 따라서 이것을 대표의 수익으로 가져오려면 급여나 배당 등의 절차에 필요한 공과금 처리가 부수적으로 필요합니다. 매도할 경우에도 해당 법인이 업무용으로 임대했다면 추가 과세 없이 법인세만 부담됩니다. 최근 주거용 부동산 상승에 힘입어 오피스텔의 상승률도 매우 높았는데, 이럴 때 개인보다 법인으로 오피스텔을 보유 및 임대했다면 개인보다 훨씬 더 나은 대안이었을 것입니다.

이때도 오피스텔을 업무용으로 사용해야 이러한 세제 혜택을 받을 수 있습니다. 만약 주거용으로 사용했다면 주거용에 해당하는 종합부동산세와 매도 시 추가 과세에서 자유롭지 못하다는 것을 꼭 명심해야 합니다.

이런 부분에서 자유로우려면 해당 법인이 법인등기사항증명서 및 사업자등록증의 종목에 임대사업을 추가한 후 업무용으로 임대하면 됩니다. 즉, 사업자등록증이 있는 사업자를 임차인으로 맞이하여 임대를 주고 매월 부가세 별도의 임대료를 받은 후 세금계산서를 해당 임차인에게 발행하면서 임대하는 방법입니다.

20 이렇게 해야 흑자 법인이 된다
(ft. 종부세 부담 전 매도)

이번에는 1억 원 정도의 시세 상승 시나리오를 예상하고 매수했는데, 정작 오르지 않은 경우에 대해서 살펴보겠습니다. 12%의 취득세를 부담하고 법인 명의로 취득했는데, 5천만 원만 올랐을 수도 있고, 아예 오르지 않을 수도 있겠죠? 최근 몇 년 사이에 투자 시장에 진입했다면 계속 상승장만 보았기 때문에 이런 일이 다소 어리둥절할 수도 있을 겁니다. 하지만 부동산 투자 시장에서는 이런 경우가 비일비재합니다.

투자 사례 1 2억 원 → 2억 5천만 원, 1년 이내 매도 목표
(종부세 부담 전 매도를 위하여)

이번 사례는 조정 지역이나 비조정 지역에 상관없이 2억 원 정도의 주택을 법인으로 매수했을 때의 시나리오를 예상해 보겠습니다. 왜냐하면 법인의 경우에는 조정 지역이나 비조정 지역에 상관없이 공시 가격이 1억 원을 초과하면 12%대의 취득세를 적용받기 때문입니다. 오히려 1년 이상의 보유 기간이나 보유 시점에 적용받는 종합부동산세에 따라 수익금이 달라지는데, 이번에는 이것에 대해 이야기해 볼게요.

법인 수익금별/보유 기간별 시나리오

<법인은 종부세에 따라 수익금이 달라진다 – 1년 '미만' 보유>

① 법인 (차익 5천만 원)			
	매입가	2억 원	
	매도가	2억 5천만 원	
	취득세	2,400만 원	2억 × 취득세 12%
	법인 차익	2,600만 원	차익 5천만 원 – 취득세(2,400만 원)
	추가 과세	520만 원	2,600만 원 × 20%
	법인세	260만 원	2,600만 원 × 10%
	종합부동산세	없음	1년 단기로, 종부세 없음
	총이익금	약 1,820만 원	차익 5천만 원 – 취득세 – 추가 과세 – 법인세

· 비용을 지출하여 법인세가 줄어들 수 있음
· 반대로 급여 지급 등으로 4대 보험 및 소득세 지출이 늘어날 수 있음

<법인은 종부세에 따라 수익금이 달라진다 – 1년 '이상' 보유>

❷ 법인 (차익 5천만 원)			
	매입가	2억 원	
	매도가	2억 5천만 원	
	취득세	2,400만 원	2억 × 취득세 12%
	법인 차익	2,600만 원	차익 5천만 원 – 취득세(2,400만 원)
	추가 과세	520만 원	2,600만 원 × 20%
	법인세	260만 원	2,600만 원 × 10%
	종합부동산세	매년 405만 원/750만 원	공시 가격 1.5억 예상 × 2.7%(또는 5%)
	총이익금	약 1,820만 원(-종부세)	차익 5천만 원 – 취득세 – 추가 과세 – 법인세 – 종부세

· 비용을 지출하여 법인세가 줄어들 수 있음
· 반대로 급여 지급 등으로 4대 보험 및 소득세 지출이 늘어날 수 있음

> 매도차익금이 5천만 원일 경우 종합부동산세가 변수!
> 1년 미만 보유 시 흑자 운영 가능!
> 1년 이상 보유 시 적자 전환 우려!

해설 종부세를 내면 적자, 종부세를 안 내면 흑자!

해당 주택을 법인 명의로 2억 원에 취득하여 12%대의 취득세를 부담하고 ❶ 상황처럼 1년 이내로 보유하여 종합부동산세를 부담하기 전에 매도하는 계획이었네요. 사실 취득세가 낮았던 규제 전이라면 5천만 원만 올라도 아주

훌륭한 법인 투자였다고 생각됩니다. 하지만 현재는 12%대의 취득세와 20%의 추가 과세를 감안한 상태에서 매수/매도 시 거래 부대 비용 등을 고려하고 1년 동안 발생되는 법인 운영 비용 등을 따져보면 사실 수익률이 그리 만족스럽지는 않습니다.

만약 5천만 원의 시세 상승은커녕 그것보다 더 낮게 시세가 상승하다가 시간이 흘러 6월 1일인 종합부동산세 기준일을 맞이하게 된다면 어떨까요? 그리고 법인이 3주택을 소유하고 있어서 5%의 종합부동산세를 적용받게 된다면? 이런 최악의 상황에서 적자가 발생한다면 법인 설립 자체에 대해서 회의감에 빠질 수밖에 없을 것입니다.

결국 수익이 안 나면 손실은 눈덩이!

앞에서 여러분에게 부동산법인이 꼭 필요한지 물어보았습니다. 부동산법인 대표는 부동산을 보는 안목을 먼저 키운 후 설립해도 늦지 않다고 특히 강조했죠. 하지만 이미 설립한 자신의 법인이므로 이제라도 정신을 차리고 제대로 결정해야 합니다. 현재 다운된 분위기 속에서 손실을 감수하고 매도를 해야 하는지, 아니면 ❷의 상황처럼 종합부동산세를 내고 1년 이상 보유하고 시간을 견딜 만큼 나중에 매도가가 높아질 거란 확신이 드는지, 시간이 내 편일지, 아닐지 등 시장에 대한 전반적인 상황을 보고 판단해야 하는 것도 대표가 할 일입니다.

투자자들의 눈치싸움이 치열한 공시 가격 변동일인 4월 말과 종부세 기준일인 6월 1일이 임박할 때면 경험상 매도가 그리 쉽지 않았습니다. 도시 자체의 경쟁력을 볼 수 있는 혜안과 안목으로 상황을 유연하게 맞이할 수 있는 그 날까지 파이팅해 봅시다!

투자 사례 2 신축 투자, 차익이 높을 경우 법인으로 도전!

다음의 사례는 차익이 2억 원 이상으로, 앞의 사례보다 1억 5천만 원이나 많습니다. 이 경우 법인이 1년 이상 보유하고 종합부동산세를 부담해도 양도할 경우에는 단일 세율로 적용되니까 개인보다 꽤 괜찮은 수익이 날 것 같은데, 실제로 어떨까요?

저의 경우는 공시 가격이 1억 원 이하의 주택도 개인이나 법인으로 모두 투자합니다. 하지만 상승이 예상되는 신축의 경우에는 취득세 12%를 부담해도 법인 투자에 좀 더 비중을 두는 편입니다.

개인은 단기 매도하게 되면 2년 미만일 경우 양도소득세율이 60%이지만, 법인은 추가 과세 20%와 법인세 10%뿐만 아니라 앞에서 이야기했던 기타 부대 비용까지 감안해도 개인보다 세율 면에서 조금 유리합니다. 또한 수익이 커질수록 개인은 누진세율인 것도 법인 명의로 진행하는 이유입니다. 물론 법인도 3중 과세(추가 과세, 법인세, 소득세) 구조이지만, 스스로에게 월급을 주는 구조가 좋기 때문에 법인 투자를 결정하게 됩니다. 이것은 각자의 성향에 따라 결정하는 것으로, 여러 번의 투자 경험과 법인 대표의 성향에 따라 진행하세요.

법인 수익금별/보유 기간별 시나리오

<법인은 종부세에 따라 수익금이 달라진다 - 1년 '미만' 보유>

법인 (차익 2억 원)	매입가	3억 원	
	매도가	5억 원	
	취득세	3,600만 원	3억 원 × 취득세 12%
	법인 차익	약 1억 6,400만 원	차익 2억 원 - 취득세(3,600만 원)
	추가 과세	3,280만 원	1억 6,400만 원 × 20%
	법인세	1,640만 원	1억 6,400만 원 × 10%
	종합부동산세	없음	1년 단기로, 종부세 없음
	총이익금	약 1억 1,400만 원	차익 2억 원 - 취득세 - 추가 과세 - 법인세

· 비용을 지출하여 법인세가 줄어들 수 있음
· 반대로 급여 지급 등으로 4대 보험 및 소득세 지출이 늘어날 수 있음

<법인은 종부세에 따라 수익금이 달라진다 - 1년 '이상' 보유>

> 매도 차익이 높을수록 법인은 단일 세율 때문에 수익률 UP!
> 흑자 운영 가능!
> 결국 각자에 맞는 투자 선택이 중요!

법인 (차익 2억 원)	매입가	3억 원	
	매도가	5억 원	
	취득세	3,600만 원	3억 원 × 취득세 12%
	법인 차익	약 1억 6천만 원	차익 2억 원 - 취득세(3,600만 원)
	추가 과세	3,280만 원	1억 6,400만 원 × 20%
	법인세	1,640만 원	1억 6,400만 원 × 10%
	종합부동산세	매년 540만 원/1,000만 원	공시 가격 2억 원 예상 × 2.7%(또는 5%)
	총이익금	약 1억 1,400만 원(-종부세)	차익 2억 원 - 취득세 - 추가 과세 - 법인세 - 종부세

· 비용을 지출하여 법인세가 줄어들 수 있음
· 반대로 급여 지급 등으로 4대 보험 및 소득세 지출이 늘어날 수 있음

해설 큰 상승이 예상되는 곳은 법인 투자로!

앞선 사례들에서는 5천만 원~1억 원의 매도차익이 예상되는 시나리오들을 같이 살펴보았어요. 1억 원의 매도차익이 예상되어도 12%대의 취득세와 5%를 적용받는 법인 종부세까지 감안하다 보면 자칫 이익은커녕 손해도 볼 수 있는 것이 요즘입니다. 그런데 만약 2억 원 이상의 차익이 예상되는 곳이라면 어떨까요? 차익이 클수록 12%대의 취득세도, 5%의 종부세도 목표한 바에 따라서는 감당할 수 있다는 생각이 듭니다. 또한 종부세 부담이 되지 않은, 업무용 오피스텔의 경우에도 입지에 따라 시세 상승이 큰 폭으로 발생하기도 합니다. 개인은 양도소득이 클수록, 조정 지역일수록 양도소득세율이 커지기 때문에, 이렇게 큰 상승이 예상되는 곳은 법인 투자로 조금 더 비중을 두어도 좋지 않을까 생각합니다.

이런 사례를 보면 나도 빨리 실력을 갖춘 대표가 되고 싶은 마음이 부쩍 들 것입니다. 목표를 세우고 꾸준히 노력하다 보면 실현 가능한 일입니다. 그리고 그럴 가능성이 있다고 믿기 때문에 지금 이 책을 보고 있는 것이죠.

앞에서도 이야기했듯이 개인은 양도소득세율이 누진되지만, 법인은 주택과 관련되어 양도할 경우 추가 과세는 20%이고, 결산할 때 법인세는 과세 표준액이 2억 원 이하까지는 10%, 200억 원 이하까지는 20%입니다. 물론 비용에 따른 법인세와 대표로 급여를 받으면서 발생하는 근로소득세 및 4대 보험료 등을 따져보면 조금씩 편차가 있겠지만, 양도차익이 클수록 다주택자보다 나은 편입니다. 다주택자는 조정 지역에서 세율이 중과되고 단기 매도할 경우 세율이 높아지기 때문입니다.

21 개인 VS 법인 부동산의 아이템 적합도 살펴보기

개인으로 유리한 아이템과 법인으로 유리한 아이템을 무 자르듯이 명확하게 나누는 것은 사실 매우 힘듭니다. 사람마다 추구하는 목표점과 지향하는 가치관뿐만 아니라 현재 가진 투자 금액도 다르고, 투자 경력 및 법인 대표로서 집중할 수 있는 시간도 모두 다르기 때문입니다. 그러므로 여기서 설명하는 이야기는 그동안의 경험자로서 제시하는 조언이므로 참고는 하되, 본인의 투자 성향과 앞으로의 계획에 맞게 스스로 결정하기 바랍니다.

자, 그러면 이번에는 부동산을 아이템별로 구분해서 개인과 법인의 적합도를 살펴보겠습니다.

주거용 부동산 – 전용 85㎡ 초과이면 '개인'이 유리

거래 빈도가 가장 높은 주거용 부동산에 대해서는 앞에서 다양한 시나리오를 통해 비교해 보았습니다. 그런데 실거주를 해야 하거나, 장기 보유를 하고 싶거나, 나중에 부가가치세가 발생될 것이 예상되는 전용 면적 85㎡ 초과 주거용 부동산은 어떨까요? 이 경우에는 법인보다 개인 명의로 보유할 것을 추천합니다. 왜냐하면 현재 시점에서 법인에게 부여된 종합부동산세 세율은 개인보다 훨씬 높은 편이기 때문이죠. 저도 가족들이 거주해야 하거나 오래 보유하고 싶은 주거용 부동산은 개인으로 취득하고 있습니다.

전용 면적 85㎡ 초과 주택의 명의별 보유 장점

	개인	법인
매도 시 부가가치세	없음	매매 목적으로 일시적으로 보유 후 매도하면 매도 당시 건물가액의 10% 부과

주거용 부동산 – 단기 투자, 양도세 중과 대상이면 '법인'이 유리

개별 물건의 특성상 단기 보유가 예상되거나 개인으로 주택을 보유하기 어렵다면 타인 명의를 이용하는 것보다 법인 명의가 낫습니다. 또한 조정 지역으로 양도소득세율 중과가 예상되거나 일시적으로 1년에 여러 채의 주택을 매도해야 해서 개인 양도소득세율이 합산 과세될 것으로 예상될 때도 개인과 법인으로 명의를 나누어 취득한 후 매도하는 방법이 좋습니다.

아파트 분양권 – 중도금대출이 가능한 '개인'이 유리

법인도 아파트 분양권을 매수할 수 있지만, 청약할 수 있는 현장이 거의 없습니다. 미계약분이 있는 분양 현장에 가서 선착순 분양 매물을 매수자 지위로 계약할 수는 있죠. 이때 중도금대출이 되는 현장도 있고, 안 되는 곳도 있으므로 주의해야 합니다. 사실 좋은 현장일수록 법인에게 중도금대출이 안 되는 곳이 더 많습니다. 시행사 입장에서는 곧 완판이 될 예정인 곳에서 개인 에게만 중도금대출을 해 주어도 되는데, 굳이 법인에게까지 중도금대출을 해 달라고 관계 은행에 협조를 요청하기가 난처하기 때문입니다.

중도금대출이 가능하다면 법인도 분양권 투자 OK!

분양권은 등기된 부동산이 아니기 때문에 종부세가 부과되지 않습니다. 중도금대출이 나오지 않지만, 야심차게 중도금대출 실행 전까지 전매를 하겠 다고 법인으로 분양권을 사기도 합니다. 사실 이 시나리오가 가능하다면 아 주 좋습니다. 개인이 분양권을 단기 매도하면 1년 미만일 경우에는 양도소득 세율이 70%이지만, 법인은 추가 과세 20%와 법인세 10%, 기타 부대 비용까 지 감안해도 개인보다 세율 면에서 매우 유리합니다.

하지만 분양권 시장은 소위 말해서 선수들의 잔치입니다. 시장 상황이 좋으면 금세 프리미엄이 몇천만 원씩 붙지만, 안타깝게도 시장 상황이 안 좋아지면 순식간에 거래가 끊기죠. 그런데 중도금대출 실행을 곧 앞둔 상태에서 매도도 안 되고, 법인으로는 중도금대출도 안 되는 상황이라면 대표가 결정해야 할 때가 온 것입니다. 중도금대출을 못한 상태에서 연체하면서까지 버티거나, 아니면 할 수 없이 중도금대출이 가능한 대표 등 다른 개인으로 명의를 변경하거나, 급매로 싸게 팔아야 하는 상황을 맞이할 수도 있습니다.

만약 현금 여유가 있는 법인이라면 중도금을 착실하게 현금 납부하는 방법도 있겠지만, 이런 매물은 분양권 상태에서 매도가 쉽지 않을 수 있습니다. 따라서 이 경우에는 입주할 때까지 보유해야 하는 상황이 예상됩니다. 그렇다면 과연 처음부터 이렇게 할 계획이었을까요? 게다가 가장 최악의 상황은 중도금대출을 연체하다가 계약금까지 잃게 되는 경우인데, 현장에 따라 계약금을 포기해도 계약 해지가 안 되는 경우도 있습니다. 시장 상황이 안 좋으면 시행사 입장에서도 다른 사람에게 재판매하기가 어렵기 때문이죠.

아파트 분양권의 경우에는 중도금대출이 가능한 현장이 많지 않지만, 혹시라도 있다면 일단 보유세(종합부동산세)가 없기 때문에 법인으로 투자해도 좋습니다. 그리고 중도금대출이 안 되는 현장이어도 그 전에 전매할 수 있겠다는 대표의 자신감이 있다면 개인보다 법인 명의가 낫겠죠. 하지만 이러한 방법이 힘들 것 같고 분양 후 등기까지 해서 오래 보유할 부동산이라면 개인으로 보유하는 게 낫습니다.

재개발 - 입주권까지 받으려면 '개인'이 유리

전국 대도시를 중심으로 지도가 바뀔 만큼 재개발이 여기저기서 활발히 준비중입니다. 특히 최근에는 이렇게 상승장을 몇 년 지나면서 구축 아파트 값이 높아졌고 이에 따라 새로 분양하는 신축 아파트 값은 더욱 높은 가격으로 분양되었습니다. 상황이 이러니 재개발에 대한 사업성은 더욱 좋아질 수밖에 없기 때문에 노후 주택을 중심으로 재개발을 예상하고 투자가 매우 활발해졌습니다.

노후 단독주택이나 빌라 등은 개인과 법인 모두 취득이 가능합니다. 여기서도 사실 큰 틀은 변하지 않고 앞에서 설명한 주거용 부동산과 분양권을 합쳐서 생각하면 됩니다. 다만 여기에 한 가지 변수를 추가하면 됩니다.

아파트 분양권의 경우 건설 회사가 나라에서 택지를 분양받거나, 개인에게 부지를 미리 사서 분양 보증을 받은 후에 분양을 합니다. 그래서 분양계약서에 나와 있는 입주 지정날에 웬만하면 내가 분양받은 아파트가 완성되는 것입니다. 그렇지 않으면 건설 회사에서 그에 따른 지연 배상금을 수분양자(계약자)에게 주어야 하므로 입주 지정날까지 최선을 다해 열심히 집을 짓습니다.

재개발은 이것과는 절차가 다릅니다. 각각의 개인들이 결성해서 만든 조합이 사업 주체로서 주도적으로 재개발 사업을 추진해야 하기 때문에 중간에 사건과 사고가 많이 발생하고 기간도 깁니다. 추진위원회가 만들어지는 것부터 조합 결성 중간에 조합장이 해임되거나 고소, 고발, 사건, 사고가 발생하는 현장이 매우 많습니다. 감정평가금액에 따라서도 서로 간의 이해 관계가 달라지면 비상대책위원회가 생겨서 조합과의 마찰이 빚어지고, 우여곡절 끝에 절차가 진행되다가도 건설사 선정에서 문제가 발생하기도 합니다. 물론 이런 절차가 힘들고 시간이 많이 걸리기 때문에 상대적으로 수익률이 큰 경우가 많습니다.

매년 사업 실적을 내고 매출을 발생시켜야 하는 법인에게 재개발 사업 투자가 맞는 종목인지는 대표가 판단할 문제입니다. 하지만 매년 매출 없이 운영 비용만 지출하면서 장기적으로 재개발 물건을 보유하는 것은 신중하게 생각해 보아야 합니다. 개인적인 의견으로는 입주권까지 받을 계획이라면 법인 명의보다 개인 명의가 나을 것 같습니다. 이주비대출 등도 현장마다 다르겠지만, 법인에게는 현실적으로 좀 인색하기 때문입니다. 그리고 이주비대출을 받았어도 사업 기간이 길어지면 대출 환경 등이 변하여 법인 이주비대출에 대해서는 연장 등의 절차가 이루어지지 않아 낭패를 볼 수도 있습니다. 게다가 사업 중간에 규제 지역 등으로 지정되면 조합원 지위 이전 금지 때문에 매도 자체가 힘들어질 수도 있다는 것을 반드시 염두에 두어야 합니다.

만약 재개발 단계마다 상승하는 이득을 취하여 단기 매도를 하겠다는 목적이 있다면 개인보다 법인이 단연 유리한 것은 맞습니다. 단, 그것이 가능한 현장이고 자신이 그러한 현장을 볼 안목이 있는 법인 대표라는 확신을 갖는 것이 무엇보다 중요하겠죠.

오피스텔 – 비주거용이면 '법인'이 유리

오피스텔은 건축법상 업무용으로 허가를 받고 건축했기 때문에 상대적으로 아파트 같은 주거용 부동산보다 용적률과 건폐율 등을 높게 받아서 지어졌습니다. 그래서 전용 면적 등이 좀 작고 상대적으로 주거 편의 시설 등은 떨어지지만, 바닥 난방 등이 허용되고 실내 생활이 가능하게 건축되어서 필요에 의해 주거용이나 업무용으로 모두 사용할 수 있습니다. 이러한 양면성 때문에 각종 규제를 강하게 받는 주거용 부동산에 비해 상대적으로 관심이 집중되고 있습니다.

오피스텔의 경우 공적 서류상으로는 업무용이기 때문에 개인이든, 법인이든 취득세가 4.6%대이고 보유할 때도 종합부동산세가 부과되지 않습니다. 하지만 우리나라의 세법은 실질주의원칙이기 때문에 실제적으로 세입자나 소유자가 전입 신고를 하고 주거용으로 사용하고 있다면 종합부동산세가 부과될 수도 있습니다.

이 경우 법인은 개인에 비해 종합부동산세 세율이 다소 높아서 상당히 부담스러워집니다. 그리고 개인이 보유할 때 주거용 부동산으로 판단되면 본인이 따로 거주하는 집을 팔 경우에는 비과세 여부도 불분명해집니다. 게다가 해당 오피스텔 매도 시 조정 지역이면 일반 양도소득세율이 아니라 추가 세율이 가산되므로 여러 방면으로 생각해 보고 명의를 정하는 것이 중요합니다. 오피스텔과 상가 등을 포함한 수익형 상품에 대해서는 153쪽에서 자세히 다루고 있으니 참고하세요.

상가 & 지식산업센터 등 수익형 부동산
- 보유세, 양도세, 임대소득세 모두 '법인'이 유리

수익형 부동산은 공적 서류상이나 실제 사용에서나 모두 업무용이어서 개인이나 법인 모두 취득세가 4.6%대입니다. 또한 보유해도 주거용 부동산처럼 종합부동산세가 과도하게 부과되지 않습니다. 수익형 부동산은 시세차익보다는 임대 수익률에 기반하여 가치를 인정받는 자산입니다. 하지만 실제로 발생되는 임대 수익률과 시중 금리 변동에 따라 사람들에게 평가받는 임대 수익률의 가치가 달라지면 시세차익이 발생하기도 합니다.

개인으로 취득하면 매년 임대소득에 대해 종합소득세 신고를 해야 하고, 매도할 경우에는 개인 양도소득세율에 따라 세금을 신고 및 납부해야 합니다. 양도소득금액이 커질수록 누진 구조이기 때문에 양도소득세가 커질 수 있어요.

반면 법인으로 취득하면 임대소득은 법인세 10%의 단일 세율이고 매도할 경우에도 법인의 사업 업무 중 '임대' 종목이 있다면 추가 과세 없이 과세 표준액 2억 원 이하까지는 10%의 단일 세율입니다. 이 밖에도 법인 운영 비용 및 법인 소득을 개인 대표 급여로 가져올 때 소득세 및 기타 비용이 발생해도 장기적으로 볼 때 소득이 많아지면 법인이 좀 더 나아 보입니다. 단, 임대소득만 발생하는 법인일 경우에는 성실신고대상법인이 됩니다. 이럴 경우 경비에서 접대비와 차량비 등에서 일반 법인보다 경비 인정 한도가 줄어들고 추가되는 신고 사항이 있어서 기장 비용이 추가된다는 단점도 있으므로 담당 세무사와 꼭 상의해 보세요

토지 – 수익형이면 '법인'이 유리

토지는 인위적으로 위치를 이동할 수 없다는 것이 가장 큰 특징으로, 이

때문에 주변에서 발생하는 환경 조건이 부동산 가격에 영향을 주게 마련입니다. 그리고 토지는 시간의 흐름에 의해 결코 소모되거나 마멸되지 않습니다. 즉, 건축물처럼 감가되지 않는다는 의미죠. 또한 면적이 유한하기 때문에 거시적으로 토지의 양은 불변하여 물리적으로 늘릴 수 없습니다. 게다가 희소가치가 있어서 시간이 흐를수록 토지 위의 건축물은 감가되지만, 토지의 가치는 최소 물가 상승률만큼은 상승합니다. 그래서 앞에서 살펴본 재개발, 재건축 등도 토지의 가치에 기반하여 사업성이 충족되는 것입니다.

이러한 토지의 특징 때문에 개발 및 사용 가치가 높은 토지일수록 넓은 면적이 요구되어 초기 투입 비용도 당연히 높아집니다. 그리고 주변 환경의 특징에 영향을 받아 토지의 쓰임새와 가치가 정해지기 때문에 다른 부동산 종목보다 더 많이 공부하고 노력해야 합니다. 앞 종목들의 경험이 없는 상태에서 토지부터 접근하는 것은 개인적으로 추천하지 않습니다. 간혹 적은 비용과 노력만으로 우수한 성적을 거두는 경우도 있지만, 투자는 '성공 확률은 높이고 실패 확률은 낮추는 쪽으로 자신의 포지션을 배치하는 과정'이라고 생각합니다.

그럼에도 불구하고 토지를 거래하려면 수익형 부동산과 비슷하다고 봅니다. 개발된다면 매도차익이 큰 종목이 토지이기 때문에 양도할 때 누진 구조로 세율이 정해지는 개인보다 법인이 낫습니다. 또한 보유한 토지와 관련된 사업 종목을 영위한 후 매도한 법인이라면 법인세만 발생하고, 은행에서 대출 등의 자금을 조달할 경우에도 개인보다 사업자금 대출용으로 법인이 좀 더 수월합니다. 단, 토지를 매도할 때까지는 매우 긴 시간이 걸리기 때문에 대표는 법인에서 매년 매출이 발생하지 않는 것에 미리 대비해야 합니다.

연차별 생애 투자 포트폴리오
—단기, 중기, 장기 투자 물건

개인 & 법인 모두 장기적 목표를 세워야 하는 이유

부동산 투자와 법인 운영은 모두 단기적으로 할 수 있는 것도, 해야 할 것도 아닙니다. 장기적인 목표와 계획을 세우고 차근차근 나아가야 투자하면서 만나는 장애물과 종종 찾아오는 좌절감을 극복할 수 있습니다.

부동산 투자 종목은 매우 다양합니다. 그리고 투자 종목과 접근 방법에 따라 투자금도 각각 다르기 때문에 각자 가진 자산 규모와 투자 연차별, 생애 주기별 단기 및 장기 목표점도 달라지게 마련입니다. 누군가에게 좋은 투자처가 자신에게는 적절하지 못한 투자처가 될 수 있으므로 다른 사람의 사례를 자신에게 적용할 때는 매우 신중해야 한다는 것을 꼭 기억하세요.

생애 주기별 투자 물건과 수익률

기간별 수익 예상	수익을 낼 수 있는 투자 물건
초기 수익률 > 수익금 > 안정성	• 대세 상승이 가능한 지역에서 투자금이 적은 구축, 확률이 높은 종목 • 입주 물량이 줄어드는 곳의 분양권, 저렴한 분양가
중기 수익률 = 수익금 > 안정성	준신축 건물, 신축 건물, B급 대장 아파트
안정기 수익률 = 수익금 = 안정성	월세 수익 물건

> 초기에는 월세보다 자본 이득(시세차익)에 초점을 맞추고 때를 기다리자.

우리의 종착지는 결국 자신의 시간과 노동력을 투입하지 않고도 안정적으로 월세가 나오는 자산을 취득하는 것입니다. 좀 더 나아가 월세 수익금이 나오고 부동산의 입지가 좋아서 나중에 시세 상승까지 기대하는 것인데, 대출 등 레버리지가 없으면 더욱 좋겠죠?

사실 우리 모두 그곳으로 향해 가고 있다고 해도 과언이 아닐 것입니다. 각자 생각하는 이상적인 모습을 그려보세요. 개인마다 느끼는 만족 지점이 모두 다르기 때문에 이것에 대한 정답은 없습니다. 게다가 이 과정은 짧은 시간 안에 결코 이루어지기 어려우므로 조급하게 생각하지 마세요. 현재 자신의 위치에 비해 당장 달성하지 못할 과장된 목표보다 달성할 수 있는 목표로 하나씩 단계를 차근차근 밟아나가기를 바랍니다.

자본금이 적을수록 시세차익 중심으로 투자할 것

이제 막 부동산 투자를 시작했거나 부동산법인을 설립했다면 당연히 자본금이 적을 것입니다. 그래서 이 시기에는 자본 이득, 즉 시세차익이 나는 부동산 투자 종목으로 집중해야 합니다. 수많은 부동산 투자 종목 중에서 어느 것부터 접근해야 할지부터 많이 고민하게 되는데, 이때 처음 만나는 사람이 참 중요합니다. 아는 것이 별로 없는 백지상태에서는 처음 접하는 강의와 책이 앞으로 진행될 투자 인생의 방향과 관점에 많은 영향을 주기 때문입니다.

몇 년 전만 생각해 보아도 자신이 처음 만났던 책과 강의가 전세를 낀 수도권 아파트 투자였는지, 경매와 상가 등 상업용 투자였는지, 재개발 또는 재건축 투자였는지 등에 따라 현재 투자 성적표가 많이 다를 것입니다. 물론 모두 유용한 부동산 투자 종목과 방법이지만, 자신의 생애 주기와 투자 연차마다 좋은 투자 종목과 투자처가 달라질 수 있습니다.

개인이나 법인을 막론하고 초기 단계에는 투자금이 적게 들어가면서 자본 이득을 볼 수 있는 종목에 집중해야 합니다. 그리고 이왕이면 매도 시기를 자신이 예상할 수 있는 곳에 투자해야 합니다. 앞에서 개인과 법인에 따른 세금별 시나리오와 종목별 장단점을 살펴보았는데, 투자 초기일수록 매도 시기를 예상할 수 있는지, 그에 맞는 적절한 명의가 무엇인지 고민해서 투자해야 합니다. 그래야 매도 후 더 커진 자본금으로 또다시 의미 있는 투자를 할 수 있어요. 이런 행위를 반복하다 보면 처음에는 투자금이 커서 엄두도 못 내었던 (준)신축 아파트나 대장 아파트도 도전해 볼 수 있습니다.

투자 경력이 얼마 안 된 사람이 매도 시기를 가늠할 수 없는 상태에서 재건축, 재개발을 바라보고 투자를 감행하면 어떻게 될까요? 아마도 의도치 않게 자금이 묶여버리거나 사업 진행이 더뎌질 수 있습니다. 그 사이 시장 분위기가 꺾여서 할 수 없이 장기 투자를 하다가 부동산 투자를 멈추는 경우도 많이 발생합니다. 또한 한두 건의 시세차익을 통해서 아직은 의미 있는 월세 수익 구조가 만들어질 단계가 아닌데, 안타깝게도 대출을 많이 받아 중기 단계를 건너뛰고 안정기를 향해 가려는 투자자도 많이 봅니다. 한두 건의 시세차익을 봤다는 것은, 아직 본인에게 수익형 부동산을 보는 안목이 생기지 않았을 확률이 큽니다. 따라서 한두 건의 우연한(?) 시세차익 경험이 오히려 독이 될 수도 있습니다. 물론 한두 건의 시세차익으로도 대출 없이 자신이 원하는 안정적인 월세가 나오는 부동산을 취득할 수 있다면 좋겠지만, 대출을 받아서 투자하는 순간 희비가 엇갈릴 수 있다는 것을 명심하세요.

솔직히 말해서 대출 이자가 오르는 만큼 임대료를 생각만큼 받지 못하면 수익 구조에 의해 가치가 책정되는 수익형 부동산의 가격은, 자신이 매수한 가격 이하로 시장에서 평가받을 수도 있습니다. 그리고 필수재인 주거용 부동산이 아니기 때문에 의도치 않게 장기 보유를 하게 되면서 기회 비용을 날리는 아쉬움까지 느낄 수 있어요. 그렇기 때문에 개인이든, 법인이든 명의를 떠나서 자신이 최종적으로 추구하는 목표 지점은 무엇이고 현재 내가 어느 단계에 있는지 알 필요가 있습니다.

앞으로 수많은 과정을 넘기면서 무수히 많은 거래를 할 것이고 무수히 많은 사람들을 만나게 됩니다. 순간순간 쉽지 않은 상황을 마주할 것이고 고민과 번뇌에 밤잠을 설치는 날도 많을 것입니다. 하지만 이런 과정을 충분히 거쳐야 세상과 사람을 배우면서 많이 성장하게 됩니다. 또 그래야 내가 한땀한

땀 이룬 자산뿐만 아니라 그 안에 있는 나와 내 법인을 지킬 수 있습니다.

　여러분이 목표로 한 삶의 최종 지점이 아마도 부동산 투자와 부동산법인 대표로의 단순한 성공은 아닐 것입니다. 궁극적으로 이것들을 통해 멋진 내가 되고 싶은 것이 최종 목표일 것입니다. 그 과정 속에서 경제적 자유와 정서적 만족을 이루기 위해 부동산 투자에 관심을 갖게 되었을 것이고요. 전체적으로 보았을 때 경제적인 만족을 위한 개인과 법인은 하나의 명의이므로 상황에 맞게 좀 더 유리한 명의를 활용하면 됩니다. 단, 내가 나를 소중하게 여기듯이 자신이 설립한 법인도 하나의 인격체로 소중하게 생각하며, 그와 관련된 사람들에게도 법인 대표로서 품위와 예의를 갖추고 사회적 소명을 다하기를 바랍니다.

매년 흑자 행진!
법인 운영법

법인 업무 분류 ①
부동산 매수

부동산법인의 세 가지 핵심 업무

매년 흑자를 내려면 법인의 장점을 활용할 수 있는 부동산을 매입하는 것이 중요합니다. 그리고 예상되는 투자 기간과 수익 금액 정도를 가늠할 수 있는 안목을 키워야 법인이 돈을 벌고, 대표는 월급을 받을 수 있으며, 적절하게 비용을 처리하면서 한해 회계장부를 흑자로 마무리할 수 있습니다.

부동산법인◆의 업무는 크게 세 가지 업무로 나뉩니다. 즉, ❶ 부동산을 매수하고 ❷ 부동산을 보유하며 ❸ 부동산을 매도하는 과정으로, 각 단계별로 다양한 실무가 발생합니다.

◆　부동산법인 사업 다각화에 대한 자세한 내용은 198쪽을 참고하세요.

부동산법인의 세 가지 핵심 업무

본인의 투자 경험이 적을수록 조급한 마음이 생기겠지만 우선 다 내려놓으세요. 한두 해 투자하고 안 할 거면 법인을 설립하지 않는 게 낫습니다. 법인 운영은 오래 투자하는 장거리 여행과 같아서 끈기가 필요합니다. 자, 그러면 이제부터 부동산법인의 매수와 관련된 업무부터 차근차근 알아보겠습니다.

매수 후 취득세 납부고지서 발급 시 필요한 서류
- 계정별원장, 사용목적확인서

법인이 부동산을 매수할 때 개인과 다른 점을 살펴보겠습니다. 먼저 취득세 납부고지서를 발급하려면 '계정별원장'과 '사용목적확인서', 이렇게 두 가지 서류가 필요합니다.

① 계정별원장

계정별원장은 계약금, 잔금, 매수 중개수수료를 한 장에 표시한 회계 서식 문서로, 거래 발생 내용을 순차적으로 정리해 놓은 장부입니다. 법인의 경우

중개수수료까지 포함하여 계산된 총액을 기준으로 취득세를 납부해야 합니다. 만약 법인 경험이 많은 법무사에게 의뢰하면 알아서 잘 챙겨주지만, 잘 모르는 법무사에게 맡긴다면 대표가 직접 잔금 시 소유권 이전등기하면서 한 번 더 확인해야 합니다. 셀프로 이전등기를 하려면 반드시 계정별원장을 만들어서 구청을 방문해야 하

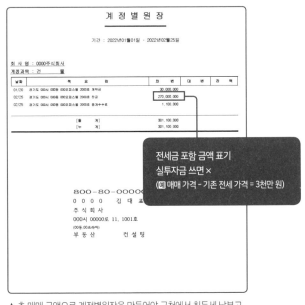

▲ 총 매매 금액으로 계정별원장을 만들어야 구청에서 취득세 납부고지서를 발급받을 수 있다.

는데, 법인의 기장을 맡고 있는 세무사나 거래하는 법무사가 있으면 서식 등의 도움을 받을 수 있습니다.

　　만약 전세를 안고 매입하는 경우에는 특별히 주의해야 합니다. 법인통장에서 실제로 출금되는 금액은 '매매 가격 - 기존 전세 가격'이지만, 총 매매 금액으로 계정별원장을 만들어야 합니다. 그리고 이렇게 작성한 계정별원장을 기초로 하여 제출해야만 구청에서 취득세 납부고지서를 발급받을 수 있습니다.

② 사용목적확인서

　　사용목적확인서는 과밀억제권역의 부동산을 법인이 매입할 때 취득세 중과 규정 등의 적용 및 사용 목적을 확인하려고 관할 구청에서 받는 서류입니다. 법적 서식이 아니기 때문에 관할 구청마다 형식이 다르므로 서식을 비치하는지의 여부도 미리 알아보아야 합니다. 대부분의 부동산법인에서는 임대 목적으로 매입하는 경우가 많기 때문에 사용 목적을 일반적으로 '임대'라고 작성합니다.

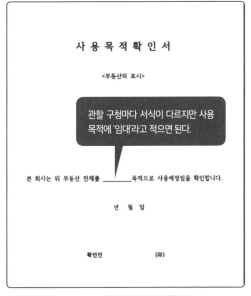

사 용 목 적 확 인 서

<부동산의 표시>

관할 구청마다 서식이 다르지만 사용 목적에 '임대'라고 적으면 된다.

본 회사는 위 부동산 전체를 _____목적으로 사용예정임을 확인합니다.

년　월　일

확인인　　　　　(印)

▲ 취득세 납부고지서를 발급할 때 필요한 사용목적확인서

토지거래허가구역에서 주택 포함 토지 취득 시 허가는 필수

법인은 개인과 달리 서울의 일부 토지거래허가구역에서 주택이 포함된 토지를 취득할 경우 아파트와 같은 집합건물에 포함된 대지권도 일정 면적을 초과한다면 관할 시장의 허가를 받아야 합니다. 이렇게 허가를 받아야 취득할 수 있다는 것도 모르고 급한 마음에 법인부터 먼저 설립하는 잘못을 저지르지 말기를 바랍니다. 참고로 경매와 같은 강제집행은 허가 예외 사항입니다.

거래신고필증을 받을 때 필요한 서류 - 법인주택거래계약신고서

법인은 지역에 상관없이 주택을 매수 및 매도할 경우 187쪽과 같은 법인주택거래계약신고서 서식을 작성해야 거래신고필증을 받을 수 있습니다. 법인주택거래계약신고서를 작성할 때 사업자등록증과 법인등기사항증명서를 보고 빈 곳을 채우면 되므로 어려운 것은 없습니다. 그래서 부동산에서 거래할 때 공인중개사가 작성해 주기도 하고, 생소해 한다면 대표가 직접 작성해서 공인중개사에게 전달할 수도 있어요. 어쨌든 이 서류가 들어가야 실거래 신고를 할 수도 있고, 소유권이전등기 및 취득세 신고할 때 필요한 거래신고필증을 받을 수도 있습니다. 참고로 조정 지역일 경우는 개인과 마찬가지로 법인도 자금조달계획서를 제출해야 합니다.

법인 주택 거래계약 신고서

※ 색상이 어두운 난은 신청인이 적지 않으며, [ ]에는 해당되는 곳에 √표시를 합니다.

접수번호		접수일시		처리기간	
구 분	[ ] 매도인 [ ] 매수인				
제출인 (법인)	법인명(등기사항전부증명서상 상호)			법인등록번호	
				사업자등록번호	
	주소(법인소재지)			(휴대)전화번호	

① 법인 등기현황	자본금 법인등기부등본 상 자본금액 기재		② 등기임원 (총 인원) 법인등기부등본 상 이사, 감사 등 인원 수	
	회사성립연월일 법인등기부등본 상 회사성립연월일		법인등기기록 개설 사유(최종) 법인등기부등본 상 마지막 등기기록	
	③ 목적상 부동산 매매업(임대업) 포함 여부 법인등기부등본 목적 참고 [ ] 포함 [ ] 미포함		④ 사업의 종류 사업자등록 참고 업태 ( ) 종목 ( )	
⑤ 거래상대방 간 특수관계 여부	법인 임원과의 거래 여부 [ ] 해당 [ ] 미해당		관계(해당하는 경우만 기재)	
	매도·매수법인 임원 중 동일인 포함 여부 [ ] 해당 [ ] 미해당		관계(해당하는 경우만 기재)	
	친족관계 여부 [ ] 해당 [ ] 미해당		관계(해당하는 경우만 기재)	
⑥ 주택 취득목적	매수시만 기재 (직원 사택, 임대 등 등등등......)			

「부동산 거래신고 등에 관한 법률 시행령」 별표 1 제2호가목 및 같은 법 시행규칙 제2조제5항에 따라 위와 같이 법인 주택 거래계약 신고서를 제출합니다.

년   월   일

법인명, 주소, 법인 등록번호, 사업자등록번호, 연락처를 작성합니다.
법인등기부등본 상에 기재된 자본금과 등기임원, 설립연월일, 목적에 임대업포함유무를 체크합니다.

▲ 법인주택거래계약신고서를 제출해야 거래신고필증을 받을 수 있다.

> 법인이 조정 지역에서 주택을 구매할 경우 자금조달계획서 제출이 필수!

법인 직원 기숙사는 토지거래허가구역이어도 취득 OK!

토지거래허가구역이어도 법인 직원 기숙사로 허가받으면 법인 허가가 가능해서 취득할 수 있습니다. 다만 이런 경우에는 의무 이용 기간이 4년인데, 허가 관련 필요 서류는 다음과 같습니다.

허가 관련 필요 서류

① 토지거래허가신청서
② 토지이용계획서(거주 예정자의 거주 예정일 필수 기재)
③ 토지취득자금조달계획서
④ 위임장(대리인이 신청할 경우)
⑤ 사업자등록증
⑥ 4대보험가입내역서
⑦ 거주예정자재직증명서
⑧ 개인정보수집이용제공동의서

이 외에 허가 신청을 위한 객관적인 자료 등이 필요합니다. 부동산법인은 대부분 직원이 없으므로 직원 기숙사가 따로 필요하지 않습니다. 그러므로 이 방법이 실효성이 있는지, 합리적인 선택인지에 대해 대표가 잘 판단해야 합니다.

24 법인 업무 분류②
부동산 보유

공제액이 전혀 없어 부담스러운 법인의 보유세

매년 6월 1일 개인과 법인을 포함해서 부동산 소유자에게 부과되는 보유세는 재산세(7월, 9월 분납)와 종합부동산세(매년 12월)입니다. 개인은 법인과 달리 혜택이 많습니다. 개인의 경우 1세대 1주택이면 공시 가격 12억원까지는 종합부동산세가 발생하지 않고 보유 주택을 합산한 공시가격이 9억원까지는 세금이 공제됩니다. 하지만 법인은 공제액 자체가 없습니다.

개인은 종합부동산세가 누진 구조여서 고가의 주택을 소유하지 않는 이상 과세 부담이 덜한 편입니다. 하지만 법인은 조정 지역이든, 비조정 지역이든 1주택만 보유하더라도 매년 종합부동산세를 내야 합니다. 단일 세율로 2.7%(2주택 이하 소유 법인) 또는 5%(3주택 이상 소유 법인)이기 때문에 장기 보유하기는 조금 어려운 구조입니다.

최근에 신설된 임대차3법도 제약 사항입니다. 국토교통부 해설집에 따르면 임대인이 법인일 경우 개인과 달리 실거주 사유로 갱신청구권을 거절하지 못한다고 합니다. 이것도 법인으로 투자하기 다소 부담스러운 부분이지만, 개인적으로는 대표의 협상 능력에 따라, 또는 케이스마다 해결 방법이 있다고 생각합니다. 그리고 그 밖의 세입자 관리(전출입 관리 및 보유 부동산 유지 보수 등)는 개인 투자처럼 하면 됩니다.

이러한 제약 사항 외에도 3개월마다 부가세 신고, 매년 법인세 중간 예납 및 법인 결산 업무, 4대 보험 관리, 급여 및 지출 관리 등은 엄연한 사업체 대표로서 개인과 다른 법인의 또 다른 의무입니다.

부동산을 매수할 때마다 들어가는 가수금 관리는 필수

법인을 설립할 때 자본금은 개인에 따라 천차만별이겠지만, 대부분 설립 초기에는 대표가 법인에게 빌려주는 돈이 많습니다. 부동산법인이다 보니 설립 후 부동산을 많이 매수하게 됩니다. 하지만 자본금이 부족하여 대표나 제3자가 법인에 돈을 대여해 주는 경우가 많은데, 이것을 '가수금'이라고 합니다. 통상적으로 대여금약정서를 작성하고 경우에 따라서 이자를 지급하기도 합니다. 이때 이자를 적게 지급하거나 무상으로 자금을 대여해도 괜찮습니다. 왜냐하면 법인 입장에서는 이자만큼 비용이 절약되어 결국 이익이 증가하여 법인세가 늘어나기 때문입니다. 이러한 가수금은 법인이 부동산 매도 등으로 매출이 발생하면 언제든지 상환해도 됩니다. 다만 가수금에 대한 차입과 상환을 따로 정리해 두어야 나중에 관리가 쉽습니다.

대표와 법인은 아무래도 가수금 등을 통해서 거래가 자주 이루어지는데, 이럴 때 따로 엑셀 등으로 정리해 놓으면 나중에 자금이 왔다 갔다 한 것에 대해 쉽게 소명할 수 있습니다. 그리고 이렇게 법인과의 자금 거래가 있을 때는 대표 본인의 주거래 통장보다 사용 빈도가 적은 통장을 이용하는 것이 나중에 관리 차원에서 유리합니다. 전체 거래 내역에 대해서 입금과 출금도 통장 거래 내역 순으로 따로 엑셀로 관리하여 세부 사항을 작성해 놓으면 연말 결산할 때 자금의 입출금에 대한 출처를 쉽게 파악할 수 있습니다.

가지급금은 꼼꼼한 금전 관리가 중요하다

법인의 돈을 대표 등이 출금했는데, 이것에 대한 정확한 지출 증빙 자료가 없거나 거래 내용이 모호한 것들을 '가지급금'이라고 합니다. 정부에서는 이것을 대표 등의 개인 소득으로 보고 상여 처분을 할 소지가 높으므로 가지급금이 발생하면 빠른 시일 안에 입금 처리하는 것이 좋습니다. 만약 시일이 걸리면 법인에게 정당한 이자를 지급해야 하고 법인도 그에 따라 소득 신고를 해야 합니다. 이와 같이 대표와 법인은 서로 금전 관리에 철저해야 합니다.

만약 법인통장에서 이체가 안 되어 현금 거래가 이루어지는 경우에는 대표가 먼저 지출하기도 합니다. 이때 법인 사업자번호로 지출 증빙 영수증이나 세금계산서를 발부받았다면 법인통장에서 인출하여 대표인 자신의 통장에 이체해도 됩니다.

법인 설립 전에 계약한 거래에서 매수인을 법인 명의로 바꾸어 다시 계약

했으면 대표가 먼저 지불한 계약금도 법인통장에서 인출하여 대표인 자신의 통장으로 이체시키면 됩니다. 설립 초기의 대표는 이것조차도 고민되지만, 세무사에게 물어보기에는 민망하기 때문에 저에게 문의하는 사람도 많았습니다. 지나고 나면 다 알게 되지만, 당장은 누구에게도 물어보기 조금 애매한 질문에 대한 이야기였습니다.

법인카드는 체크카드보다 신용카드가 좋다

개인적으로 부동산법인 전문 공유 오피스를 운영하다 보니 법인 설립과 초보 대표들의 고충을 많이 듣습니다. 법인을 처음 설립한 후 법인통장 자체를 어떻게 이용해야 할지, 혹시 내가 잘못하면 우리 법인에 무슨 문제가 생기는지 등등 걱정이 많습니다. 법인카드는 체크카드보다는 신용카드로 발급받는 게 좋습니다. 체크카드는 전체 사용 내역이 통장에 기재되므로 나중에 결산할 때 번거로운 부분이 많기 때문입니다.

법인 업무 분류③
부동산 매도

법인은 1년에 한 번 법인세 신고 시 양도세도 함께 납부

개인은 양도월이 포함된 말일로부터 2개월 안에 양도소득세 신고 및 납부 의무가 있습니다. 하지만 법인은 양도소득세 개념 자체를 사용하지 않고 추가 과세가 포함된 법인세를 통하여 부동산 양도차익에 대한 세금을 납부합니다. 쉽게 말해서 2022년에 양도건이 있는데, 12월 말 결산법인이라면 2023년 3월 말에 법인세를 신고할 때 양도에 대한 세금을 한꺼번에 납부하면 됩니다. 양도건이 여러 건 있어도 마찬가지입니다. 각각 발생한 양도차익에 따른 추가 과세와 그 이익의 합에서 법인 지출 비용을 차감한 후 법인세를 납부하는 형식입니다.

양도한 건수가 많다면 모두 합쳐서 한꺼번에 법인세를 신고하므로 세금이 클 수 있습니다. 세금은 1년치를 한꺼번에 납부해야 하지만, 자신의 투자 실력에 따라 부담해야 할 세금을 일괄 납부하기 전에 단기간 활용할 수 있다는 것도 법인의 또 다른 장점입니다.

12월 말 결산법인의 양도세 납부 사례

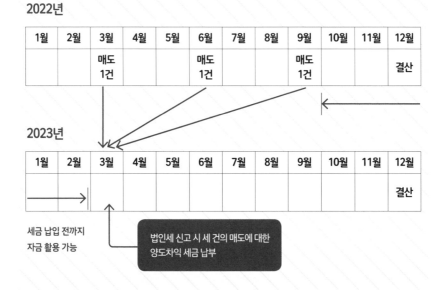

2022년

1월	2월	3월	4월	5월	6월	7월	8월	9월	10월	11월	12월
		매도 1건			매도 1건			매도 1건			결산

2023년

1월	2월	3월	4월	5월	6월	7월	8월	9월	10월	11월	12월
											결산

세금 납입 전까지 자금 활용 가능

법인세 신고 시 세 건의 매도에 대한 양도차익 세금 납부

85㎡ 초과 주택 매입 시 부가가치세가 발생한다

보통 국민주택 규모를 초과하는 주택을 공급하는 경우에는 부가가치세가 과세가 됩니다. 여기서 국민주택이란, 전용 면적이 85㎡(수도권을 제외한 지역으

로, 도시 지역이 아닌 읍 또는 면 지역은 100㎡) 이하인 상시 주거용 주택을 말하는데, 별장이나 콘도미니엄, 주말농장주택 등 상시 주거용이 아닌 임시 주거주택은 포함되지 않습니다. 따라서 국민주택 규모를 초과하는 주택을 신축하여 분양하거나, 부동산 매매업자(법인 또는 매매 사업자)가 국민주택 규모를 초과하는 주택을 취득하여 양도하는 경우에는 부가가치세가 과세됩니다. 하지만 이 경우에도 면세사업자가 주택을 양도하는 경우에는 부가가치세가 과세되지 않습니다.

주택임대사업은 부가가치세가 면세입니다. 법인으로 대부분의 주택을 최소 4년 이상(이 기간에 대한 정확한 법령은 없지만, 판례 등 통상적으로 판단함) 보유하고 임대했다면 주요 사업을 임대사업으로 볼 수 있습니다. 이때 대부분의 소형 주택은 1~2년, 또는 그 이하의 기간 동안 보유한 후 단기매매하면서 어쩌다가 국민주택 규모를 초과하는 대형 아파트만 4년 이상 보유한 후 매도했다면 부가가치세를 부담해야 할 확률이 높아지겠지요? 왜냐하면 법인 보유 부동산은 대부분 매매 자산으로 분류되어 과세당국은 매매법인으로 볼 수 있기 때문입니다.

이러한 이슈에서 조금 자유로워지려면 국민주택 규모 이하인 전용 면적 85㎡의 이하의 주택만 구입한 후 매도하면 됩니다. 또는 전체 법인 자산을 회계 처리할 때 보유한 부동산을 재고 자산(매매)이 아닌 고정 자산(임대)으로 구분한 후 담당 세무사와 상의하여 매도하세요. 이 경우에도 고정 자산에 대한 감가상각 여부가 문제될 수 있습니다. 감가상각을 하면 취득가액이 낮아져서 나중에 추가 과세가 발생할 수도 있고 임대 기간에 따른 종부세 등의 보유세도 부과되므로 잘 고려해서 의사 결정해야 합니다.

양도차익에 대한 세금 부과 비교

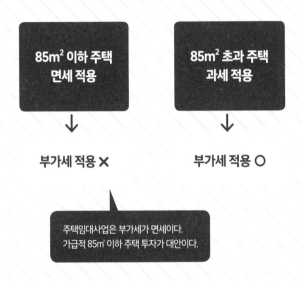

85m² 이하 주택
면세 적용

85m² 초과 주택
과세 적용

↓

↓

부가세 적용 ✕

부가세 적용 ○

주택임대사업은 부가세가 면세이다.
가급적 85㎡ 이하 주택 투자가 대안이다.

▲ 전용 면적 85㎡를 기준으로 과세 적용 여부가 결정된다.

법인이 상가 투자할 때 부과되는 세금 체계 총정리

다음은 법인이 주택 외에 상가나 오피스텔에 투자할 때의 세금 체계를 정리한 표입니다. 잘 참고하여 투자하세요.

소유 형태	세금
취득 시	법인 본점이 과밀억제권역에 있고 과밀억제권역 상가 등을 취득한 경우 → 취득세 8% + 지방교육세 1.2% + 농어촌특별세 0.2% = 9.4% 그 외 → 취득세 4% + 지방교육세 0.4% + 농어촌특별세 0.2% = 4.6%
보유 시	임대할 경우 → 부가가치세 10% 신고 납부/법인세 10% 재산세 → 건물분 = {시가표준액 × 공정시장가액비율(70%)} × 0.25% 　　토지분 = {공시지가 × 면적 × 공정시장가액비율(70%)} × 0.2 ~ 0.5%
매도 시	법인세 10% (단, 오피스텔을 주거용으로 임대했으면 추가 과세 20%가 납부되는 경우도 있다.)

26 부동산법인의 사업 다각화는 누구에게 필요할까

매출이 미미한 초기 법인에게 추천!

이왕 설립한 법인이라면 부동산 매매로만 매출을 발생시키는 것보다 사업 목적을 다각화하는 것이 법인 설립의 취지에도 의미가 있습니다. 사업 다각화는 투자 경험이 짧은 초기 법인에게 추천합니다. 만약 올해 법인을 설립했다면 새롭게 매수한 부동산으로 매출을 발생시키지 못할 가능성이 높습니다. 어린아이가 태어나자마자 뛸 수 없는 이치와 같죠. 매출이 없는 상태에서 비용이 발생하면 결산할 때 당기순이익이 마이너스로 마감될 확률이 매우 높습니다.

이 경우 본인이 다른 직업으로 이미 하고 있는 일을 법인에 흡수시키거나, 법인 사업 목적으로 할 만한 일이 있으면 함께 추가하는 방법을 추천합니다.

이렇게 법인 사업을 다각화하면 아직 매도 시점이 무르익지 않는 지역과 단지의 부동산을 비용에 떠밀려 서둘러 매도할 필요가 없습니다. 결과적으로 법인 운영에 조금이라도 도움이 되므로 잘 고려해 보세요.

주객이 전도되지 않도록 중심을 잡는 게 중요하다

위와 같은 상황에서는 주객이 전도되지 않는 것이 중요합니다. 즉, 자신이 부동산법인을 설립한 취지를 잊기도 한다는 것이죠. 물론 사업 다각화가 또 다른 기회로 연결될 수도 있지만, 본업이 부동산법인이라면 이야기가 달라지겠죠.

부동산법인 대표의 일상은 혼자 연구하고, 공부하며, 탐구하고, 고민하는 지루한 근무 시간의 연속입니다. 여행을 가듯 임장을 가고, 계약서를 쓰러 다니며, 사람을 만나는 등 내가 하고 싶은 일만 하지는 않습니다. 오히려 이런 시간보다는 오롯이 혼자 고민하는 시간이 더 많습니다. 내가 대표이기 때문에 눈치를 주는 사람도, 딱히 해야 할 일도 없을 수 있습니다. 구속성이 없어서 한없이 늘어지기 좋은 것도 이 직업이니까요.

인터넷 쇼핑몰이나 공간 대여업, 인테리어업 등은 '부동산법인 사업 다각화'라는 이름으로 시작된 대표적인 부업 형태입니다. 처음 취지는 좋았지만, 앞에서 나열한 이들 부업도 사실 본업 못지않게 에너지가 투입되기 때문에 부업처럼 해서는 승산이 나지 않습니다. 그래서인지 시간이 지나면서 자연스럽게 주객이 전도가 되는 경우가 많습니다. 어쩌다 보니 부동산 투자가 부업이 되어 버리는 것이죠. 그러다가 어느 순간 자신이 부동산법인 대표라는 사실도

잊어버리게 됩니다. 개인 투자자로서 잠시 집중했다가, 다시 일상이 바빠지면 관심을 갖지 않다가, 또 다시 이슈가 생기면 관심 갖는 것과 같은 이치죠.

딱히 정답은 없지만, 자신이 정말 원했던 것이었는지, 아니면 주어진 상황에 수긍해 버린 것인지 점검할 필요가 있습니다. 또다시 현실에 안주해 버리는 자신과 마주하고 싶지 않다면 사업 다각화라고 해도 균형을 잘 잡을 필요가 있습니다.

법인등기사항증명서와 사업자등록증에 법인 사업 추가하기

법인을 설립할 때 목적 부분에 다양한 사업을 추가할 수 있습니다. 국가의 허가가 필요한 업종인 의료업, 중개업 등은 제외해야 하지만, 우리가 상식적으로 할 수 있는 다양한 업종을 추가할 수 있습니다. 처음 법인을 설립했을 때 사업 목적에 넣지 않았어도 나중에 법인등기사항증명서의 목적 부분에 추가할 수 있습니다. 즉, 본격적으로 부수적인 사업을 해야 할 필요성이 있을 때 변경된 등기사항증명서를 갖고 세무서를 방문하여 사업자등록증의 종목과 업태를 수정 또는 추가하면 됩니다.

법인등기사항증명서에 명시된 목적은 법인이 앞으로 영위할 수 있는 사업을 나열한 것으로, 당장 사업을 영위하지 않더라도 나중에 할 수도 있겠다 싶은 다양한 업종을 넣는 경우가 많습니다. 여기에 실제적으로 매출이 발생될 것으로 예상되는 종목과 업종을 세무서에 사업자등록증을 신청할 때 추가하면 됩니다. 나중에 사업자등록증에 등록된 업종에 대한 추가와 삭제도 법인등기사항증명서를 기반으로 세무서에서 추가 및 삭제할 수 있습니다.

등기사항전부증명서(현재 유효사항)[제출용]		
등기번호	050123	
등록번호		
상 호	주식회사	
본 점	경기도	
공고방법	경기도내에서 발행하는 일간 경기일보에 게재한다.	
1주의 금액	금 5,000 원	
발행할 주식의 총수	100,000 주	

발행주식의 총수와 그 종류 및 각각의 수		자본금의 액	변경연월일 등기연월일
발행주식의 총수	2,000 주		
보통주식	2,000 주		

목 적
1. 창작 및 예술관련 서비스업 1. 창작 및 예술작품 제작,판매,렌탈 및 전시업 1. 시각제품 및 인테리어 디자인업 1. 가구 및 건축디자인업 1. 인테리어 공사 및 설계업 1. 도시 계획 및 조경설계 서비스업 1. 건축설계 및 관련서비스업 1. 실내장식 디자인 및 실내건축업 1. 주거용 및 비주거용 건물 건설업 1. 가구 및 인테리어 소품 제조,도소매,렌탈 및 유통업 1. 인터넷쇼핑몰 운영업 1. 위 각호와 관련된 전자상거래 및 통신판매업 1. 위 각호와 관련된 마케팅업 1. 위 각호와 관련된 정보통신서비스업 1. 위 각호와 관련된 컨설팅업 1. 위 각호와 관련된 수출입업 1. 시스템 및 응용소프트웨어 개발 및 공급업 1. 교육 지원 서비스업 1. 부동산매매업 1. 부동산 투자자문 및 컨설팅업

<2020.03.27 추가 2020.03.27 등기>
<2020.03.27 추가 2020.03.27 등기>

▲ 사업자등록증에 등록된 업종은 필요할 때 추가 및 삭제할 수 있다.

현금 흐름을 좋게 만드는 법인 사업 다각화

일반 부동산법인은 부동산 매매로만 매출이 발생하지만, 저는 사무실 공유로 인한 임대료뿐만 아니라 법인 대표들과의 스터디모임 주관 등으로 부가적인 수익이 발생하고 있습니다. 물론 부동산 매매에 비해 큰 매출은 아닙니다. 하지만 부동산을 매매할 때만 매출이 발생하지 않고 주기적으로 매출이 꾸준히 발생하고 있는 구조이기 때문에 법인의 현금 흐름에 확실히 도움이 됩니다.

좋아하는 일을 해야 성공한다

혹시 내가 아이들을 가르치는 일을 하고 있다면 사업자등록증에 교육사업을 넣을 수도 있고, 아파트 매수 후 인테리어를 해서 매도하거나 전세를 놓는 것을 좀 더 전문적으로 해 보고 싶다면 인테리어 종목을 넣을 수도 있습니다. 좀 더 실력을 쌓은 후 초보 투자자들의 시행착오를 줄이기 위한 컨설팅 종목을 넣을 수도 있고요. 독서모임이나 창작활동의 주제를 정하여 모임을 만드는 것도 의미가 있을 것 같습니다.

제 경험상 법인 운영 연차가 쌓일수록 부동산 투자에 대한 판단과 의사 결정의 시간이 단축되었습니다. 그러므로 나머지 시간과 에너지를 자신의 법인과 시너지가 날 만한 곳으로 조금씩 확장시키는 것도 법인 설립과 운영의 또 다른 즐거움이라는 생각이 듭니다. 법인을 처음 설립했다면 아직은 먼 이야기지만, 법인의 보유 자금이 많아졌을 때 상가나 다가구주택 등을 매수한 후 임대사업을 통해 공간의 가치를 제공하는 것도 미래의 목표가 될 수 있어요. 현재 전문적으로 하고 있는 일이 있다면 법인 사업의 한 영역으로 넣는 것도 좋습니다.

그렇지 않다면 203쪽의 질문을 참고하여 과거 나의 직업은 무엇이었는지, 다른 사람들이 나에게 가장 많이 물어보는 것은 무엇인지, 그리고 그중에서 내가 좋아하는 일은 무엇인지 한번 생각해 봅시다. 운 좋게도 내가 좋아하는 일이 사람들이 필요로 하는 일이면 더욱 좋겠습니다. 그 일을 시간을 들여서 꾸준히 하다 보면 평균 이상으로 잘 하게 됩니다. 그동안 현실의 벽에 부딪혀서 마음 한쪽에 접어두었던, 어린 시절 그 꿈을 다시 한번 불러오는 것은 어떨까요?

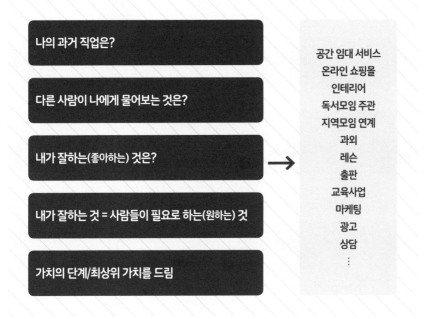

내가 좋아하는 일은 무엇인지 생각해 보기

나의 과거 직업은?

다른 사람이 나에게 물어보는 것은?

내가 잘하는(좋아하는) 것은?

내가 잘하는 것 = 사람들이 필요로 하는(원하는) 것

가치의 단계/최상위 가치를 드림

공간 임대 서비스
온라인 쇼핑몰
인테리어
독서모임 주관
지역모임 연계
과외
레슨
출판
교육사업
마케팅
광고
상담
⋮

부동산법인에 사업 다각화를 경험한 제 이야기를 해 보겠습니다. 저는 부동산 투자를 어린 나이에 천방지축으로 시작했는데, 오히려 만나지 않았으면 좋았을 인연과 오히려 몰랐으면 좋았을 투자 종목 때문에 수없이 많은 시간과 기회 비용을 놓쳤습니다. 결국 많이 돌고 돌아 성장은 했지만, 모든 걸 다 포기하고 싶었을 만큼 고통스러웠던 시간이었어요.

척박한 투자시장에서 그래도 사람냄새 나는 이도 있다는 것을 알려주려고 블로그를 시작했는데, 제 블로그에 저처럼 외롭거나 마음 둘 곳 없는 투자자들이 많이 방문했습니다. 그러다 보니 자연스럽게 온라인 아지트였던 블로그를 현실화한 사무실을 꾸미고 싶어졌어요.

현실에서 아프더라도 조금 덜 아프게, 넘어지더라도 손잡아 줄 누군가가 절실했던 과거의 제 모습이 떠올라 단순히 주소 임대뿐만 아니라 성장과 자아실현의 욕구까지 충족시켜주는 공간으로 공유 오피스의 내적 가치 수준을 높이자고 결심했습니다.

▲ 경매로 낙찰받은 상가에서 부동산법인 사무실 운영뿐만 아니라 공간 임대사
　업과 강의 사업을 병행하는 모습

지금도 포털 검색 창에 '공유오피스'나 '법인비상주사무실'이라고 검색하면 다양한 업체가 나옵니다. 물론 소비자 입장에서는 처음에 가격이 저렴한 곳부터 찾지만, 시장 논리상 싼 가격을 지불하고 퀄리티 좋은 서비스를 제공

받기는 현실적으로 어렵습니다. 그래서 심리학자 매슬로(Abraham Maslow)의 욕구에 나오는 피라미드의 꼭대기처럼 최상의 가치를 제공해야 경쟁력이 있다고 생각했습니다. 저의 공유 오피스에 주소를 둔 법인 사업자들이 진심으로 잘 되기를 바라는 마음으로 저의 경험뿐만 아니라 마음도 내어주려고 노력했죠. 결과적으로 제가 성장을 도와줄 수 있는 부동산법인 외의 다른 업종의 법인은 받지 않는 방법으로 일반 공유 오피스와 차별화시켰습니다. 등록된 대표들은 농담 삼아 권리금까지 생기겠다고도 할 만큼 항상 대기자가 있었지만, 제가 제공하는 가치를 이해하고 함께 성장할 수 있는 사람에게만 조금씩 문을 열어주는 배짱도 생겼습니다.

저의 이야기를 한 이유는, 법인 사업 다각화의 업종을 생각할 때 자신이 그 일을 진심으로 좋아해야 하고 서비스를 받는 사람의 입장을 생각해야 한다는 것을 강조하기 위해서입니다. 어떤 사업이든지 처음부터 잘 되지는 않습니다. 초기 투자 비용 대비 손익분기점까지 가는 시간이 사실 현실적으로 많이 고됩니다. 우리 주변에 수많은 가게가 생겼다가 없어지는 것만 봐도 그렇습니다. 그렇기 때문에 내가 그 일을 누군가에게 제공하는 것을 진심으로 좋아해야 손익분기점까지 가는 멀고 먼 시간을 버틸 수 있습니다. 그리고 제공받는 사람에게 반드시 도움이 되어야 하고 그것이 마음을 통해 감동으로 전해지는 순간, 가격이 가치를 인정받게 되면서 수익이 발생한다는 점을 꼭 기억하세요.

하나의 예로 단순히 내가 커피를 좋아해서 커피숍을 창업하는 잘못을 저지르지 마세요. 내가 다른 사람에게 커피를 제공하는 것을 진심으로 좋아하고 상대방도 자신이 제공하는 커피를 좋아해야 사업적으로 승산이 있습니다.

월세 수입 매출에 따른 전자세금계산서 발급하기

보통 사업자끼리 재화와 용역을 주고받을 때 세금계산서를 교환하는데, 홈택스(www.hometax. go.kr)에서 온라인으로 발급하는 것을 '전자세금계산서'라고 합니다. 전자세금계산서는 따로 종이를 보관할 필요가 없고 홈택스 홈페이지에 법인으로 회원 가입한 후 로그인하면 자신이 발급하거나 발급받은 계산서를 한꺼번에 볼 수 있어서 관리도 편합니다. 게다가 기장을 맡고 있는 세무사 사무실에서도 같이 조회할 수 있고요.

우리가 주택 등의 부동산을 매입하여 매매하기 전까지는 전세나 월세로 임대를 줍니다. 전세의 경우에는 재무제표상 타인 자본인 부채로 들어가기도 하고, 법인에게는 간주임대료가 적용되지 않아 따로 계산서를 발급해야 할 의무가 없습니다. 하지만 월세의 경우에는 재화나 용역을 서로 주고받았다고 판단하기 때문에 전자세금계산서를 발급해야 합니다.

임차인이 사업자이면 공급가액의 10%의 부가가치세를 받아 전자세금계산서를 발급합니다. 일반적으로 주택 임대의 경우에는 부가가치세가 면세되므로 별도로 부가가치세를 받지 않고 발급해도 됩니다. 참고로 전자세금계산서의 발급 시기는 재화나 용역의 공급 시기, 또는 공급일이 속하는 달의 다음 달 10일까지 홈택스에서 가능합니다.

이 밖에도 부동산 관련 컨설팅이나 법인 사업 다각화의 목적으로 사업자등록증에 다른 종목으로 매출이 발생해도 면세 업종이 아닌 경우에는 공급가액에 10% 부가가치세를 포함하여 받은 후 다음 달 10일까지 홈택스에서 전자세금계산서를 발행하면 됩니다.

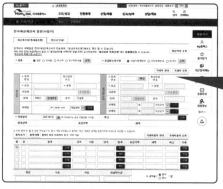

- 홈택스 메뉴에서 '조회/발급' → '전자(세금)계산서'의 '발급' → '건별 발급' 선택
- 부가세를 받은 매출은 '세금계산서(영세율 포함)'을, 부가세를 받지 않는 매출은 '계산서(면세)'에서 세금계산서를 발행
- 상대방(공급받는 자)이 사업자이면 '공급받는자 구분'에서 '사업자등록번호'를, 개인이면 '주민등록번호'를 선택

▲ 홈택스 홈페이지에 법인으로 회원 가입하면 매출에 따른 전자세금계산서를 쉽게 발급할 수 있다.

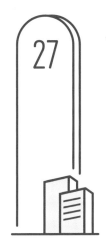

법인 비용 처리 총정리

개인은 가계부의 지출을 줄일수록 저축할 수 있는 잉여자금이 생기지만, 법인의 경우는 좀 다릅니다. 비용에 대한 지출을 줄이고 이득이 커지면 생각했던 것보다 법인세로 나가는 금액이 적지 않기 때문에 법인 설립의 장점을 최대한 활용했다고 보기는 어렵습니다. 그렇다고 해서 일부러 법인세 10%를 아끼기 위해 불필요한 지출을 법인 비용으로 쓸 필요는 없습니다. 적법하고 합리적으로 법인 비용을 쓰는 것이 무엇보다 중요합니다.

법인세 계산 시 매매를 위해 발생한 비용만 인정

다음은 법인세 계산 시 매출에서 비용 처리 가능한 항목으로, 법인세법에 나와 있습니다. 부동산매매법인이 사업을 영위하기 위해 법인의 재고 자산인 부동산을 매수하거나 매도, 또는 유지할 때 발생하는 금액이 비용으로 인정된다고 이해하면 됩니다. 다만 사업과 관련된 지출만 비용으로 처리할 수 있고 사업과 무관하면 비용으로 인정받지 못합니다. 또한 업무와 관련이 있어도 법에서 정한 한도를 벗어난 부분이 있거나 과다한 경우에도 인정받지 못합니다. 예를 들어, 접대비와 감가상각비, 업무용 승용차 비용의 한도 초과액과 임원 상여금, 퇴직 급여 등의 법정 한도를 초과하는 금액은 운영 비용으로 인정받지 못합니다.

법인 비용 인정 항목

☐ 판매한 상품, 또는 제품에 대한 원료의 매입가액과 해당 부대 비용
☐ 판매한 상품, 또는 제품의 보관료, 포장비, 운반비, 판매장려금 및 판매 수당 등 판매와 관련된 부대 비용
☐ 양도한 자산의 양도 당시의 장부가액
☐ 인건비
☐ 유형 자산의 수선비
☐ 유형 자산 및 무형 자산에 대한 감가상각비
☐ 자산의 임차료
☐ 차입금 이자
☐ 회수할 수 없는 부가가치세
☐ 자산의 평가차손
☐ 제세공과금
☐ 업무와 관련된 해외 시찰 및 훈련비
☐ 그 밖의 손비로서 해당 법인에 귀속되었거나 귀속될 금액

개인보다 유리한 법인 경비 인정 항목

법인은 개인보다 비용 인정 범위가 넓다는 장점이 있습니다. 초보 시절에는 법인세의 대상이 되는 과세 표준을 줄이려고 비용을 막 쓰고 싶은 마음이 잠시 생기기도 하죠. 왜냐하면 법인 비용을 쓰면 수익이 줄면서 법인세도 줄어들어 절세 효과가 크다고 생각하기 때문입니다.

법인 경비는 법인의 영업 활동에 필요한 경우에는 대부분 인정됩니다. 다음의 표에 나오는 것처럼 교통비, 식사 및 접대비, 보험료, 교육훈련비, 임차료, 임차수수료, 도서 구입비 등이 경비로 인정받습니다.

법인 경비 인정 항목

계정 과목	내용	비고
교통비	주유비, 택시비, 주차비, 톨게이트비, 숙박비 등	법인 명의 차량 + 임직원 전용 자동차보험 가입 시 차량 감가상각비, 보험료, 자동차세도 비용 처리 가능
식사 및 접대비	공인중개사 식대, 경조사비, 음료비 등	청첩장, 부고 등 건당 20만 원까지 비용 처리 가능(사업 관련성이 있어야 하고 부고는 문자 캡처 가능)
기부금	종교 단체 기부금 등	기부금 영수증을 받아야 한다.
감가상각비	법인 명의 차량의 감가상각, 보유 물건(상가, 주택 등)의 감가상각 → 보유 물건 감가상각은 나중에 양도차익이 커지므로 상황별로 판단해야 한다.	주택의 경우 감가상각 시 상가에 비해 추가 법인세를 부담해야 한다.

계정 과목	내용	비고
보험료	임직원 4대 보험료 회사 부담금, 건물 화재 보험료 등	
교육훈련비	부동산 강의료	
임차료	부동산법인(비상주 등) 임차 비용	
지급수수료	공인중개사 수수료, 세무사 기장료, 컨설팅 수수료 등	
세금과 공과금	재산세, 종합부동산세, 교통유발부담금 등	
도서 구입비	부동산 관련 도서 구입 비용	
이자 비용	사업 관련 차입금의 이자 비용(담보대출 등)	
수선비	• 발코니 확장, 도배장판, 싱크대, 보일러 교체 등 • 개인은 섀시, 발코니 확장, 보일러 교체만 포함, 법인은 도배장판, 싱크대 등 포함	
통신비	휴대전화 사용료 등	가족 결합 등 고려
기타	사업 관련성이 있으면 비용 처리 가능	

법인의 경우 법인 보유 물건에 따른 재산세, 종합부동산세 등도 비용으로 인정받는다는 점이 개인과 다릅니다. 개인 투자 시 발생한 대출 이자는 양도소득세 등에서 경비로 인정받지 못하지만, 법인은 사업 관련 차입금에 따른 이자도 비용으로 인정받습니다. 이 밖에도 수리비 중 개인은 자본적 지출인 섀시 교체, 발코니 확장 등만 양도세 비용으로 인정받지만, 법인은 사업 관련성만 있으면 도배장판, 싱크대 교체 등 업무와 관련된 수리비까지 대체적으

로 모두 인정받고 있습니다.

개인 VS 법인의 비용 처리 비교

	법인	개인
재산세, 종합부동산세, 이자	비용 인정	비용 인정 안 함
섀시, 발코니 확장	비용 인정	비용 인정(양도세 비용)
도배장판, 싱크대 교체	비용 인정(사업 관련성이 있을 경우)	비용 인정 안 함

법인 비용의 꽃은 급여!
대표의 적정한 급여 책정이 중요하다

적절하게 비용을 처리하지 못하면 예상 외로 법인세 금액이 커진다고 여러 번 강조했습니다. 부동산법인의 설립 및 운영도 결국 안정적인 노후와 여유로운 일상에 대한 목적이 크기 때문에 법인의 수익금이 자신에게 적절하게 흘러들어오게 하는 것이 중요합니다. 이 모든 것을 만족시키는 법인 비용 항목 중 급여만큼 좋은 것이 없다고 개인적으로 생각합니다. 물론 급여를 많이 책정할수록 4대 보험료와 소득세가 부담스러울 겁니다. 하지만 급여를 적정하게 책정한다면 소득 없는 대표에게 소득을 만들어주어 나중에 법인대출 및 개인 가계대출에도 매우 유리합니다.

간혹 대표 급여를 100만 원 이하로 책정하는 경우도 있는데, 법인 대표의 신용도를 중요시하는 금융기관 쪽에서는 이것을 좋게만 보지 않습니다. 당장 매출이 없는 법인에게 발생한 대출 이자를 대표 월급으로 충당해야 하는데, 이것이 여의치 않다면 사실상 좋은 평가를 받기가 어렵습니다. 1인 법인이지만, 대표가 월급을 받는 직장인이 되면 직장인 신용대출 등의 혜택을 볼 수 있을 뿐만 아니라 개인 투자할 때 대표의 소득은 큰 힘이 됩니다. 물론 대표도 근로소득자이기 때문에 다음 해 2월에 연말정산을 통하여 납부한 근로소득세의 일부를 환급받는 것은 다른 직장인과 동일합니다.

복리후생비는 비용 처리가 될까

복리후생비는 사용인, 즉 근로자에게 직접 지급되는 급여나 상여금, 또는 퇴직금과 달리 근로 환경의 개선 및 근로 의욕의 향상 등을 위하여 지출하는 노무비적인 성격을 갖는 비용입니다. 법인이 지출한 복리후생비를 비용으로 인정받으려면 법인의 임원이나 근로자를 위해 지출한 비용이어야 합니다. 이 경우에도 무조건 다 인정받는 것이 아니라 사회 통념상 타당하다고 인정되는 범위 안의 금액에 대해서만 복리후생비로 처리됩니다.

법인의 주주만을 위한 비용이거나 법인 외부의 이해관계자를 위한 명목으로 지출된 비용은 업무와 무관한 지출이 될 가능성이 크다고 봅니다. 복리후생비 세부 항목으로는 직장체육비, 직장문화비, 사회 통념상 인정되는 경조사비 등이 있는데, 경조사비의 처리가 애매할 경우에는 경조사비 지급 규정을 만들어놓는 방법을 추천합니다.

접대비와 기부금은 비용 처리가 될까

일반적으로 접대비는 회사의 업무와 관련하여 접대, 교제, 사례 등의 명목으로 거래처에 지출한 비용이나 물품을 말합니다. 즉, '접대 및 교제비', '기밀비' 등 기타 명칭에 관계없이 이와 유사한 성격의 비용으로 사업상 업무와 관련하여 지출한 금액입니다. 접대비는 기업의 원활한 운영을 위해 반드시 필요한 항목으로 인정은 됩니다. 하지만 소비성 경비로 간주하여 일정한 한도 안에서만 경비로 인정되므로 한도를 초과한 부분에 대해서는 법인세나 소득세 추징을 당할 수 있습니다.

아울러 한 차례의 접대에 지출한 금액이 3만 원을 초과하는 접대비는 신용카드 매출전표, 현금영수증, 세금계산서 등 지출 증명 서류를 받지 않으면 비용 처리되지 않으므로 주의해야 합니다. 업무와 관련되어 지출한 금품은 접대비로 보고 기부금은 법인의 사업과 직접적인 관계없이 무상으로 지출하는 금전 또는 물품을 말합니다.

법인 차량 관련 지출은 비용 처리가 될까

법인 비용 중에서 급여 다음으로 합리적으로 사용할 수 있는 항목이 바로 법인 차량에 대한 비용입니다. 자동차는 일상생활의 필수품이기 때문에 자동차는 법인 설립을 하지 않아도 부동산 투자를 위해서라면 개인 비용을 지불해서라도 구입하는 경우가 많습니다. 하지만 자동차는 사는 순간부터 감가상각이 되는 재화이므로 개인 비용보다 법인 비용으로 구입하거나 렌트하는 것이 합리적입니다.

　아무래도 법인이 부동산을 매수하려면 운영 자금(목돈)이 필요하므로 한꺼번에 많은 비용이 드는 구입보다는 렌트나 할부(리스)를 받곤 합니다. 렌트할 경우 차 소유가 렌트카 회사이기 때문에 자동차세와 보험료까지 포함된 월 렌트비를 부담하게 됩니다. 또한 법인차에 대한 비용을 인정받으려면 반드시 업무전용자동차보험에 가입해야 합니다. 이것은 법인등기부등본에 기재된 대표 및 감사 등의 임원과 4대 보험을 납부하고 있는 직원만 법인차를 운행할 수 있다는 의미입니다. 반대로 말해서 업무전용자동차보험에 가입되지 않은 경우에는 전액 비용 처리를 받지 못합니다. 결국 내가 법인의 대표가 될 수 없는 상황이면 급여뿐만 아니라 렌트카의 비용 처리도 어렵게 됩니다.

얼마 정도의 법인차를 이용해야 할까

　2020년 1월 1일 이후 개시하는 사업연도부터 법인 차량에 대한 비용 인정 금액이 기존의 1천만 원에서 1,500만 원으로 늘어났습니다. 여기에는 감가상각비, 임차료, 유류비, 보험료, 수선비, 자동차세, 통행료 및 금융 리스 부채에 대한 이자 비용 등 업무용 승용차 취득 및 유지를 위하여 지출한 비용이 모두 포함됩니다. 여기서 감가상각비는 정액법을 이용해 5년의 내용연수로 책정하고 한도는 800만 원입니다.

　예를 들면, 4천만 원에 상당하는 차량을 업무용으로 구입할 경우 매년 800만 원(4천만 원, 5년)이 감가상각비용이고, 감가상각비 800만 원을 포함하여 1,500만 원까지 차량운행일지를 쓰지 않고도 비용 처리가 가능합니다. 그 이

상으로 비용을 처리하려면 차량운행일지를 작성해야 합니다. 하지만 공교롭
게도 차량운행일지를 작성하다 보면 업무용으로 사용한 것에 비례하여 비용
처리가 되므로 작성하지 않고 1,500만 원까지 비용 처리를 받는 것이 더 나은
대안일 수도 있습니다. 반면 9인승 이상 승용자동차(카니발) 및 경차는 이러한
한도 없이 전액 비용 처리할 수 있다는 것을 참고하세요.

알쏭달쏭 법인카 Q&A

Q 배기량이 1,920cc 이상 되는 고급 오토바이를 출퇴근으로 사용할 경우 업무용 승용차처럼 비용을 인정받을 수 있나요?

A | 규정 적용 대상은 승용자동차를 말하기 때문에 이륜자동차에 해당되는 오토바이는 적용되지 않습니다.

Q 그랜드 스타렉스 11인용 차량은 비용을 인정받을 수 있나요?

A | 규정 적용 대상에 따라 승합자동차는 적용되지 않습니다.

Q 2021년도에는 결손이어서 감가상각비용의 처리가 필요 없기 때문에 감가상각을 하지 않았는데, 2022년도에 이 비용을 합산할 수 있나요?

A | 결손법인이어도 감가상각 범위액만큼 강제상각을 해야 하므로 다음 연도에 합산은 불가능합니다. 다만 경정청구 등을 통하여 전년도 비용에 산입할 수 있어요.

Q 법인 차량의 감가상각비 한도는 얼마인가요?

A | 부동산 임대업을 주된 사업으로 하는 법인은 차량 감가상각비 한도액이 400만 원입니다. 참고로 일반 법인은 800만 원입니다.

Q 업무용 승용차의 운전기사 용역 비용도 업무용 승용차 관련 비용에 포함되나요?

A | 운전기사를 제공받고 지급하는 용역 대가는 업무용 승용차 관련 비용에 포함되지 않습니다.

Q 업무전용자동차보험 가입 요건에서 말하는 임원, 직원의 경우에는 급여를 안 주어도 해당되나요?

A | 여기서 말하는 임원은 법인의 회장, 사장, 부사장, 이사장, 대표이사, 전무이사 및 상무이사 등 이사회의 구성원 전원과 감사 및 이들에 준하는 직무에 종사하는 자를 말합니다. 그리고 급여 지급 없이 등기만 되어 있는 경우에도 실질적으로 이사, 감사에 해당하는 직무에 종사한다면 임원으로 봅니다.

🗒️ Tip | 임대법인 VS 매매법인의 비용 처리 비교하기

대부분의 부동산법인은 법인등기부등본의 사업 목적에 부동산 매매와 임대가 들어있고, 사업자등록증의 업태와 종목에도 부동산 매매와 임대가 포함되어 있습니다. 하지만 임대법인과 매매법인의 경우 비용으로 처리할 수 있는 상한금액이 달라서 차이를 꼭 기억해야 합니다.

매매법인보다 불이익이 많은 임대법인

상법에서는 임대법인을 해당 사업연도에 부동산 임대업을 주된 사업으로 하는 법인이나, 기업회계 기준에 따라 계산한 부동산, 또는 부동산 권리의 대여로 발생한 수입 등이 매출액의 50% 이상인 법인으로 정의하고 있습니다. 또한 상시 근로자 수가 다섯 명 이하이면서 지배 주주 등 최대 주주가 보유한 발행 주식 총수, 또는 출차 총액이 50% 이상의 조건을 함께 충족해야 합니다.

임대법인의 조건

대부분의 부동산법인은 근로자가 다섯 명 이하이고 대표와 그의 특수 관계인이 주식을 보유하고 있기 때문에 해당 연도에 부동산 매매로 인한 매출이 없고 단순히 월세로 받은 임대소득만 있을 경우에는 임대법인에 해당하는 것입니다. 이 경우 접대비의 기본 한도와 업무용 승용차 관련 비용이 축소됩니다(218쪽의 표 참고, 2022. 1. 1. 개시 사업연도부터 해당). 또한 임대법인이라면 성실신고대상법인이어서 세무사에게 기장을 맡길 때 추가 요금이 발생할 수도 있고 의무 사항도 추가된다는 것을 기억해야 합니다.

임대법인은 성실신고확인대상 법인으로, 각 사업연도 종료일이 속하는 달의 말일부터 4개월 이내에 성실신고확인서를 제출해야 합니다. 그렇지 않으면 법인세 산출세액의 5%를 가산세로 납부해야 하는 등의 의무 사항도 있습니다. 매매 매출이 없을 경우 작은 월세 금액을 매출로 잡으면 임대법인으로 보여질 수 있으므로 불이익을 받지 않도록 주의해야 합니다.

| 매매법인 VS 임대법인의 한도 비용 비교 |

	일반 법인 (매매법인)	성실신고확인대상 법인 (임대법인)
접대비 한도	1,200만 원(중소기업 3,600만 원) + 수입 금액 × 요율(100억 원까 지 0.3%)	일반 법인의 50%

업무용 승용차
관련 경비 한도
	• 운행 기록 미작성 시 인정
	  한도: 1,500만 원
	• 연간 감가상각비 및 처분
	  손실 한도: 800만 원
		• 운행 기록 미작성 시 인정
		  한도: 500만 원
		• 연간 감가상각비 및 처분
		  손실 한도: 400만 원

임대법인이 알아야 할 성실신고확인제

부동산 임대업을 주요 업으로 하는 소규모 법인 등은 일정한 요건에 해당하는 법인세를 신고할 때 과세 표준 금액의 적정성 등을 세무 대리인에게 확인한 후 신고해야 합니다.

성실신고확인 대상

(소규모 법인) 다음의 소규모 법인 요건에 모두 해당하는 법인

내용	구분
i	부동산임대업을 주된 사업으로 하거나 이자·배당·부동산(권리) 임대소득금액 합계액이 매출액의 50% 이상
ii	해당 사업연도의 상시 근로자 수가 5인 미만
iii	지배 주주 및 특수 관계인의 지분 합계가 전체의 50% 초과

성실신고확인에 대한 지원

법인세 신고 및 납부 기한 연장

- 성실신고확인 대상 내국법인이 '성실신고확인서'를 제출하는 경우 법인세의 과세 표준과 세액을 각 사업연도의 종료일로부터 4개월 이내에 납세자 관할 세무서장에게 신고 및 납부해야 합니다(1개월 연장).

성실신고확인 비용 세액 공제

- 성실신고확인서를 제출하는 경우 성실신고확인에 직접 사용한 비용의 100분의 60(150만 원 한도)에 해당하는 금액을 해당 과세연도의 법인세에서 공제합니다.
- 단, 해당 과세 연도의 과세 표준을 과소 신고한 경우로, 과소 신고한 과세 표준(수정 신고로 인한 경우 포함)이 경정된 과세 표준이 100분의 10 이상인 경우에는 공제받은 금액에 상당하는 세액을 전액 추징합니다.

성실신고확인의무 위반에 대한 책임

성실신고확인서 미제출 시 가산세 부과

- 성실신고확인 대상인 내국법인이 성실신고확인서를 신고기한 안에 제출하지 않은 경우 법인세 산출세액의 5%가 가산세로 부과됩니다.
- 토지 등 양도소득에 대한 법인세액 및 투자상생협력촉진을 위한 과세특례를 적용하여 계산한 법인세액은 제외합니다.

미제출 법인에 대한 세무 검증

성실신고확인서 제출 등의 납세 협력 의무를 이행하지 않으면 세무 조사 대상 등으로 선정될 수 있습니다.

성실신고확인자(세무 대리인)에 대한 제재

나중에 세무 조사 등을 통해 성실신고확인 세무 대리인이 제대로 확인하지 못한 사실이 밝혀지면 성실신고확인 세무 대리인에게 징계 등의 제재가 있을 수 있습니다.

28 법인에게서 급여를 받을 때 체크해야 할 것

가족을 직원으로 고용할 수 있을까

법인이 할 일이 많아지면 직원도 고용할 수 있습니다. 보통 자신이 부동산에 관심이 많으면 가족, 친지들도 부동산에 관심이 많은 편이죠. 저도 아버지에게서 부동산 투자에 대한 기본 지식을 배웠다고 해도 과언이 아닙니다. 대표가 나이기 때문에 나와 의사소통이 잘 되는 가족들을 직원으로 고용해도 됩니다. 이때 직원이 가족이어서 급여를 책정하지 않는 경우도 있지만, 가족이 직원이어도 정당하게 근로활동을 한다면 급여 지급이 가능합니다. 반대로 근무하지 않은 가족에게 급여를 준다면 법인세를 계산할 때 경비로 인정받지 못할 수도 있습니다.

이 경우에도 지급받는 급여에 맞는 4대 보험료 등이 당연히 발생합니다.

하지만 4대 보험을 가입해도 고용보험과 산재보험은 가족이 특수 관계인이기 때문에 혜택을 못 받을 수 있으므로 미리 알아보고 가입 여부를 결정하는 게 좋습니다.

대표인 나는 급여를 안 받고 직원만 급여를 줄 수 있을까

대표인 나는 다른 이유 때문에 급여를 받지 않을 수도 있습니다. 이렇게 대표가 무급여인데도 직원에게 급여를 줄 수 있을까요? 물론 가능합니다. 국민건강보험공단에 대표가 무보수라는 확인서 및 회의록을 작성해서 보내면 4대 보험료는 부과되지 않습니다.

두루누리 사회보험 지원사업에 법인도 신청 가능할까

두루누리 사회보험이란, 소규모 사업을 운영하는 사업주와 소속 근로자의 사회보험료(고용보험, 국민연금)의 일부분을 국가에서 지원하여 사회보험 가입에 따른 부담을 덜어주고 사회보험의 사각지대를 해소하기 위한 사업입니다. 이 보험을 통해 근로자 수가 열 명 미만인 사업에 고용된 근로자 중 월 평균 보수가 일정 금액 미만인 근로자와 사업주는 사회보험료를 최대 90%까지 각각 지원받을 수 있습니다. 만약 소규모 법인을 운영할 경우 지원 대상에 해당하는 근로자를 고용하면 급여를 주면서 부담스러운 사회보험료를 아낄 수 있어서 매우 효율적입니다.

임원에게 인건비를 지급할 때 유의할 점

법인등기부등본을 보면 대표 외에 임원들이 있는데, 저처럼 대표가 상근한다면 직원처럼 급여를 지급할 수 있습니다. 하지만 감사 등 대부분의 임원들은 비상근일 것입니다. 일반적으로 임원의 급여는 주주총회에서 결정한 대로 지급합니다. 하지만 정당한 사유 없이 대표나 직원이 받는 급여를 초과하여 보수를 지급한 경우 초과 금액은 비용으로 인정받지 못할 수도 있으니 반드시 세무사나 법무사와 상의한 후 결정하세요.

정관에 대표(임원) 상여금과 퇴직금 규정이 있으면 지급 가능할까

임원에 대한 상여금도 정기적일 뿐만 아니라 부정기적으로도 지급할 수 있습니다. 다만 정관이나 주주총회, 또는 이사회의 결의에 의하여 결정된 급여 지급 기준을 초과해서 퇴직금을 지급하는 경우에는 비용으로 인정받기 어렵습니다.

퇴직금도 정관에 퇴직금과 관련된 사항이 있으면 그것에 맞게 다른 일반 직장인처럼 지급할 수 있습니다. 처음 설립할 때는 퇴직금까지 생각하지 못하는 경우가 많아서 정관에 이런 내용이 누락될 수도 있습니다. 이렇게 누락되었다고 퇴직금을 받지 못하는 것은 아니지만, 법인세법 등에 나온 내용을 근거로 한 한도만 인정되기 때문에 조금 아쉬울 수도 있을 겁니다. 그러므로 법인의 이익이 쌓이면 세무사나 법무사와 함께 퇴직금 지급 전에 관련 규정을 차근차근 점검해 보세요.

정관에 퇴직금 규정이 없어도 지급 가능할까

정관에 퇴직금으로 지급해야 할 금액이 정해진 경우에는 법인이 임원에게 퇴직금을 지급할 수 있습니다. 만약 정관에 정한 금액 및 정관에서 위임된 퇴직 급여 지급 규정이 없으면 퇴직 직전 1년 간의 총 급여액 × 1/10 × 근속연수로 퇴직금을 계산합니다. 그리고 무급여 기간이 있으면 근속연수에 무급여로 근무한 기간을 포함시킬 수 있습니다.

Tip 국민연금관리공단의 4대 보험료 간편계산기 사용법

국민연금관리공단 홈페이지(www.nps.or.kr)에 가면 '4대 보험료 간편계산기'가 있는데, 이것은 인터넷 포털에서 검색해도 나옵니다. 이 계산기를 사용하면 대표나 직원의 급여를 책정할 때 보험료가 얼마인지 미리 예상해서 급여를 책정할 수 있습니다. 대부분의 기장 세무사 사무실에서는 대표 또는 직원의 책정된 급여를 고지하면 4대 보험료와 함께 계산해서 매월 급여대장을 만들어줍니다. 4대 보험료는 우편으로 법인에게 고지되고 자동 이체 신청도 가능합니다.

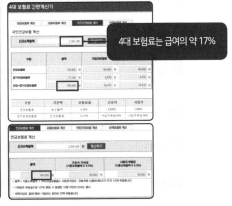

▲ 4대 보험료 간편계산기를 사용해 미리 급여를 책정할 수 있다.

29 1년에 한 번 하는 법인 결산,
대표라면 이 정도는 알아야 한다

법인세 신고 납부 절차

보통 12월 말 결산인 법인은 올해(사업 기간 1월 1일~12월 31일) 매도한 것을 포함해서 다른 매출까지 합산한 후 3월 말에 법인세를 신고 및 납부합니다. 예를 들어, 법인이 5천만 원의 양도차익이 발생된 두 건의 주택을 매도했다고 가정해 봅시다. 일단 주택 양도차익에 대한 추가 과세 20%씩을 일단 계산합니다. 그리고 수익의 합에서 법인 경비로 사용한 비용을 뺀 후 남은 금액이 당기순이익이고 이 금액이 법인세 과세 표준이 됩니다. 과세 표준이 2억 원 이하일 경우에는 10%, 2억 원 초과분부터는 20%가 적용됩니다. 이렇게 계산된 추가 과세와 법인세를 합쳐서 3월 말에 총 법인세를 납부합니다. 임대법인의 경우에는 성실신고확인대상법인으로 4월 말까지 신고 및 납부하면 됩니다.

법인세 과세 표준 산출하기

**수익금
(양도차익)** — 법인 경비 = **과세 표준 금액
(당기순이익)**

법인세 세율(2018년 이후)

법인 종류	소득 종류 과세 표준	각 사업연도 소득 세율(%)	누진공제액(원)	청산 소득 과세 표준	세율(%)	누진공제액(원)
영리 법인	2억 원 초과	10		2억 원 이하	10	
	2억 원 초과 200억 원 이하	20	2천만	2억 원 초과 200억 원 이하	20	2천만
	200억 원 초과 3,000억 원 이하	22	4억 2천만	200억 원 초과 3,000억 원 이하	22	4억 2천만
	3,000억 원 초과	25	94억 2천만	3,000억 원 초과	25	94억 2천만
비영리 법인	2억 원 초과	10				
	2억 원 초과 200억 원 이하	20	2천만			
	200억 원 초과 3,000억 원 이하	22	4억 2천만			
	3,000억 원 초과	25	94억 2천만			
조합법인 (조특법◆ 제72조 적용)	20억 원 이하	9				
	20억 원 초과	12	6천만			

◆ 조세특례제한법

2018.1.1. 이후 개시하는 사업 연도분부터 적용되는 사항

구분		등기(%)	미등기(%)
토지 등 양도 소득	• 대통령령이 정하는 주택(부수토지 포함)을 양도한 경우 • 주택 취득을 위한 조합원 입주권, 분양권을 양도한 경우	20	40
	비사용 토지를 양도한 경우	10	40

법인세 신고 시 필요한 서류

보통 법인세 신고 납부는 기장을 맡아주는 세무사가 진행합니다. 하지만 법인세 신고 시 필요한 서류는 ❶ 법인세 과세 표준 및 세액신고서 ❷ 재무상태표 ❸ 포괄손익계산서 ❹ 이익잉여금처분계산서(결손금처리계산서) ❺ 세무조정계산서 ❻ 세무조정계산서 부속 서류 및 현금흐름표가 있는데, 이들 서류는 대표로서 알고 있어야 합니다.

결산종료월에 따른 법인세 신고기한

구분	법정 신고기한	제출 대상 서류
12월 결산법인	3월 31일	❶ 법인세 과세 표준 및 세액신고서
3월 결산법인	6월 30일	❷ 재무상태표 ❸ 포괄손익계산서
6월 결산법인	9월 30일	❹ 이익잉여금처분계산서(결손금처리계산서) ❺ 세무조정계산서
9월 결산법인	12월 31일	❻ 세무조정계산서 부속 서류 및 현금흐름표

※ 신고기한이 공휴일, 토요일인 경우 공휴일, 토요일의 다음 날을 신고기한으로 한다.

소득이 마이너스여도 법인 추가 과세는 내야 한다

법인이 내야 하는 추가 과세란, '토지 등 양도소득에 대한 과세특례' 규정에 의해 법인이 각 사업연도 소득 금액에 따라 납부하는 법인세 외에 일정 요건에 해당되는 주택, 비사업용 토지 등의 양도에 따른 매매차익에 대하여 추가로 납부하는 법인세를 말합니다. 부동산 자체가 상품으로 취급되는 부동산 매매법인이어도 규정 적용 대상 자산을 양도하는 경우뿐만 아니라 해당 사업연도에 비용을 너무 많이 써서 소득 금액이 결손인 경우에도 추가 과세는 예외 사항 없이 납부해야 합니다. 하지만 어떤 자산은 이득을 보고 어떤 자산은 손해를 보기도 하죠. 이렇게 취득가액보다 낮게 양도된 자산에 대해서는 다른 양도소득에서 순차로 차감하여 계산하게 됩니다.

법인별 납세 의무의 차이

법인의 종류		각 사업연도 소득에 대한 법인세	토지 등 양도소득에 대한 법인세	미환류 소득에 대한 법인세	청산 소득
내국 법인	영리법인	국내외 모든 소득	○	○	○
	비영리법인	국내외 수익사업에서 발생하는 소득	○	×	×
외국 법인	영리법인	국내 원천소득	○	×	×
	비영리법인	국내 원천소득 중 열거된 수익사업에서 발생한 소득	○	×	×
국가·지방자치단체		납세 의무 없음			

※ 신고기한이 공휴일, 토요일인 경우에는 공휴일, 토요일의 다음 날을 신고기한으로 한다.

사회적인 비영리법인도 고정 자산을 처분할 경우에는 예외 사항 없이 '토지 등 양도소득에 대한 과세특례' 규정 적용 대상 자산에 해당하는 경우라면 토지 등 양도소득에 대한 추가 과세를 납부해야 합니다.

추가 과세는 어떻게 계산될까

법인이 납부해야 할 추가 과세 계산산식은 다음과 같습니다.

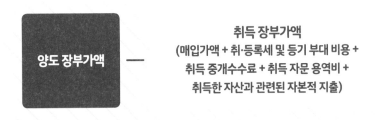

여기서 등기된 주택은 20%, 미등기 자산은 40%(2022년 2월 기준)로 계산하여 사업연도 종료 후 법인세 납부 시 함께 납부합니다. 이때 양도 비용은 차감되

지 않습니다. 왜냐하면 매도 중개수수료 등의 양도 비용 등은 법인의 결산서 산출 시 당기순이익을 계산할 때 차감되어 각 사업연도 소득에 대한 법인세 를 산출할 때 반영되기 때문입니다.

양도차익을 결정하는 자본적 지출 VS 수익적 지출

개인의 양도소득세를 계산할 때도 해당 부동산에 지출된 수선비의 성격이 자본적 지출인지, 수익적 지출인지에 따라 양도소득세 계산에 큰 영향을 미 칩니다. 따라서 우리 법인도 이것에 대한 개념을 제대로 이해하고 넘어가는 것이 좋습니다.

알다시피 자산의 가치를 끌어올리는 것은 자본적 지출로 봅니다. 예를 들 어, 발코니 확장 공사 등 본래의 용도를 변경시키기 위한 개조, 엘리베이터 또 는 냉난방장치의 설치 등 부동산의 가치를 현실적으로 향상시키는 것을 말하 죠. 이에 비해 수익적 지출은 가치를 유지시키는 지출로, 도배장판이나 페인 트, 싱크대, 소모품 등을 교체하는 것이 해당됩니다.

수익적 지출로 처리할 경우에는 사업연도 말에 법인세를 계산할 때 당기 의 비용으로 처리되어 당기순이익이 줄어들면서 법인세도 줄어들게 됩니다. 반면 자본적 지출로 처리하면 지출된 해의 비용으로 처리되지 않기 때문에 해당 자산을 양도한 그 해의 법인세뿐만 아니라 앞에서 설명한 추가 과세에 도 영향을 줍니다. 그러므로 수익적 지출로 처리할 성격인지, 자본적 지출로 처리할 성격인지 잘 따져보아야 합니다.

양도차익에 대한 세금 부과 비교

자본적 지출
(자산 가치 증가)

발코니 확장,
엘리베이터,
냉난방 장치 등

VS

수익적 지출
(자산 가치 유지)

도배장판 교체, 페인트,
싱크대 교체,
소모품 교체

자본적 지출이 많을수록
추가 과세가 줄어든다.

➡ 양도세 개념

수익적 지출이 많을수록
법인세가 줄어든다.

➡ 비용 지출 개념

법인 수익을 대표에게 가져올 때 어떻게 세금이 부과될까

앞에서 설명한 법인세율만 보고 단순히 법인이 개인보다 훨씬 절세가 된다고 생각하는 것은 큰 착각입니다. 돈을 벌어도 법인이 돈을 번 것이고, 그것이 대표인 자신에게 흘러오게 하려면 급여에 대한 4대 보험료와 근로소득세를 부담해야 합니다. 잉여금을 배당받으려고 해도 배당소득세(1년에 2천만 원까지 15.4%)를 부담해야 하죠.

예를 들어볼까요? 매년 1억 원 정도(5천만 원의 양도차익이 발생한 주택 매도 두 건)의 수익이 발생할 경우 대표는 보통 약 4천만 원 정도의 연봉을 책정하게 됩니다. 그러면 4대 보험료(약 17%)와 근로소득세(15%)가 1년에 약 900만 원 정도 발생합니다. 급여를 받지 않고 배당을 받으려고 해도 법인세(10%) + 추가 과세 (20%) + 배당소득세(15.4%) = 45.4%를 내고도 겨우 2천만 원만 배당받습니다. (2천만 원 이상 배당받을 경우에는 본인의 근로소득과 합산해서 다시 신고해야 합니다.) 그래서 막연히 법인이 개인보다 절세할 수 있을 것이라는 생각으로 법인을 설립하는 것은 추천하지 않습니다. 그럼에도 불구하고 법인의 장점을 활용하려고 법인을 설립했다면 법인의 이익이 법인인 자신에게 자연스럽게 흘러오도록 하는 급여, 퇴직금, 배당 등을 잘 활용해야 합니다.

법인세를 줄여주는 결손금, 10년까지 이월공제하기

법인 설립 초기에는 당장 매출이 발생하기가 물리적으로 힘들 수 있습니다. 1년간의 실적을 살펴보니 매출은 없는데 비용으로 지출된 것들이 있다면 이것을 '결손금'이라고 합니다. 이와 같이 이익은 없고 결손금만 있기 때문에 법인세는 낼 것이 없습니다. 이러한 결손금은 10년까지 이월공제가 가능합니다. 즉, 다음 사업연도에 발생한 이익금에 전년도 결손금까지 합해서 비용으로 처리할 수 있다는 말입니다. 다만 이렇게 결손으로 마감할 경우 나중에 법인대출을 실행할 때 제약 요소가 될 수 있어요. 그래서 실무적으로 발생한 비용만큼 대표가 법인에게 현금 증여 및 무실적으로 마감하기도 합니다. 만약 자본금이 넉넉하다면 자본금에서 결손금을 차감시키는 자본 감소 절차를 진행하기도 하고요. 결산표는 우리 법인의 성적표처럼 앞으로 1년 동안 따라다니기 때문에 결산 마감일 전에 담당 세무사와 충분히 상의한 후 처리하세요.

법인의 총무팀(세무사) + 법무팀(법무사)과 좋은 관계 맺기

대부분의 법인은 직원 없이 1인 대표만 있는 형태입니다. 법인 규모가 큰 곳은 자체적으로 총무팀이나 법무팀이 있죠. 우리 법인도 규모가 커지면 그렇게 운영해도 참 좋겠다는 생각을 종종 하지만, 현실적으로 아직은 가능하지 않죠. 그렇다면 기장을 맡고 있는 세무사를 총무팀으로, 법인 관련 등기 및 소유 부동산을 관리하는 법무사를 법무팀으로 생각해서 일해보는 건 어떨까요?

직원 월급보다 훨씬 합리적인 세무기장 비용

담당 기장 세무사에게 매월 기장료를 지급하는데, 월급을 주는 것에 비하면 매우 효율적인 시스템이라고 생각합니다. 세무사가 하는 업무는 대표 급여 및 4대 사회보험 신고입니다. 세무사가 급여대장을 만들어주면 대표인 우리는 그것에 맞게 소득세, 4대 사회보험료를 납부한 후 법인 통장에서 급여를 인출하면 됩니다. 그리고 분기마다 부가세 신고와 회계 기간 종료에 대한 결산 및 법인세 신고 업무를 합니다. 이렇게 법인 업무를 챙겨주는 세무사를 우리 법인의 총무팀으로 대우해 준다면 혼자 운영하는 법인치고는 꽤 그럴 듯한 모양이 만들어질 것입니다.

여기서 중요한 것이 있습니다. 즉, 우리 법인의 총무팀인 세무사를 구할 때 다음 두 가지 질문을 해 보는 것입니다. 첫 번째 질문은 부동산법인의 기장을 맡고 있는지, 두 번째 질문은 부동산 투자도 자본주의의 한 영역이라는 긍정적인 생각을 갖고 있는지입니다. 만약 이렇게 생각하지 않는다면 비용을 주고 기장을 맡기는 데도 불편한 경우가 종종 발생할 수 있다는 것을 명심하세요.

설립부터 함께한 법무사가 있으면 든든하다

담당 기장 세무사에게는 매달 기장료를 지급하지만, 법무사에게는 사건 수임 건당 수수료를 주기 때문에 세무사보다 관계가 좀 더 멀게 느껴질 수 있습니다. 하지만 설립부터 함께한 법무사가 있다면 우리 법인에 대한 기본적인 정보를 알고 있기 때문에 법인 관련 등기 변경을 요청하거나 부동산 등기와 관련된 업무를 요청할 때 다른 법무사보다 편리합니다.

셀프 설립을 했거나 법무팀이라고 말할 만한 법무사가 없다면 지금이라도 찾아보세요. 법인 대표는 법인 설립 목적에 맞는 매출 향상을 위해 에너지를 집중해야 하므로 총무팀이나 법무팀과 업무분장을 하는 것이 훨씬 효율적이기 때문입니다.

30 은행에서 대출해 주고 싶은 법인이 되려면

대출을 못 받는다면 반쪽짜리 법인을 설립한 셈

대출을 받아 투자금을 줄이면, 즉 레버리지를 활용하면 투자수익률이 커진다는 것은 모두 알고 있습니다. 정부의 대출 규제 때문에 개인 투자자들은 대출받기가 어려운 상황인데, 개인이 못하는 것을 법인으로 할 수 있다면 법인 설립의 의미가 더욱 커질 것입니다.

'나같이 작은 1인 법인에게 대출이 되겠어? 매출도 없고, 영업 이익도 없고, 대표가 이렇다 할 소득도 없는데 어쩌지?'

저도 처음에는 대출받는 것이 두려워서 이런저런 고민으로 은행 문턱이 높게만 느껴졌습니다. 하지만 한 번 은행 문턱을 넘으니 대출 덕분에 부동산 법인이 계획한 목표 수익률과 영업 이익에 더욱 근접할 수 있었습니다. 결론은 은행에서 대출해 주고 싶은 법인과 대표가 되면 됩니다.

현재 기준으로 시중은행에서 법인에게 주택담보대출 실행은 사실상 어렵습니다. 그런데 개인도 대출이 쉽지 않은 것은 마찬가지입니다. 주택을 제외한 오피스텔, 지식산업센터, 상가 등은 사업자대출이 가능하기 때문에 법인이 개인보다 유연합니다. 그리고 법인과 대표 개인은 서로 다른 인격체이므로 대표의 실거주 집 대출은 LTV, DTI에 맞춰 개인 명의로, 다른 대출은 법인 명의로 실행하는 것이 유리합니다.

은행이 법인을 바라보는 시선을 이해하자

'부채 자본 비율'이라고 들어보았나요? 부채 총액을 자기 자본(자본금)으로 나눈 비율을 말합니다. 부채 자본 비율은 타인 자본 의존도를 표시하고 경영 분석에서 기업의 건전성을 나타내는 지표로 쓰이는데, 비율이 높을수록 재무 구조가 건전하지 않은 상태이기 때문에 지불 능력이 문제가 됩니다.

여기서 부채란, 대표가 법인에게 빌려준 가수금과 은행대출금, 그리고 우리가 세입자에게 받은 임대보증금까지 모두 포함됩니다. 부동산법인은 몇 개의 부동산만 매입해도 임대보증금이 10억 원은 될 것입니다. 그러면 우리 법인의 부채는 10억 원이 넘죠. 자본금은 대부분 적게는 1천만 원부터 많아야 보통 5천만 원 내외로 출자하는데, 이 경우 부채 자본 비율이 다른 업종에 비해 상대적으로 너무 높습니다.

은행에서는 부동산법인이라고 해도 부채 자본 비율을 따로 봐주지 않습니다. 그래서 대부분의 부동산법인 재무제표는 은행에서 원하는 모습이 아닙니다. 사람으로 따지면 7등급 정도라고 해석하는 것이 무리가 없을 듯합니다. 그렇기 때문에 개인보다 법인의 대출 금리가 다소 높은 것도 당연합니다. 대출 원금 회수에 대한 리스크가 높아질수록 금리가 높아지기 때문입니다. 그러므로 좀 더 까다롭게 심사할 수밖에 없는 은행의 입장도 헤아려보고 이왕 받을 대출이라면 장기적으로 재무제표까지 신경 쓰는 것이 좋습니다.

오래 보유할 법인이라면 여건이 되는 한 조금 넉넉한 자본금으로 시작하기를 추천합니다. 재무제표상 부채 비율 문제도 있고 비용을 쓰게 되면 금방 자본이 잠식되기 때문입니다. 이미 설립한 법인이라면 나중에 자본금을 증액할 수도 있으니 너무 걱정할 필요는 없습니다. 증액할 경우에는 반드시 담당 세무사와 상의한 후 법인등기사항증명서 등의 수정 절차도 꼭 챙기기 바랍니다.

대표의 소득과 신용도, 법인의 당기순이익이 중요하다

부동산법인의 연차가 쌓이면서 보유 주택 수와 은행대출금, 그리고 대표 가수금이 많아질수록 재무제표의 상황은 부채가 많아 여전히 은행의 눈치를 보게 됩니다. 매출도 없고, 당기순이익도 별 볼 일 없으면 은행에서 대출을 해주고 싶어도 못해줍니다.

저는 3년차 때 매출을 일으켜서 당기순이익이 났는데도 앞선 2년 동안 매출이 없는 법인이었기 때문에 은행에서 찬밥신세를 면치 못했습니다. 그래서 당장 법인 설립이 중요한 게 아니라 법인으로 일정한 매출과 당기순이익이 가능할 때 법인을 설립하는 게 좋다고 추천하는 것입니다. 또한 대표의 소득과 신용도도 중요합니다. 매출이 적거나 당기순이익이 없을 때 대표가 소득이 있다면 은행에게 어떻게 해서든지 법인의 이자를 납부할 수 있다는 신뢰감을 줄 수 있기 때문이죠.

현재 이렇다 할 소득이 없다면 법인에서 대표의 소득을 만들어주는 것이 필요합니다. 이렇게 대표의 소득과 신용도에 특히 신경을 써야 하지만, 본인 여건이 안 된다고 시골에 계신 부모님이나 지인을 대표로 세우면 매우 번거로워질 수 있습니다. 물론 당장 매출이 없다면 대표의 소득을 만들어주기 어려울 수도 있습니다. 하지만 제 경험에 의하면 당기순이익이 마이너스가 나더라도 대표 소득을 책정하는 게 좀 더 나은 대안이었습니다. 결국 매출이 발생해서 대표 급여도 받고 당기순이익이 발생하는 상황으로 가는 것이 무엇보다 중요합니다. 그리고 그런 상황을 목표로 지금 이렇게 공부하고 있는 것 아닌가요?

법인대출은 연말보다 연초가 좋다

혹시 '대손충당금'을 들어보았나요? 대손충당금이란, 금융기관이 가계(개인)나 기업(법인)에게 대출해 주었을 때 입을 수 있는 손실을 대비하기 위하여 대출 금액의 일부를 비용으로 처리하는 회계 처리 항목입니다.

은행도 법인입니다. '대손충당금'이라는 비용을 많이 처리할수록 당기순이익이 줄어드는데, 금융기관은 가계(개인)보다 기업(법인)에게 같은 금액을 대출해 주어도 대손충당금을 더 적립해야 합니다. 특히 부동산법인처럼 재무제표의 부채 비율이 많은 법인에게 대출해 주었을 경우에는 대손충당금 적립 비율이 더욱 높아집니다. 그래서 금융기관에서도 법인에게 개인보다 높게 대출 이자를 받을 수밖에 없습니다.

연말에는 대부분의 은행에서 당기순이익을 맞춰놓으면서 영업 이익을 계산합니다. 그래서 연말에 법인대출이 좀 더 쉽지 않을 수 있어요. 경험상 법인 대출은 연말보다 연초가 훨씬 순조로웠습니다.

대표 연대보증의 의미

보통 제1금융권에서는 법인대출 시 대표 연대보증을 요구하지 않는 곳이 종종 있습니다. 하지만 제2금융권이나 일부 제1금융권에서는 대표를 연대보증으로 입보(立保)를 합니다. 더군다나 재무제표가 좋지 않은 부동산법인이라면 제1금융권보다 제2금융권에서 법인대출을 받을 가능성이 높기 때문에 대표는 연대보증에 입보된다고 보면 됩니다.

본인이 개인적인 사정으로 대표가 될 수 없다고 친구나 지인을 대표로 정하는 건 결코 옳은 방법이 아닙니다. 일단 연대보증인이 되면 개인적으로 대출받을 때 개인신용평가서에 연대보증된 대출 금액이 함께 조회됩니다. 금융기관마다 서로 다르지만, 이러한 부분이 개인대출에 영향을 줄 수도 있다는 것을 꼭 기억하세요.

대출 기간 동안 재무제표 관리에 신경 써야 하는 이유

몇 년 전에 신규로 법인대출을 받았는데, 대출을 받고 해가 바뀌어 법인세 신고를 한 후 얼마 지나지 않아 최근 결산한 법인 관련 서류를 은행에 다시 제출하라는 안내문을 받았습니다. 내용을 문의하니 해당 금융기관에서는 누적 대출 금액 5억 원 이상, 또는 자산총계가 10억 원 이상인 법인은 매년 재무제표를 보아야 한다는 것입니다.

자산총계는 우리가 매입한 부동산의 매매 가격의 합입니다. 보통 두세 개의 부동산만 매수해도 자산총계는 10억 원이 넘을 수 있습니다. 모든 금융기관이 그런 것은 아니지만, 상황이 이러하니 대출을 받았다고 끝이 아닙니다. 이것은 매년 재무제표를 관리해야 은행의 돈을 계속 이용할 수 있다는 뜻입니다. 그렇지 않으면 예상치 못하게 만기 시점에 연장 불가 통보를 받거나 일부 상환 조건 등 마주하고 싶지 않은 상황을 만날 수도 있습니다.

31 법인 재무제표 보는 방법
(ft. 재무상태표와 손익계산서)

금융기관에서 '재무제표를 제출하세요.'라고 하면 재무상태표와 손익계산서를 제출하면 됩니다. 이것들이 우리 법인의 1년 성적표입니다.

한눈에 재무상태표 파악하기

재무상태표는 일정 시점, 보통 회계연도 말에 현재 법인이 보유하고 있는 자산과 부채, 그리고 자본에 대한 정보를 나타낸 재무보고서로, 해당 법인의 유동성과 안정성뿐만 아니라 수익성과 위험도 등을 한눈에 파악할 수 있는 자료입니다.

부동산법인도 다른 기업과 마찬가지로 동일한 형식의 재무상태표를 사용할 뿐만 아니라 회계의 가장 기본적인 형식을 갖고 있습니다.

총자산(자산총계)의 합계는 총부채(부채총계)와 총자본(자본총계)의 합계액과 일치해야 하는데, 법인 대표라면 상식적으로 알아두어야 할 사항만 간단히 설명하겠습니다.

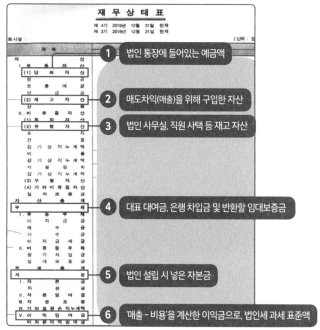

▲ 재무상태표는 회계연도 말에 현재 법인이 보유하고 있는 자산과 부채, 그리고 자본에 대한 정보를 나타낸 재무보고서 이다.

❶ **당좌 자산**이란, 즉시 현금 인출이 가능한 법인통장에 들어있는 예금액 등을 말합니다.

❷ **재고 자산**이란, 부동산법인이 매도하기 위해서 매입한 자산의 취득 합계액입니다.

❸ **유형 자산**이란, 부동산법인이 매도를 위한 것이 아니라 법인의 영업을 위해서 구입한 자산의 취득 합계액을 말합니다. 유형 자산은 감가상각을 하고 재고 자산은 감가상각을 하지 않는다는 것이 이들 자산의 가장 큰 차이점입니다. 감가상각을 하면 매도 시 취득가액이 낮아져서 추가 과세 등이 높아지므로 자산의 성격에 맞게 분리해야 합니다.

❹ **부채**를 보면 대표의 가수금을 포함하여 은행대출금이나 세입자에게 반환해야 할 임대보증금이 모두 해당됩니다.

❺ **자본**은 법인을 설립할 때 넣은 자본금을 말합니다. 부동산법인의 특성상 금융기관에서 볼 때 자본금 대비 부채 비율이 높다고 평가하는 것도 이 재무상태표를 기반으로 한 것으로, 법인 설립연차가 늘어날수록 항상 총자산의 질을 높게 해야겠다는 생각이 듭니다.

❻ **이익잉여금**은 매출에서 비용을 뺀 이익금으로, 법인세 과세 표준액이 됩니다.

한눈에 손익계산서 파악하기

손익계산서는 1년의 회계 기간 동안 법인의 업무 및 경영 성과를 한눈에 나타내기 위한 재무제표입니다. 즉, 법인이 회계 기간 동안 얼마의 이익을 발생시켰고 그 이익을 발생시키기 위하여 얼마의 비용을 지출했는지 알기 쉽게 기록한 재무제표를 말합니다.

2021년 01월 01일 부터	표준손익계산서	법인명	
2021년 12월 31일 까지	(일반법인용)	사업자등록번호	

(단위 : 원)

계 정 과 목	코드	금 액	계 정 과 목	코드	금 액
I.매출액	001	**①** 매도 금액의 합		212	
1.상품매출	002		자산전손익	217	
가.국내상품매출	003		**IX.법인세비용**	218	
5.부동산임대수입	014		**X.당기순손익**	219	
가.국내임대수입	015				
II.매출원가	035	**②** 매수 금액의 합/취득세/취득중개보수의 합			
(1)상품매출원가	036				
1.기초재고액	037				
2.당기매입원가	038				
4.기말재고액	040				
III.매출총이익	066				
IV.판매비와관리비	067	**③** 매출 원가(매수가) - 매출액(매도가)			
1.급여	068				
가.임원급여	069	각 비용의 합			
나.직원급여	070				
3.보험료	078				
4.복리후생비	079				
5.여비교통비	080				
7.접대비	085				
8.유형자산감가상각비	088				
10.세금과공과	090				
13.차량유지비(유류비 포함)	093				
20.지급수수료	104				
가.국내지급수수료	105				
22.소모품비	108				
23.통신비	109				
24.운반비	110				
26.건물.시설관리비(수선비 제외)	112				
30.인쇄비	116				
V.영업손익	120	**④** 법인세 과세표준액			
VI.영업외수익	130				
1.이자수익	131				
28.기타잡이익	174				
VII.영업외비용	179				
1.이자비용	180				

▲ 손익계산서는 1년의 회계 기간 동안 법인의 업무 및 경영 성과를 나타내기 위한 재무제표이다.

❶ **매출액**을 살펴보면 매도한 부동산 매도 금액의 합계액도 포함될 수 있습니다. 만약 임대료를 받는 법인이면 임대료가 있고, 다른 매출이 있는 법인이면 해당 매출이 모두 매출액에 나타납니다.

❷ **매출 원가**는 해당 매출액을 위한 원가, 즉 재료비에 해당되는 금액에 들어갑니다.

❸ **판매비**와 **관리비**는 비용에 대한 것들이 각 항목에 들어갑니다.

❹ **영업 이익**은 총이익에서 비용을 뺀 이익으로, 법인세 과세표준액이 됩니다.

이렇게 법인의 1년 성적표인 재무상태표와 손익계산서를 대략적으로라도 해석할 줄 알아야 진정한 법인 대표로서 무게감과 책임감이 더 느껴질 것입니다. 매년 수익을 내기 위해서 무엇을 사야 할지 치열하게 고민해야 한다는 〈준비마당〉 이야기가 좀 더 현실감 있게 다가오죠? 하지만 겁먹지 마세요. 지금 이 순간 오늘 나에게 주어진 하루 동안 내가 할 수 있는 일에 최선을 다하다 보면 그 하루하루가 모여서 어느 순간 훌쩍 커버린 우리 법인을 만날 날이 곧 다가올 것입니다. 자, 그러면 그때까지 파이팅해 봅시다!

중개사님과 친분 맺기

거래처 관리 및 브리핑이 필요하다

부동산법인으로 매수 및 임대까지 함께하는 분은 중개사님입니다. 열정은 앞서지만, 법인에 대한 전반적인 상황을 모르면 세입자에게 우리 법인 물건을 소개하기가 어렵습니다. 그렇기 때문에 필요에 따라서는 중개사님에게 법인에 대한 교육이 필요한 경우도 있어요. 법인에 대한 장점부터 시작해서 전세보증보험, 전세자금대출 등 개인인 임대인과 다른 점에 대해 충분히 이야기를 나누어보세요. 이렇게 하려면 대표인 내가 신뢰감을 줄 수 있게 준비되어야 합니다.

감사한 마음은 말로만 하는 것이 아니다

생소한 부동산법인임에도 대표인 저와 협력하여 매수부터 임대까지 잘 마무리해 주는 고마운 중개사님들이 지역마다, 단지마다 꼭 있습니다. 물론 중개수수료를 드리는 것으로 자신의 할 도리를 다 했다고 생각할 수도 있습니다. 하지만 뜻밖에 받은 선물이 감동을 주어 돈독한 사이로 발전하는 경우도 있어요. 연말연시나 크리스마스 때 화장품세트나 상품권 등을 따로 준비해서 중개사님에게 지나가는 길에 들렸다며 슬쩍 전달해 보세요. 선물을 받는 사람보다 주는 사람이 더 뿌듯할 때가 바로 이런 순간이죠. 중개사님과 돈독한 사이로 발전하면 자연스럽게 현장에서의 생생한 거래 현황 및 분위기를 신속하게 전달받을 수 있답니다. 게다가 정말 중요한 것은, 우리 부동산법인의 홍보대사로 위촉해도 될 만큼 다음 세입자를 구할 때 적극적으로 제 편에 서 주기 때문에 든든한 지원군도 만들 수 있다는 것입니다.

32 부동산법인의 난공불락 세입자 응대하기

중개사님을 설득해야 세입자를 구한다

부동산법인은 부동산 매매 및 임대를 업으로 하기 위해 나라에 사업자등록증까지 낸 엄연한 사업체입니다. 부동산법인의 세입자는 우리의 고마운 손님이므로 질 좋은 임대 서비스를 제공하여 매출을 발생시킬 수 있습니다.

'맞춤형 서비스'라고 들어보았죠? 법인의 세입자들은 법인에 대한 인식이 제각각 다르고 임대인인 법인에게 바라는 것도 모두 다릅니다. 세입자가 원하는 것이 무엇인지 귀기울여보세요. 임대차3법 때문에 공실 매도 전략을 취할 수도 있지만, 그래도 의미 있는 수익을 얻으려면 '시간'이라는 재료가 필요합니다. 간혹 노력에 비해 아쉬운 경우도 분명히 발생하겠지만, 세입자가 없으면 우리 법인의 매출은 없다는 것을 꼭 기억해야 합니다.

투자할 곳의 중개사무실을 방문할 때 법인 대표라면 중개사님의 부동산법인에 대한 이해와 경험 여부를 꼭 확인해야 합니다. 만약 부동산법인에 대한 인식이 부정적이라면 우리에게 세입자 구해주는 것을 기대하기란 매우 어렵습니다. 이런 곳에서 매수는 가능하겠지만, 세입자를 맞추어 잔금을 처리할 수 없다는 이야기입니다. 이런 시나리오가 예상되면 다른 사무실로 발길을 돌려야 합니다.

부동산법인이 중개사님을 잘 만나는 것은 정말 중요합니다. 따라서 매수 및 세입자를 맞춰줄 수 있는 중개사님을 섭외(?)하는 일도 매우 중요합니다. 여러 부동산을 방문하고 이야기를 나누어 보면 잡상인이나 투명인간 취급을 받을 때도 많았고, 수작을 부리는 사기꾼 대접을 받을 때도 있었습니다. 그래도 나의 부동산법인의 파트너가 되어줄 중개사님을 만나지 못하면 부동산법인 보유 주택은 자신의 처음 계획과는 달리 공실로 남게 될 가능성이 높습니다. 심지어 전세금으로 잔금을 치루려고 했던 계획도 물거품이 되어 굉장히 곤란한 상황에 처할 수 있다는 것을 명심하세요.

전세 낀 매물을 매수할 때의 주의 사항

과거에 부동산법인으로 매수 계약을 했는데, 세입자를 구하는 것이 어려워서 결국 개인 명의로 계약서를 변경하는 일이 몇 번 있었습니다. 이래서는 부동산법인으로 월급은커녕, 물건 하나 못 사는 건 아닌가 하는 생각도 한때 들었습니다. 그래서 세낀 매물이 정상 입주 가능한 매물보다 저렴하기도 하고 당장 세입자 구할 걱정을 안 해도 되니, 초창기 때는 세낀 매물 위주로 매입하기 시작했습니다. 그런데 그 1년이 금방 지나갑니다. 아예 처음부터 의도적으로 1년 뒤 세입자 만기 시점에 매도할 계획으로 매수하는 것이 아니라면 세입자 구하기가 두려워서 일부러 세낀 물건을 사는 방법은 추천하지 않습니다. 전세 만기일은 결국 금방 닥칠 일이기 때문입니다.

법인의 전세 물건을 매력적으로 포장하자

입장을 바꿔서 우리가 전셋집을 구하는 신혼부부라고 가정해 봅시다. 부동산에 들러서 몇 개의 전셋집에 대한 소개를 받았는데, 비슷한 조건의 집이 많습니다. 이 경우 특별한 매력이 없다면 개인이 임대인인 전셋집이 먼저 나갈 확률이 높습니다. 굳이 같은 조건이라면 임대인이 법인인 전세 물건보다 개인인 전세 물건 계약이 더 수월하기 때문입니다. 전세금이 저렴하거나, 인테리어가 잘 되어 있거나, 법인 임대인의 비용으로 전세보증보험을 가입해 주거나, 로얄동 로얄층이거나 등등 법인 전세 물건은 다른 전세 물건보다 누가 봐도 매력적이게 포장해야 합니다. 그래야 중개사님도 추천 매물로 자신 있게 소개할 수 있어요. 그러므로 법인 물건을 다른 전세 물건보다 훨씬 매력적으로 포장해 봅시다. 항상 좋은 것은 먼저 나가기 마련이니까요.

차라리 경쟁 매물이 없는 곳을 매입하는 것이 낫다

초기에 매출이 없는 법인이라면 법인통장의 사정이 안 좋을 것입니다. 마음이야 전세금도 저렴하게 하고 싶고 올수리도 해 주고 싶지만, 현실적으로는 어렵죠. 이런 경우에는 투자 가능한 지역 중에서 특히 전세 물건이 없는 곳을 주목해야 합니다.

전세 물건이 없는 곳에서는 전세 물건이 귀하기 때문에 부동산에서는 임대인이 법인이어도 적극적으로 소개해 줍니다. 전세 손님도 전세 물건이 없으니 비교할 만한 물건도 없고요. 이런 지역, 이런 단지라면 생각보다 어렵지 않게 임대인이 법인이어도 전세 세입자를 구할 수 있습니다.

기존 세입자와 재계약할 때 상대방 파악이 중요하다

세를 끼고 매수했거나 부동산법인으로 매수한지 2년이 지났지만, 여러 가지 이유로 아직 매도 시기를 잡지 못했다면 어쩔 수 없이 기존 세입자와 재계약해야 하는 경우가 있습니다. 제 경험에 의하면 임대인이 법인이라면 다들 생소하고 낯설어합니다. 그리고 혹시라도 전세금을 돌려받지 못할 수도 있다는 최악의 상황을 생각하기 때문에 재계약 전에는 세입자의 이야기를 충분히 들어보아야 합니다. 어떤 부분을 제일 걱정하는지, 대표인 내가 해결해야 할 것은 무엇인지 살펴보세요.

세를 끼고 매입한 후 곧 다가온 임차 만기일에 임대인이 법인으로 변경된 것을 알고 재계약 의사를 포기하기도 합니다. 법인이어서 나중에 누구에게 전세금을 돌려받을 수 있을지 불안하기 때문입니다. 이런 상황에서 저는 전세보증보험을 가입해 주고 비용도 대표인 제가 부담한 후 재계약을 했습니다. 세입자에 따라 전세금을 시세보다 낮춰주기만을 바라기도 하고 재계약 선물로 상품권을 주니 만족해 하기도 했습니다. 결국 사람이 관건입니다. 세입자를 충분히 이해하고 배려한다는 신뢰감을 주면서 하나씩 실타래를 풀어나가는 것이 중요함을 늘 깨닫습니다.

어쩔 수 없는 상황은 그대로 흘러가게 두자

약 7년 동안 부동산법인을 통해 물건을 임대해 주면서 다양한 세입자들을 만나보았습니다. 어떤 세입자는 제가 앞에서 설명한 다양한 방법을 모두 제시해도 싫다고 했어요. 더 살고 싶지만, 법인인 임대인을 받아들일 수 없다고 했습니다. 분명히 과거의 안 좋은 경험으로 선입견이 생긴 것 같은데, 이제 몇 번 본 제가 해결해 주기에는 부족했나 봅니다. 결국 법인으로 등기한 물건을 취득세 및 부대 비용을 한 번 더 내고 개인으로 등기를 마친 후 재계약한 경우도 있었습니다.

또 기억에 남는 한 세입자는 저에게 별 이야기 없이 터무니없는 낮은 전세금을 제시하면서 이사가겠다고 하였습니다. 그리고 전세 계약 종료 및 전세금 반환에 대한 내용증명서를 보내고 전화를 녹취하는 등 저를 많이 압박했죠. 세입자에게 불편함을 주고 싶지 않아 계약 종료일에 맞춰 다른 세입자를 겨우 구해 전세금을 반환해 주었습니다. 그런데 그 세입자가 새로 이사를 간 곳은 다름 아닌, 본인이 오늘 아침까지 머물렀던 집의 바로 아래층이었습니다.

내가 정성을 다해도 어쩔 수 없는 경우가 있습니다. 최고의 맛집도 100% 만족은 없다고 하듯이 어쩔 수 없는 상황은 그대로 흘러가게 두세요. 그럼에도 불구하고 나의 정성을 알아줄 또 다른 세입자가 있다는 희망을 잃지 말기 바랍니다.

33 법인 물건의 전세보증보험과 전세자금대출 대처법

가입 가능한 전세자금대출을 알아보고 대응하자

임대인이 법인인 경우 개인이 임대인인 경우보다 가입할 수 있는 전세자금대출 상품이 적습니다. 그래서 부동산법인에 대한 이해를 떠나 제도적인 문제 때문에 세입자로 들이지 못하는 경우가 종종 발생합니다.

임대인이 법인이면 전세계약서에 질권◆을 설정하는 도시보증공사의 허그(HUG) 전세자금대출 상품은 제한됩니다. 이 상품은 전세금의 최대 80%가

◆ **질권**(質權) : 채권자가 채권의 담보로 채무자 또는 제3자(물상보증인)로부터 받은 담보물권을 '질권'이라고 하고, 이러한 권리가 발생하는 것을 '질권 설정'이라고 합니다. 즉, 전세자금대출 은행에서 나중에 세입자가 반환받을 보증금을 담보로 채무자(세입자)에게 대출해 주었을 때 대출 이자 미납이나 대출 기한 도래 등의 사유가 발생하면 채무자(세입자) 대신 임대인에게 보증금을 우선 반환을 받을 수 있습니다.

지 대출이 나오고 나라에서 이자를 지원하기 때문에 세입자 선호도가 높습니다. 세입자가 굳이 이 상품에 가입하겠다고 하면 우리 법인의 전셋집은 순위에서 계속 밀릴 수밖에 없습니다.

이러한 이유 때문에 자영업자 비율이 높은 지역이나 단지, 전세금 시세가 높은 지역에서는 세입자를 구하기가 힘듭니다. 이런 지역은 전세보다 월세나 반전세로 접근하는 것이 세입자를 구하는 측면에서는 유리합니다. 그래서 저는 투자 기준에 맞는 지역을 선정한 후 세부 단지를 정할 때 임대 매물이 없어서 잘 나갈 것 같은 단지도 고려 대상 중 하나로 꼭 넣습니다. 그리고 중개사님이나 집을 구하는 세입자에게도 전세자금대출을 여러 금융기관에 적극적으로 알아보라고 부탁합니다. 혹시라도 임대인이 법인이어서 들어올 세입자가 금융 비용이 좀 더 높은 전세자금대출을 받아야 한다면 대출 이자 차액분을 보전해 준 적도 있었어요. 결국 전체를 크게 보면 이러한 부분은 작을 수도 있기 때문에 이것을 기꺼이 감수할 수 있는 자세도 법인 대표로서 필요하다고 생각합니다.

전세보증보험 서비스는 세입자를 구할 때 유용한 친구

우리가 흔히 이야기하는 전세보증보험의 정식 이름은 '전세보증금반환보증보험'입니다. 명칭이 길어서 쉽게 '전세보증보험'이라고 부르는데, 임대인이 법인인 경우에도 전세보증보험에 가입할 수 있습니다.

임대인이 법인인 경우 전입일자보다 빠르게 은행대출금 등의 근저당권이 설정되어 있기 때문에 불안한 세입자를 안심시키고 전세 계약을 가능하게 해 주었던 것은 전세보증보험의 힘이 컸습니다. 그래서 법인 대표라면 전세보증보험의 가입 서류와 가입 한도를 반드시 알고 있어야 중개사님뿐만 아니라 세입자까지 설득할 수 있습니다.

법인 전세보증보험 가입 시 필요한 서류

☐ 최초 및 연장 전세계약서
☐ 법인인감증명서, 법인등기부등본, 법인사업자등록증 사본
☐ 법인의 국세 및 지방세 완납증명서, 주주명부
☐ 4대보험사업장가입내역확인서 및 가입자명부, 4대보험완납증명서◆

위의 서류는 법인인 우리가 준비하여 전세 잔금일날 세입자에게 전달해야 합니다. 전세보증보험은 임대인인 우리가 가입해 주는 것이 아니라 세입자가 직접 도시보증공사(HUG)에 내방하거나 온라인으로 신청해야 합니다. 현재까지 전세보증보험의 한도는 '근저당권채권최고액 + 전세입자 보증금'이 KB부동산 매매 시세 이하이고 제출한 서류의 흠결 사항이 없으면 가입할 수 있습니다.

◆   4대보험완납증명서 발급에 대한 자세한 내용은 253쪽을 참고하세요.

4대보험완납증명서는 어떻게 발급할까

4대보험완납증명서는 '사회보험통합징수포털' 사이트(si4n.nhis.or.kr)에서 발급이 가능합니다. 4대 보험 중 일부분만 미가입인 경우에는 4대 사회보험 사업장가입내역서확인서와 가입자명부가 필요한데, 이것도 '4대사회보험정보연계센터' 사이트(www.4insure.or.kr)에서 발급할 수 있어요. 대표가 무급여 대표여서 아직 4대 보험에 가입이 안 되어 있다면 '크레탑' 사이트(www.cretop.com)에서 법인 등록을 하고 종업원 수를 0명으로 표시하면 됩니다. 크레탑 사이트에만 등록되면 보증보험회사에서 조회가 가능합니다.

'사회보험통합징수포털' 사이트에서 법인에게 고지된 4대 보험료 및 법인의 직원(대표 포함)에게 부과된 상세 내역을 확인할 수 있다.
은행대출이나 보증보험에 가입할 때 필요한 4대 보험완납증명서 등도 여기에서 출력할 수 있다.

◀ '사회보험통합징수포털' 사이트(si4n.nhis.or.kr)

4대 보험 중 일부 보험이 미가입 상태여서 '사회보험통합징수포털' 사이트에서 원하는 4대 보험완납증명서를 발급받지 못했으면 '4대사회보험정보연계센터' 사이트의 도움을 받을 수 있다.

◀ '4대 사회보험정보연계센터' 사이트(www.4insure.or.kr)

4대 보험료 납부에 대한 의무가 없는 무급여 대표라면 4대 보험료를 납부하지 않기 때문에 위에서 설명한 두 곳의 사이트에서는 4대보험완납증명서를 발급받을 수 없다.
이때 기업 정보 공개 사이트인 '크레탑'에 법인의 자료를 등록하면 4대 보험 납부 의무가 없음을 확인받을 수 있다.

◀ '크레탑' 사이트(www.cretop.com)

34 부동산법인 대표의
1년, 1달, 1주일 루틴 엿보기

매출 목표에 따른 매도 및 매수 정하기 + 결산 계획 세우기

1년 동안 예상되는 매출 규모에 따른 목표 설정이 필요합니다. 새해가 되면 국가뿐만 아니라 대부분의 회사에서도 올해 성장률에 대한 계획이 있습니다. 우리가 그동안 주먹구구식으로 투자했어도 이제부터는 달라져야 합니다.

저의 처음 목표는 한 해에 5천만 원의 수익을 내는 것이었습니다. 〈준비마당〉에서 이야기한 것처럼 월급을 받으려고 설립한 법인이었기 때문에 처음에는 연봉 3천만 원과 임장할 때 필요한 렌트카와 기타 비용 등을 합쳐서 대략 연 5천만 원이 필요했습니다. 이러한 비용은 본인의 투자 경험에 따라 현실적으로 정하는 것이 중요합니다. 그리고 목표에 따라서 1년의 회계 기간 동안에 매도 및 매수 횟수를 정하면 됩니다. 가능한 범위에서 구체적으로 정해야 1년 동안 대표로서 할 일이 명확해집니다.

이때 애매모호한 목표, 즉 돈을 많이 버는 법인이나 부자 대표와 같은 목표는 세우지 마세요. 그것은 누구나 바라는 목표이고 범위가 너무 넓습니다. 그래서 결국 아무것도 하지 않아도 된다는 명분을 스스로에게 주기 때문에 결국 아무것도 안 한 채 1년을 보낼 확률이 매우 높습니다. 자신이 법인 대표로서 달성하고 싶은 영업 이익을 구체적으로 정한 후 1년, 1달, 1주일 동안의 실행 계획을 세우고 달성하도록 노력해 보세요. 이렇게 할 자신이 없으면 개인 투자자로 남는 것이 더 현명할 수 있습니다.

또 한 가지 법인 결산도 준비해야 하는데, 이것은 큰 연중행사 중 하나입니다. 매월 고정적으로 발생하는 급여 및 비용에 따른 이익을 미리 계산하여 확보해 놓거나 계획을 세워야 회계 기간이 정리될 때 우왕좌왕하지 않습니다. 회계 결산을 어떻게 하느냐에 따라 다음 해 법인대출에 큰 영향을 주기 때문입니다.

법인의 현금 흐름을 수시로 체크한다

매달 급여를 받고 있다면 급여와 4대 사회보험료 및 소득세, 기장료 등 법인통장에서 지출되는 비용에 대한 예상을 해야 합니다. 만약 법인통장에 잔액에 부족하다면 대표가 대여금 형식으로 법인에게 빌려주기도 합니다. 이 경우에는 통상적으로 대표가 법인에게 무이자로 빌려준 후 부동산 매도 등으로 법인에 자금이 발생했을 때 그대로 대여금을 상환받으면 됩니다.

저의 경험상 법인 설립 초기에는 항상 법인통장에 잔액이 부족해서 발을 동동 굴렀던 일이 많았습니다. 하지만 결국 경력이 쌓이면서 사업 목적에 맞는 매수 및 매도의 행위가 반복되니까 법인통장의 잔액 부족에 대한 걱정에서 자유로워질 수 있습니다. 그때까지 매월 잔액이 부족하지 않도록 통장을 수시로 확인해야 합니다. 간혹 4대 보험이나 카드대금이 잔액 부족으로 인출되지 않아 연체되는 경우가 발생할 수 있어요. 이런 일은 작은 부분이어도 나중에 법인 신용에 안 좋은 영향을 미칠 수 있으니 잘 관리하는 것이 좋습니다.

세입자 만기일과 등기 사항을 항상 체크한다

법인 설립연차가 쌓일수록 세입자도 늘어납니다. 그래서 매년 세입자 만기일이 언제인지, 미리 체크해 놓으면서 재임대할지, 매도할지도 미리 확인해야 합니다. 또한 법인의 경우 등기 의무를 하지 않으면 과태료가 부과되므로 등기 사항도 꼼꼼히 확인해 볼 필요가 있습니다.

1달 루틴

성공적인 매수를 위한 투자 공부 계획 세우기

1년 사업 목표를 정했으면 그에 맞는 한 달 계획을 세워봅시다. 매출 목표에 따른 투자 규모를 정하고 그에 맞는 매수 및 매도 행위를 위하여 '시간'과 '노력'이라는 공을 들여야 합니다. 우선 한 회계 기간 동안 2회 또는 3회의 매수 행위 계획을 세웠다고 가정해 보겠습니다. 투자할 때는 조바심과 확신 없는 선택을 가장 조심해야 합니다. 그래서 매수 횟수가 2회 또는 3회라면 6개월이나 4개월마다 1회 매수를 한다는 계획으로 지역 선정에 심혈을 기울이는 것이 중요합니다.

매달 지역마다 서로 다른 양상을 보이는 부동산 흐름을 체크하는 것도 중요하고, 최소 한 달에 한 지역을 공부하는 계획도 좋습니다. 투자는 최대한 객관적인 시각으로 접근해야 하기 때문에 자신의 주관적인 관점을 씻어줄 만한 독서나 강의를 듣는 것도 좋고, 다른 사람들과 의견을 나눌 수 있는 스터디나 소모임도 도움이 됩니다. 부동산법인 대표라면 이 모든 계획이 월별 계획에 모두 포함되어 있어야 합니다.

1주일 루틴

KB부동산 리포트 읽기, 미분양 현황 모니터링하기, 관공서 홈페이지 검토하기

상담이나 강의를 끝내고 나면 저에게 특별한 능력이나 노하우가 있다고 믿는 사람들이 많습니다. 하지만 절대 그렇지 않습니다. 저는 단지 남들이 다 아는 그 일을 부동산법인 대표로서 근무 시간 동안 꾸준하게 하고 있을 뿐입니다. 부동산 투자 관련 서적에서 한 번쯤은 들어봤을 만한 일을 꾸준히 하고 있는 것이 저의 노하우라면 노하우입니다. 뻔한 이야기처럼 들릴지 모르겠지만, 꾸준히 하는 것에 당할 것은 없습니다. 저는 평범함이 꾸준함과 만나면 위대해질 수 있다는 말을 자주 합니다. 자, 여러분도 대표로서 하루하루 최선을 다해 근무해 봅시다.

저는 매주 금요일마다 KB부동산에서 발표하는 주간 부동산 흐름에 관한 리포트를 꾸준히 보면서 전국 부동산시장의 흐름을 살펴봅니다. 그리고 분양하는 아파트 정보를 매주 포털 사이트에서 찾아서 스스로 정리하고, 미분양 현황에 대해서도 꾸준히 모니터링하면서 전국적인 흐름을 살펴본 후 관심 도시를 정해서 매달 공부하고 있습니다. 각 지자체 홈페이지뿐만 아니라 백과사전과 도시 관련 서적을 통해 도시의 정체성과 역사에 대해 공부하고 통계청과 국가기관에서 제공하는 사이트 등을 중심으로 사회현상과 부동산시장을 연결해 봅니다.

우리가 다 알고 있기 때문에 너무나도 시시해서 때로는 그냥 지나치는 일을 누군가는 꾸준히 오래도록 하고 있습니다. 제가 고집스럽게 보낸 시간을 혹시라도 독자들이 알까봐 겁이 납니다. 만약 알게 된다면 제가 이룬 일이 썩 대단치 않다고 느낄 수도 있기 때문이죠. 모든 책에 다 나와서 시시한 그 일을 매일 꾸준히 하면서 스스로에게 의미를 부여한다면 어느새 분명히 발전된 대표인 자신을 만나게 될 것입니다.

법인의 업무 능률 끌어올리기 - 독서와 운동, 공간 활용

자신의 부동산법인에서 근무하면 눈치 볼 사람이 없습니다. 이것은 단점이자, 장점이기 때문에 자기 주도 근무가 굉장히 중요합니다. 아이들에게만 자기 주도 학습을 강조하지 말고 법인 대표들도 자기 주도 근무를 해 봅시다.

독서로 내적 동기를 충전하자

스스로 세운 목표에 대한 계획을 실천하려면 무엇보다 동기 부여가 잘 되어야 하므로 저는 아침 독서로 내적 동기를 최대한 끌어올립니다. 투자는 원래 고독합니다. 가까운 곳에 멘토가 있으면 좋겠지만, 아직 작은 나의 위치에서 훌륭한 멘토를 찾기는 어렵습니다. 만약 멘토를 찾더라도 매일 멘토에게 의지할 수도 없는 노릇이죠. 그런데 무척 어마어마한 거인 같은 분들과 매일 아침 만날 수 있는 것은 다름 아닌 독서였습니다. 훌륭한 분들과 매일 조찬모임을 한다는 생각으로 하루를 시작하면서 깨달음을 모으면 저의 하루가 달라집니다. 성공한 사람들 중에는 책벌레가 많습니다. 여러분도 독서의 기쁨을 함께 누려보세요. 성과가 달라질 것입니다.

운동으로 시작하는 작은 성공

저는 살찌는 것을 막으면서 몸매를 관리하기 위해 운동을 시작했어요. 운동을 하면 할수록 몸이 가벼워지고, 정신이 맑아지며, 심지어 집중력도 좋아졌습니다. 제가 계획한 1시간 동안 땀 흘리며 열심히 운동하고 나면 개운함과 뿌듯함이 느껴졌고 이러한 작은 성공의 경험이 모여서 다시 한번 더 힘을 냅니다. 부동산법인이 싫다고 매몰차게 재계약 의사 거부를 했던 세입자에게 다시 전화할 용기도 얻고 가슴 시리도록 아픈 매물도 다시 돌아볼 수 있게 됩니다.

학창시절에 체력장에서 장거리달리기를 해 본 경험이 다들 있죠? 정말 숨이 턱 밑까지 차올라서 한 걸음도 더 뛸 수 없을 것 같지만, 그래도 마지막까지 최선을 다해본 경험 말입니다. 매 순간 부동산법인 대표로서 가슴이 두근거리는 수많은 결정을 앞두고 그 결과에 대한 책임과 무게를 감당할 수 있게 만드는 것이 바로 제 개인적으로는 운동이었습니다. 숨이 턱 밑까지 차오르는 운동을 하면 할수록 임장할 때 꼭 필요한 튼튼한 두 다리 외에, 대표이기 때문에 느껴야 하는 무게감을 감당할 수 있는 마음의 넓이까지도 커진다는 사실을 꼭 기억하세요. 운동이나 독서뿐만 아니라 본인 성향에 맞게 내적 동기를 끌어줄 만한 명상이나 산책, 음악 감상, 일기 쓰기 등 본인만의 방법을 찾아보세요. 다른 것보다 이것을 우선적으로 해야 일의 농도가 달라집니다.

근무의 질을 높여줄 공간을 마련하자

요즘에는 대학생뿐만 아니라 고등학생과 성인들까지 모두 책을 보러 카페에 갑니다. 시험기간 때 도서관에 가서 공부하려고 대기표를 뽑고 기다리던 학창시절이 생각납니다. 지금도 많은 사람들이 집중해서 일을 할 때는 도서관, 스터디카페, 독서실 등을 많이 찾습니다. 그만큼 공간이 주는 집중도가 크기 때문입니다.

저도 법인 사무실을 꾸리기 전에 집에서 근무를 했는데, 앉아서 뭐 좀 할 만하면 빨래 널고 청소하다가 아이들이 오면 흐지부지 하루가 지나기 마련이었습니다. 이런 일에 집중하다 보니 에너지가 많이 소모되었어요. 그래서 매일 한두 시간씩 카페에 가서 책을 보거나 근처 도서관을 전전하기도 했습니다. 하지만 남들이 담소를 나누는 공간에서 1시간이라도 책을 보는 것이 왠지 마음이 쓰였고, 도서관은 또 너무 조용한 분위기 때문에 주눅이 들기도 했어요. 그리고 개인적으로 법인을 운영할수록 근무지다운 전문 공간이 필요하다는 것을 절실히 느꼈습니다.

결국 2017년부터 집중해서 일할 공간을 찾기 위한 여정이 시작되었고, 2년 가까이 찾은 끝에 드디어 평소 눈여겨 보았던 지역의 근처에 경매로 나온 상가를 낙찰받아 현재는 법인 사무실 겸 공유 오피스로 사용하고 있습니다. 이렇게 마련한 법인 사무실에 매일 출근하여 1달 또는 1주일 간격으로 해야 할 일을 체크하면서 근무하고 있습니다. 어떻게 그 많은 일을 혼자 하냐고 묻는 주위 사람들에게 웃는 여유까지 보일 수 있는 것은, 분명히 공간이 주는 에너지가 크다고 할 수 있습니다.

매출이 없는 초기 법인 설립 상태에서 법인 사무실까지 구색을 맞춰놓기가 현실적으로 쉽지 않았습니다. 하지만 그래도 이왕이면 근무의 질을 높이기 위해서 집중할 수 있는 자신의 공간을 꼭 확보하는 것을 추천합니다. 근사한 자신만의 법인 사무실을 꿈꾸면서 당분간은 가까운 소호 오피스뿐만 아니라 유료 독서실이나 스터디카페도 좋습니다. 우리의 눈을 현혹시키는 TV 외에 졸릴 때마다 손만 닿으면 누울 수 있는 편한 공간에서 벗어나는 것이 수험생에게만 필요한 것은 절대로 아닙니다.

나는 이렇게
연봉 7천만 원
법인 대표가 되었다

1년 차 미션

과거 투자 복기 및
부동산 흐름 파악하기

본인 실력은 본인이 가장 잘 안다

자, 눈을 감고 실거주 집이든, 투자용이든 부동산 매수/매도 경험을 기억해 봅시다. 매수하고 보유하고 있는 부동산은 지금 어디까지 왔나요? 어떤 결과를 예상하고 매수했나요? 혹시 물건에 대해 만족하나요, 아니면 아쉬움이 밀려오나요? 이 모든 경험이 앞으로 부동산법인을 운영하는 데 큰 도움이 될 것입니다.

1년 차는 그동안의 투자를 복기(復棋)하고 마인드를 가다듬는 시간입니다. 오로지 경제적 자립을 위해 법인을 설립한 저는 초기에 어려움이 많았습니다. 부동산법인을 설립했지만, 개인과는 다르게 매년 수익을 내기 위해 대표로서 어떻게 공부하고 투자할지 막막했으니까요.

우선 스스로의 실력을 인정하는 것이 중요했습니다. 제 실력을 스스로 인정하니 해야 할 일이 보이더군요. 먼저 투자했던 사람들의 강의와 책을 보면서 복습하고 지난 투자를 다시 되돌아보면서 반성하고 인정하는 시간을 가졌습니다. 다시 고등학생 때 보았던 한국지리책과 사회책을 꺼내들고 지도를 보면서 고3학생처럼 공부했습니다.

가장 쉬웠던 것은 매수하는 것입니다. 매수는 내가 사는 것이므로 나의 결정과 의지만 있으면 가능했거든요. 하지만 매도하거나 세입자를 구하는 일은 누군가에게 선택을 받는 일입니다. 결국 주관적인 시각을 내려놓고 최대한 객관적으로 부동산시장을 바라보는 것이 중요하다는 것을 여러 시행착오를 통해 알게 되었습니다. 부동산시장을 움직이게 하는 요소들을 하나씩 살펴보면서 그 요소들이 자신의 선택에 얼마만큼 영향을 끼쳤는지 스스로 공부해 보는 시간이 반드시 필요합니다. 그동안의 별 볼 일 없는 투자 성과여도 괜찮습니다. 스스로 인정한 후 달라지면 됩니다.

처음에 누구를 만나는지가 중요하다

이제 막 투자를 시작한 경우 자신보다 투자를 조금이라도 먼저 해 본 사람을 만나면 그냥 대단해 보이고 엄청나게 커 보입니다. 특히 그 사람이 강사이고, 책 저자이며, 나이가 지긋한 어른이라면 거인처럼 느껴지는 것이 당연합니다. 저도 그랬거든요.

아는 것이 있어야 정보도 걸러내고 자신에게 맞는지 선별하는 능력도 생기는데, 아는 것이 없으니 욕심만 앞섭니다. 처음 가보는 지역의 빌라를 재개발이 될 것으로 착각하여 매수했던 일, 수익형 상품인 오피스텔을 시세차익이 예상될 때 쓰는 전세 낀 투자로 접근했던 일, 경매로 낙찰만 받으면 수익이 생길 것이라는 근거 없는 믿음, 특수 물건이 단기에 수익이 날 것으로 착각했던 일, 여과작용 없이 누군가를 따라한 과거의 짐스러운 투자 물건을 볼 때마다 지금도 제 자신에게 스스로 겸손해집니다.

투자 초보일수록, 법인 설립 초기일수록 달콤한 말로 우리를 유혹하는 것들을 잘 극복하고 선별하는 능력만 있어도 절반은 성공한 것입니다. 결국 누구의 잘못이 아니라 나 자신의 조급함과 욕심이 문제라는 것을 정확히 알아야 합니다.

너무 자극적인 제목의 책과 강의는 초보자들의 섣부른 판단만 자극할 뿐입니다. 컨설팅 비용을 요구하거나 찍어주기 방식의 강의도 가급적 피해야 합니다. 우리 법인의 미래를 더 이상 다른 사람에게 기댈 수는 없는 노릇입니다. 지금도 개인적인 소신과 판단 없이 누군가의 말만 믿고 이리 저리 휩쓸리는 사람들을 많이 봅니다. 이렇게 하는 투자는 출구 전략이 없기 때문에 보유하는 동안 계속 불안하죠. 이제 여러분은 어엿한 부동산법인 대표입니다. 그러므로 대표 스스로 부동산 투자 물건을 선별할 수 있는 능력을 키우는 것이 무엇보다 중요합니다.

숙제하듯 매수하는 건 금물!
초보 투자자는 3~6개월 정도 공부한 후 매수해야 한다

법인을 설립하면 무언가를 사야 할 것만 같은 생각이 듭니다. 이왕 법인을 설립했으니 뭐라도 해야 할 것 같아 조바심이 생기는데, 이럴 때 제가 사용했던 방법을 알려주겠습니다.

　매주 금요일 KB국민은행 부동산정보팀에서는 KB부동산 시계열표와 KB 주간 보도자료를 발표합니다. KB 주간 보도자료는 2008년부터 전국 시·군·구 단위의 아파트 시세를 지난 주 대비 오름폭, 또는 감소폭을 수치화하여 발표하는 자료로, 대부분의 부동산 기사에 인용되거나 정부의 부동산 대책에도 참고가 됩니다. 심지어 이 자료는 대부분의 은행에서 담보대출을 받을 때 감정평가금액으로도 활용되고 있어요.

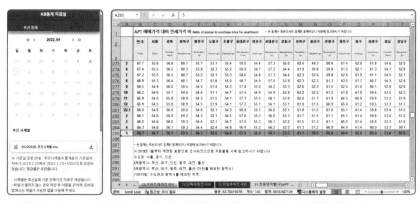

▲ 법인 대표 필독! KB부동산 사이트(www.kbland.kr) 자료를 통해 매주 부동산시장의 온도를 확인할 수 있다.

　이 자료만 잘 이해하고 살펴보아도 현재 전국적으로 서로 다른 부동산시장의 온도를 매주 확인할 수 있습니다. 단언컨대 투자 좀 잘한다는 사람들은 이미 다 참고하고 있는 자료입니다. 이것을 바탕으로 여러 부동산 관련 사이트에서는 사람들이 보기 좋게 가공하여 서비스를 제공하고 있지만, 이왕이면 직접 KB부동산 사이트(www.kbland.kr)에서 자료 보기를 추천합니다. 대부분의 사람들은 누군가가 이 자료를 재해석한 블로그나 카페글, 유튜브를 보면서 공부했다고 생각하는데, 아예 안 보는 것보다는 낫겠지만, 결국 글쓴이의 해석이 들어갈 수밖에 없기 때문에 직접 자료를 보는 방법을 추천합니다.

KB 주간 보도자료를 통해 현재 상승 분위기인 지역과 그 다음 예상되는 지역을 정리해 본 후 그 이유도 함께 생각해 봅니다. 그리고 투자하고 싶은 아파트단지를 그중에서 두 개씩 뽑아봅니다. 현재 상승인 지역과 생활권을 같이 하는 지역 중 아직 오르지 않은 지역을 다음 상승 예상 지역으로 정한 후 반복해서 모의투자를 해 보는 것도 도움이 됩니다.

처음에는 내가 후보지로 뽑았던 아파트가 너무 좋아 보입니다. 하지만 한두 달 정도 지나면 후보지로 뽑는 아파트단지가 무려 10~20개 정도로 많아집니다. 처음에는 꼭 사고 싶었던 아파트였는데, 다른 단지들과 같이 비교해 보니 별로인 경우가 많습니다. 여러 단지들을 많이 알수록 투자 대안이 늘어납니다. 법인 설립 초기라면 이러한 과정을 반복 실행한 후 결정하여 투자해 보세요. 그러면 크게 실패할 가능성이 낮아질 것입니다.

수요와 공급, 부동산의 흐름(심리)을 이해하자

투자의 방법과 종류는 다양합니다. 여러 부동산 종목과 투자 방법 중 결국 본인의 성향에 맞는 투자 종목으로 귀결되겠지만, 법인 설립 초기에는 아파트로 종목을 정하는 것을 추천합니다. 왜냐하면 부동산시장의 전반적인 흐름을 이해하는 데 도움이 되기 때문입니다.

아파트도 하나의 경제 재화이기 때문에 수요와 공급에 따라 가격에 영향을 많이 미칩니다. 수요는 실수요자와 투자자까지 모두 포함되어 있어서 결국 한정된 인구와 자본 속에서 갑자기 공급이 많아지면 가격이 내려가고, 공급이 부족해지면 가격이 올라갑니다. 이것은 아파트시장을 포함한 부동산시장 어디에도 모두 적용됩니다. 단순 인구만 수요로 보는 것이 아니라 매수 심리를 자극하는 호재와 흐름, 자본의 유동성도 크게 보면 수요라고 이해할 수 있습니다. 공급도 새로 분양하는 아파트 수만 보면 이해되지 않는 상황이 많기 때문에 지역별로 평형, 연차, 입지에 따라 세분화해야 합니다. 이러한 기준은 본인만의 경험으로 더욱 다양하게 바라볼 수도 있고, 이렇게 하면서 숨은 보석을 찾을 수도 있습니다.

　공급과 수요는 지역마다 다르기 때문에 부동산 흐름도 다르게 형성됩니다. 같은 대한민국 하늘 아래에서 오르는 지역과 떨어지는 지역이 있다는 사실이 공부할수록 새삼 신기합니다. 자신이 살고 있는 지역의 아파트 가격이 떨어지면 온 대한민국이 다 떨어지는 줄 알고, 반대로 아파트 가격이 오르면 다 오르는 줄 아는데, 그것은 분명히 좁은 시야입니다. 그리고 이러한 성향은 경험과 관심이 짧을수록 더욱 강하게 나타납니다. 또한 언론 등의 매체로만 부동산 소식을 전해 듣고 단정하다 보면 이런 생각이 더욱 심해지기도 합니다.

　아파트 건설에는 물리적인 시간이 필요하기 때문에 수요와 공급의 간격에서 틈이 벌어질 때마다 가격이 출렁이는데, 이것은 지역별로 서로 다른 흐름을 보입니다. 넓은 대한민국 안에서도 지역을 많이 알리는 대표의 노력에 따라 부동산법인도 계속 운영할 수 있는 것입니다.

법인 설립 초기에는
어떤 물건에 투자해야 할까

초보자는 아파트에 투자해야 성공 확률이 높다

초보자에게 아파트 투자를 권하는 이유는 성공 확률이 높기 때문입니다. 우리나라 사람들은 대부분 아파트에 살고 있고 더 좋은 아파트로 이사를 가고 싶어 합니다. 물론 빌라나 단독주택에 거주하는 사람도 있지만, 대한민국 국민의 아파트 사랑은 남다르죠.

무엇보다 다른 어떤 부동산 종목보다 아파트의 거래량과 유효 수요가 많습니다. 가게도 유동 인구가 많은 곳에 개업해야 성공 확률이 높듯이 부동산도 마찬가지입니다. 많은 사람들이 선호하는 종목을 선택해야 성공 확률이 높고 혹시 잘못 예상해도 그나마 매도가 수월하기 때문입니다.

땅을 잘못 사서 매도도 못하고 후손에게 물려주는 일이 많다는 것을 모두 알고 있을 것입니다. 상가도 주변 입지에 따라 외부 경제 이슈 때문에 월세 가격이 변동됩니다. 그리고 월세 가격이 조정될수록 상가의 가치는 떨어집니다. 매수/매도 거래량이 상대적으로 적은 상가나 오피스텔, 도시형 생활주택, 토지 등의 종목을 부동산법인에서 다룬다면 안정적으로 법인을 운영하기가 어렵습니다. 앞에서 이야기한 종목은 매수 후 1~2년 만에 매도하기가 쉽지 않기 때문에 법인으로 의미 있게 매출을 발생시키기가 어렵습니다.

부동산 투자는 무수히 많은 선택지 중에서 확률이 높은 곳으로 집중해야 합니다. 희박한 확률에 너무 많은 기대를 가지면 기다리는 시간이 너무 지루하고 힘들기 마련이니까요. 어떤 도시에 투자하려면 그 도시의 정체성에 대해 파악하는 것이 가장 중요합니다. 도시의 탄생 배경을 알아야 그 안의 사람들의 생활을 이해할 수 있어요. 나라에서 주거 정책의 일환으로 수도권 인구를 분산시키기 위해 신도시를 만드는 경우도 있고, 역사적으로 자연스럽게 발생한 도시도 있습니다. 도시의 정체성을 알고 그 안의 사람들과 그들의 움직임을 이해하면 사람들이 어디에 살기를 원하는지 자연스럽게 파악할 수 있습니다.

이렇게 파악한 사람들의 동선으로 '구'마다, '동'마다 특징을 나누어보고 비교도 해 봅니다. 인접 '구'끼리, 또는 인접 '시'끼리 비교하면서 저평가 지역이 어디인지 대표가 직접 분석해야 합니다. 단언컨대 수많은 도시와 아파트단지를 비교할수록 성공 확률은 높아지고 실패 확률은 낮아집니다. 그러므로 시간을 충분히 갖고 객관적인 자료를 취합하여 확신이 설 때까지 비교하고 또 비교해 봅시다.

투자연차가 짧을 때는 당연히 분석한 지역이 손가락으로 셀 수 있을 만큼 적습니다. 이럴 때는 여기저기 비교해 보아도 불안감이 밀려오죠. 하지만 신기하게도 연차가 쌓고 공부한 지역이 열 손가락을 넘어가게 되면서부터는 판단에 대한 자신감과 확신은 커지는 반면, 판단에 소요되는 시간은 분명히 줄어들 것입니다.

단기 차익이 가능할 줄 알았던 경매, 초보자에게는 비추!

제가 현재 법인 사무실로 쓰고 있는 곳은 경매로 낙찰받은 물건입니다. 현재는 경매를 하고 있지 않고 앞으로도 당분간은 그럴 계획입니다. 제가 가장 안타까운 것은 초보 투자자가 부동산 투자를 할 때 주위에서 가장 쉽게 접할 수 있는 것이 바로 경매라는 것입니다.

저도 25살 때 취직한 후 부동산 투자를 위해 여기저기 눈을 돌렸을 때 한 대학교에서 주최하는 평생교육원의 경매강의가 가장 눈에 띄었습니다. 물론 온라인이 빠르게 발전하기 전에는 경매는 아는 사람들만의 세계였습니다. 그리고 낙찰만 잘 받으면 얼마 정도의 시세차익이 보장되었던 시절도 있었습니다. 지금도 부동산의 흐름을 잘 알고 경매를 매수의 한 방법으로 활용하는 사람들은 수익을 잘 내고 있어요. 하지만 결국 부동산시장의 큰 흐름 속에서 경매는 매수의 한 방법이라는 것을 스스로가 인지해야 합니다. 즉, 낙찰만 받는다고 수익이 보장되지 않는다는 말입니다. 특히 경매 관련 정보가 많이 공개되어 있고 경매에 대한 관심도가 높은 지금, 인기 지역의 인기 종목은 늘 시세에 육박해서 낙찰됩니다. 미래 가치가 큰 지역에서 낙찰을 받아야 하는데, 흐름이 안 좋은 곳에서 낙찰받아 봐야 낙찰가에 매도가 힘든 경우가 많습니다.

현재 관심 갖지 말아야 할 동네를 관심 갖게 하는 것이 경매입니다. 경매에 들어가는 게 수익이 목표인지, 낙찰이 목표인지 생각해 보고 앞에서 이야기한 수요와 공급, 부동산의 흐름, 도시에 대해 공부한 후 경매를 배워도 충분합니다.

경매 특수 물건은 특히 주의할 것

투자 경험이 짧은 사람들을 위해 경매에 대해 좀 더 이야기해 볼게요. 제가 앞에서 고백했듯이 법인을 설립했던 1년 차 때도 부동산시장의 큰 흐름에 대해서는 사실 막연했습니다. 태어나서부터 최근까지 한 지역에서만 오래 살았기 때문에 다른 지역에 대한 이해도도 떨어졌죠. 그렇기 때문에 부동산으로 어떻게 돈을 벌어야 할지 막막했습니다. 이럴 때 이론상으로 '경매'라는 것이 무척 매력적으로 보였답니다.

보통 '경매'라고 하면 시세보다 싸게 낙찰받기 때문에 어느 정도 수익이 보장되는 것이라고 생각했어요. 그래서 법인 설립 초기에는 거의 매주 법원에 입찰하러 발이 닳도록 다녔습니다. 일반 아파트 입찰은 경쟁률이 너무 치열하다고 판단되어 특수 물건에 대한 호기심이 생겼습니다. 그때 마침 저를 유혹하는 광고도 참 많았죠.

우리는 늘 자신이 해 보지 않은 것에 대해서는 신비로움을 느낍니다. 해 보지 않았기 때문에 얼마나 힘들고 어려운지는 크게 생각하지 못하고 잘 되었을 때가 크게 보입니다. 경험이 없으니 실체가 없고, 그러다 보니 보고 싶은 것만 보는 오류에 빠지는 것입니다.

경매의 특수 물건은 흠결 사항이 있는 물건입니다. 토지와 건물의 소유자가 서로 다른 상태로 경매에 나오거나, 여러 명이 소유한 땅이나 아파트 중에서 한 사람의 지분만 경매로 나온 경우 등도 있습니다. 특수 물건의 이론은 참 달콤합니다. 흠결 사항 때문에 원래의 반값에 낙찰받고 그 흠결 사항을 해소시켜서 원래 값으로 매도한다니 이론은 꽤 그럴듯하죠. 하지만 특수 물건은 흠결 사항을 해소시킬 때까지 기간이 많이 걸립니다.

특수 경매 물건은 운 좋게 빨리 문제가 해결될 수도 있지만, 그것은 운이 좋은 것이지, 일반적인 경우는 아닙니다. 그리고 해결의 실마리도 대부분 그 물건의 이해관계자이기 때문에 그들 스스로 경제적인 능력과 관심이 없으면 어느 누구도 해결할 수 없습니다. 결국 공유자 등 이해관계인이 등을 돌리면 공유물분할소송 등으로 마무리가 됩니다. 결국 이렇게 길고 긴 지루한 법정 절차가 예상되었으면 시작하지 않았을 투자 종목이었다는 것을 뒤늦게 깨닫고 후회하는 사람이 많습니다. 그러므로 투자의 중간중간에 다른 종목과 섞어서 한다면 모를까, 만약 특수 물건만 하면 초반에는 매년 매출이 나오는 것은 그림의 떡일 수 있습니다.

물론 특수 물건에 정통하고 그것이 본인의 성향에 맞아 수익을 잘 내는 사람들도 있습니다. 하지만 이것은 보편적인 상황은 아님을 정확히 인지해야 합니다. 그리고 그렇게 수익을 낼 수 있을 때까지 그 사람들도 무수한 경험과 노하우를 쌓았다는 것을 알아야 합니다. 결론을 말하면 초보 법인 대표가 수익을 내기 위해서 특수 경매는 적절치 않은 종목이라는 말입니다.

법인이 마이너스로 마감해도 조급함은 버리자

법인을 설립한지 얼마 안 된 것 같은데 회계 마감은 다가오고, 비용은 썼는데 매출이 없다면 마음이 조급해집니다. 저도 법인의 운영 시스템을 잘 모른 채 11월에 법인을 설립했는데, 12월 결산이라 두 달 만에 마감해야 하는 상황이니 뭐가 제대로 될 리가 없어서 결국 무실적으로 마감했습니다.

마이너스 마감이라고 해도 괜찮습니다. 끝날 때까지 끝난 것이 아니거든요. 저는 무려 2년 동안 무실적으로 마감했지만, 그 다음 연도에는 흑자 전환을 했습니다. 매출을 일으키기 위해 대표로서 노력을 게을리하지 않는다면 분명히 법인으로부터 월급을 받는 날이 가까이 다가올 것입니다. 법인 1년 차 때는 목표와 방향을 잡고 그에 따른 대표의 근무 태도를 성실히 하는 데 의미가 있습니다. 그러니까 준비하는 만큼 멀리 뛰어봅시다.

📄 법인 명의 특수 물건 매수 경험기

예측불허, 지분경매 물건

법인 설립 초기에 확실한 수익(?)이 예상된다는 믿음으로 특수 물건 중 지분경매에 응찰하여 낙찰받은 적이 있었습니다. 자본금이 많지 않아서 지방 면 소재지의 임야 중 일정 지분을 낙찰받았는데, 입찰 전 현장을 조사해 보니 경사가 높지 않은 사도(私道) 위에 무척 관리가 잘 되어 있고 아담하게 자리잡은 종중의 산소가 있었습니다. 초기 계획은 임야 중 지분을 낙찰받아 나머지 공유자 중 한 명에게 매도할 계획이었습니다. 감정가의 50% 정도인 400만 원 정도에 단독으로 낙찰받았는데, 그때까지만 해도 뒤에 어떤 일이 벌어질지는 까맣게 몰랐어요. 예의상 바로 연락해서 매수 의사가 있는지 묻기가 미안하여 나중에 연락하기로 했습니다. 그렇게 몇 개월이 흘러 공유자들에게 매수 의사가 있는지 우편물을 보냈습니다. 다행히 한 사람이 관심을 보였으나 결국에는 경제적인 어려움 때문에 매수가 어렵다는 안타까운 답변만 받았습니다.

그렇게 시간이 계속 흐르다가 몇 개월 뒤에 법인 앞으로 등기우편이 왔습니다. 중앙토지수용위원회에서 보낸 등기를 보고 그 임야가 수용된다는 것을 알게 되었어요. 수용이 되면 공시지가 정도는 보상이 될 테니 감정가의 50%에 낙찰받은 우리 법인에게 약간의 수익이 생기는지 궁금한 마음으로 등기우편물을 뜯어보았습니다. 인생은 항상 예상할 수 없는 일이 일어나는 법이지만, 왜 하필 법인으로 투자한 첫 물건에 이런 일이 생기는 것인지 받아들이기가 힘들었습니다.

등기우편에는 해당 임야가 선하지, 즉 송전탑 인근의 땅으로 지정되었다고 고지되어 있었습니다. 그 임야에 한국전력공사에서 공공의 이용을 위하여 지상권을 설정할 것이므로 그에 대한 약간의 보상을 해 주겠다는 내용이었습니다. 보상금은 겨우 25만 원 정도였죠. 1년에 25만 원도 아니고 지상권 해제 시까지 25만 원에 불과했어요. 소유자인 우리 법인의 동의 여부는 상관없이 보상금을 기한까지 찾아가지 않으면 공탁하겠다는 내용이었습니다. 잠시 정신이 혼미해지고 세상 살기가 참 어렵다고 느꼈던 날들이었습니다. 모두 지난 일이지만, 갑자기 그때 생각을 하니 조금 울컥해지네요.

첫 법인 물건에 대해서 이렇게 아무것도 안 하고 있을 수는 없었습니다. 일단 선하지로 지정되는 것은 내가 어떻게 할 수 없는 일이니 공유물분할소송을 진행하고 공유물을 현물로 분할하기 위해 전체 임야에 대해 경매를 넣어야겠다는 다음 계획을 세웠습니다. 하지만 한국전력공사에서 지상권을 설정한 임야를 누가 낙찰받을까 생각하다가 결국 나중에는 지상권이 설정된 임야 전체를 우리 법인이 낙찰받겠다는 시나리오까지 예상하게 되었습니다. 답답하고 슬픈 마음이 앞섰지만, 저 스스로를 몰아붙이지 않으려고 무척 노력했던 시간이었습니다.

공유물분할소송을 진행하기 전에 그래도 일전에 매수 의사를 비친 공유자에게 연락해야 할 것 같아 조심스럽게 다시 연락해 보았지만, 이전과 똑같이 형편이 안 되어 매수가 힘들겠다는 쓸쓸한 답변만 받았습니다. 그렇게 명절을 포함해서 몇 주가 흘렀는데, 공유자가 다시 연락을 주었습니다. 명절 때 성묘를 하면서 친척들과 상의해 보았는데, 그 땅을 매수하기로 했다는 반가운 이야기였죠. 매도 계약하러 지방으로 가는 날에는 비가 참 많이 왔어요. 공유자에게 법인이 소유했던 지분을 이전하고 서로 감사하다는 이야기를 나눈 후 올라오는 차 안에서 1년 반 동안의 지난 일이 필름처럼 지나가더군요. 우여곡절이 있었지만, 그래도 법정 절차까지 안 가고 잘 마무리된 것에 감사한 마음이 들었습니다.

어린 아이가 뜨거운 물이 뜨거운지도 모르고 만졌다가 데이면 다음에는 뜨거운 물에 손을 대지 않죠. 저에게는 특수 물건이 그런 기억으로 남는 종목이었습니다. 이전에도, 이후에도 몇 건 더 진행했던 특수 물건에 대한 결과도 좋지 않았습니다. 그래서 초보자가 환상을 갖고 특수 물건에 도전을 하기 전에 반드시 심사숙고해 보기를 바라는 마음에서 뼈아픈 기억을 소환해 보았습니다.

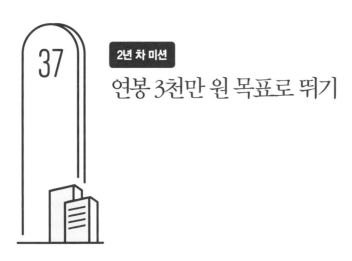

연봉 3천만 원 목표로 뛰기

대부분 법인은 1년 차 때 무실적으로 마감하여 다소 의기소침해질 수 있습니다. 하지만 그동안 한두 개의 물건을 매수했고 그중에서 매도가 가능한 부동산이 있다면 이번 연차에는 월급을 받을 수도 있습니다.

한두 번의 우연한 성공이 도리어 화를 부른다?

운도 실력이지만, 어떻게 하다 보니 투자했던 물건이 오르는 경우가 있습니다. 만약 자신이 직접 이런 시나리오를 예상했다면 진짜 실력이고 잘한 일입니다. 그것이 실력인지, 우연인지는 본인 스스로가 더 잘 알고 있습니다. 하지만 왜 올랐는지는 모르면서 기분이 좋고 왠지 이것이 자신의 실력인 것으로 착각할 수 있어요.

이런 경우에는 다음 투자가 굉장히 중요합니다. 한두 번의 우연한 성공으로 스스로 어깨에 힘이 들어가 그동안 습관 들여놓았던 수행 과정을 과감하게 생략하고 투자를 진행하다 보면 무엇이든지 다 제어할 수 있을 것만 같은 생각이 듭니다. 그 당시에는 스스로를 제대로 보지 못합니다. 10대, 20대 때 철없는 행동을 할 수 밖에 없는 그때만의 뇌 구조와 짧은 안목 때문에 말입니다.

자신이 책임질 수 있는 범위 안에서 하는 과감한 행동은 실패해도 경험이 쌓여서 다음 선택에 큰 도움을 줍니다. 하지만 자신의 가용 범위 밖의 일은 법인 폐업이나 투자 인생 끝이라는 나락으로 떨어뜨릴 수 있습니다. 한두 번의 우연한 성공일수록 초심자의 행운으로 감사하게 생각하고 다음 투자에도 앞에서 이야기했던 과정을 반복한 후 결정해야 합니다.

법인의 세금 체계, 직접 내봐야 체감한다

법인 2년 차 때 수도권시장의 상승 흐름을 타고 가격이 상대적으로 저평가된 지역의 아파트를 매수했습니다. 운 좋게 매도인이 매도 후 전세자로 있는 경우였어요. 매도인은 약 1년 반 뒤에 분양받은 다른 집으로 이사갈 계획이었는데, 입주 시점에 혹시 매도가 안 될까봐 미리 매도한 후 새집으로 이사가기 전까지 전세로 살기를 원했습니다.

약 1년 반 뒤에 인근 단지의 입주 물량이 예정되어 있었지만, 매수한 아파트는 절대로 가격이 내려가기 힘들다는 확신이 들었습니다. 예상대로 최근 몇 년 동안 잠잠했던 아파트 가격이 상승세를 타서 매수 후 8개월 만에 매도했습니다. 양도차익은 약 1억 원으로, 추가 과세(20%)와 법인세(10%) 외에 대표 급여를 월 300만 원 책정했고 급여에 대한 4대 사회보험(약 17%)과 소득세(약 15%)를 납부했습니다.

이론으로만 알고 있던 세금 구조였지만, 직접 내보면 법인의 세금 체계를 확실히 알게 됩니다. 법인세와 법인의 이익을 대표에게 가져오는 개인소득세 사이에서 고개를 갸우뚱했습니다. 단순 절세 혜택만을 위해서 법인을 설립했다면 세금 때문에 안 되었겠다고 생각했어요. 하지만 월급을 받기 위해 부동산법인을 설립하고 일하고 있는 저로서는 이것저것 세금을 부담해도 만족스러웠습니다. 만약 그 반대로 법인에 의미를 부여하지 않으면 개인 명의로 투자할 때보다 못할 수도 있다는 사실을 기억하세요.

2년 차부터는 무조건 플러스로 마감하자

매매차익이 발생한 부동산이 있나요? 축하합니다! 치열하게 공부하고 매수했다면 수익이 발생한 아파트가 있을 것 같은데, 막상 가격이 오르면 또 고민이 앞섭니다. 매도를 해야 할지, 더 가져가야 할지에 대해서요. 매도 후 가격이 오르는 것에 의연하기는 참 어렵습니다. 하지만 처음에 예상한 시나리오로 가고 있고 목표 수익률이 달성되었으면 매도하는 것이 좋습니다.

어차피 부동산법인을 설립하고 운영한다는 것은 부동산 매매 또는 임대를 업으로 하는 것이기 때문에 목적에 맞게 운영해야 합니다. 만약 설립 1년 차 때 매출이 없어서 마이너스 마감을 했다면 2년 차에는 무슨 일이 있어도 흑자 마감을 해야 합니다. 2년 연속 마이너스 마감이면 다음 연도에 대출이 힘들어져서 법인 사업에 분명히 걸림돌이 될 테니까요.

성실하게 법인을 운영할수록 부동산을 보는 안목은 자연스럽게 키워지므로 매도하는 것에 너무 부담 갖지 마세요. 그리고 혹시라도 수익이 실현될 가능성이나 그 근처에 근접한 부동산이 있다면 2년 차 사업 기간이 지나기 전에 매도하여 법인 재무제표를 흑자로 만들기 바랍니다.

만약 아직도 매출을 발생시킬 만한 부동산이 없다면 지금 이 시간에도 온도 차이가 서로 다른 전국의 여러 지역들을 좀 더 이해하도록 노력해야 합니다. 그리고 앞에서 이야기한 방법으로 다음 해라도 매출이 발생할 만한 부동산을 찾는 노력을 꾸준히 계속해야 합니다. 자, 그러면 다음 해를 위해서 운동화 끈을 다시 야무지게 묶어봅시다.

Tip 법인의 매출 발생에 따른 나비 효과 – 급여 지급과 대출이 쉬워진다

법인의 매출이 발생하면 이것저것 비용이 발생한 것에 대해 일단 안도의 한숨을 쉴 수 있습니다. 그동안 매출이 없어서 급여 지급도 미루다 보니 대표이지만 소득증빙도 안 되어 참 답답하고 힘들었을 것입니다.

일단 매출이 발생하면 대표에게 급여를 지급하는 것이 좋습니다. 소득증빙이 안 되는 대표는 나중에 법인대출에 상당히 불리할 뿐만 아니라 법인 비용에서 설명했듯이 급여 지급이 가장 큰 법인 지출 비용 항목 중 하나이기 때문입니다. 이렇게 처리하면 나중에 인건비로 비용 처리가 되어 법인세에서도 유리하고, 법인의 자금을 자연스럽고 합법적으로 대표에게 흘러오게 할 수 있는 가장 좋은 방법이기도 합니다. 그래서 매출이 만들어지는 시기가 상당히 중요합니다. 선순환의 단계로 올라섰기 때문이죠. 선순환이 시작된 법인은 안정권에 들어왔다고 봐도 좋습니다.

실패에 대처하는 법인 대표의 자세

공급에는 장사 없다
막연한 기대는 금물! 역전세주의보

앞에서 매도한 법인 명의의 아파트 매수자는 개인이었습니다. 매수자는 서울에 살았는데, 서울 및 수도권 요지의 아파트 가격이 오르다 보니 매수를 결심했고 이후 투자로 세를 낀 저의 법인아파트를 매수했습니다. 제가 매수할 당시에도 1년 반 뒤에 인근에 입주하는 단지가 있었고, 매도자(현 세입자)가 그 단지로 입주하기로 되어 있다고 설명했어요.

제가 약 8개월 보유 후 매도했으니 약 8개월 뒤에는 세입자 만기일이었고 그때 인근에 약 2,400세대가 입주 예정이었습니다. 새로운 매수인은 세입자 만기일은 인지했지만, 인근에 입주가 많다는 것에 대해서는 별다른 걱정이 없는 것 같았습니다.

　사람들은 본인이 매도 후 가격이 오르는 것보다 내리는 것에 더 안도한다고 합니다. 손실 회피 심리가 강하기 때문이죠. 새로운 매수인이 잘되기를 바라는 마음이었지만, 이 단지도 그동안의 급등으로 생긴 피로감 때문인지 매도 후 매수 심리가 조금씩 하락하면서 몸을 낮춘 매물들이 속속 나오기 시작했습니다. 급기야 인근 아파트의 입주까지 겹쳐 결국 새로운 매수자는 현 시세보다 낮춘 전세금으로도 다음 전세입자를 구하지 못하여 대출을 받아 이전 세입자를 내보냈다는 이야기를 전해 들었습니다. 이후에는 집을 비워두고 매수한 값에 겨우 매도 의뢰를 했다고 하네요.

　전세금은 입주 물량에 철저하게 비례해서 움직입니다. 인근 신축 아파트가 입주를 시작하면 인근 구축 아파트는 전세 가격부터 영향을 받는다는 사실을 반드시 명심해야 합니다.

아파트 투자는 공급 변수가 1순위! 대응력은 2순위

　역전세는 투자하면서 누구나 한 번씩 겪는 일입니다. 저도 역전세에서 자유로웠던 적은 없습니다. 과거에도, 현재도 부동산법인 대표로서 공급 물량 앞에 무릎을 꿇은 적이 많았다면 믿을까요? 그럼에도 불구하고 항상 최적의 매수 타이밍을 잡기 위해서 시나리오를 예상하고 혹시라도 발생할 수 있는 역전세에 대비하여 극복 가능한 대응력을 갖추었는지 객관적으로 생각해 보아야 합니다.

　법인을 설립하기 전의 투자자로서 제 개인의 삶을 되돌아보면 주관적으로 투자해왔던 것 같습니다. 과거에는 운도 없고, 실력도 없으니 성과도 별로 좋지 않았죠. 하지만 법인을 설립한 후 정신 차리고 공부하면서 하나씩 배워가며 경험하고 있습니다. 그럼에도 불구하고 아무래도 연차가 짧은 시절에는 경험의 부재로 좁은 안목에서 시장을 바라볼 수밖에 없었어요. 저는 부딪히고 경험해 보면서 배우는 스타일이라 수많은 공급이 어떻게 부동산시장에 영향을 주는지 막연하기만 했죠.

저도 역전세 때문에 고생한 적이 있었습니다. 당시에는 시장이 하락해도 바닥을 다지는 중이라는 생각했고 공급 물량이 예정되었지만 극복 가능할 것이라고 예상했습니다. 이것이 근거 없는 믿음이란 건 나중에 알게 되었죠. 바닥인 줄 알았는데, 지하로 내려가더군요. 그렇게 법인 설립 2년 차 때 저질러 놓은 투자 물건은 나중에 짐으로 남게 되었습니다. 이 물건 때문에 떨어진 전세금을 보전해 주기 위해 매도 계획에 없던 아파트를 매도하거나 추가 투자를 하지 못하는 등 기회 비용을 많이 날리게 되어 허탈하기도 했습니다. 이것은 분명히 법인 운영의 보이지 않는 큰 리스크입니다. 따라서 아파트에 투자할 때는 공급부터 먼저 확인해야 합니다.

경매 낙찰이 수익으로 직결되지 않음을 정확하게 파악하자

부동산 투자를 하면서 '아! 잘못 샀다. 내가 무슨 짓을 한 거지?'라는 경우가 종종 있습니다. 만약 없다면 아직 투자 경험이 짧거나, 운이 아주 좋거나, 앞으로 닥칠 일 중 하나임을 기억해야 합니다. 그리고 그렇다고 해도 크게 걱정할 필요는 없습니다. 하늘이 무너진 것도 아니고 건강을 크게 잃은 것만큼

심각한 상황도 아니기 때문이죠. 부동산 투자를 하면서 잘못했다고 생각되는 부분도 대부분 돈과 시간으로 해결할 수 있는 일이 많습니다. 짧은 인생을 되돌아보면 돈과 시간으로도 해결할 수 없는 일이 세상에 참 많습니다. 다만 우리가 실패를 어떻게 받아들이느냐에 따라 앞으로의 행보는 달라집니다.

개인적으로 첫 경매 낙찰은 저의 마음속 훈장처럼 남아있습니다. 첫 경매로 낙찰받은 부동산에서 점유자를 어떻게 해 볼 방법이 없어 집행관의 허락을 받은 후 강제집행으로 문을 열고 들어갔습니다. 35평형 집에는 쓰레기가 가득 쌓여있어서 걸어들어갈 수 없는 상태였습니다. 게다가 고의적으로 음식물쓰레기를 갖다 놓아 거실 마룻바닥은 썩어 있었고 천장은 누수 흔적으로 걸레처럼 도배지가 나풀거리는 상황이었어요. 그것을 바라보는 순간, 제 옆에서 저보다 더 놀란 부모님께 미안했습니다. 강제집행할 때 법적 절차상 필요에 의해 대동해야 하는 성인 두 명을 왜 하필 부모님을 모시고 갔을까요? 저는 부모님 앞에서는 애써 태연한 척 했지만, 집으로 되돌아와서는 한동안 망연자실했습니다.

'그래. 내가 감당할 만큼의 시련일 거야.'

이렇게 생각하면서 쓰레기를 치우고 집을 다시 수리했습니다. 그 후에도 관리비 문제로 이전 소유자와 2년 가까이 소송을 했고 세입자가 네 번 바뀔 때까지 제가 낙찰받은 금액에도 거래가 될까 말까 한 상태였습니다. 그 물건 때문에 마음속에 굳은살이 단단히 생겼을까요? 거기에서 투자를 멈추고 법인을 폐업했다면 또다시 누군가의 요구에 따라 저의 시간과 노동력을 맞바꾸는 상황이 계속되었을 것입니다.

부동산 경매는 매수의 한 방법임을, 낙찰받는다고 수익으로 연결되는 것이 아님을, 그리고 지역과 부동산 종목에 대한 이해와 파악이 더 중요한 것임을 분명히 깨달았습니다. 여러분도 아픈 손가락 때문에 좌절하기보다 더 단단해질 수 있는 기회로 만들기 바랍니다.

올바른 방향으로 꾸준히 노력했을 때 운이 따른다

이제 막 법인을 설립했거나 투자에 첫발을 시작했다면 부동산 투자로 돈을 번다는 것이 무척 먼 이야기 같을 것입니다. 투자로 성공했다는 사람은 운이 좋다는 생각이 들면서 자신은 운이 없다는 생각도 들 것입니다. 저도 그동안의 여러 시행착오가 운이 나빴기 때문이라고 생각했어요. 하지만 지나고 보니 올바른 방향으로 꾸준히 노력을 했을 때 운도 따른다는 것을 알게 되었습니다.

부동산 투자로 돈을 벌었다는 사람들이 많아 보입니다. 부동산 투자로 돈을 잃은 사람도 많지만, 실패한 이야기를 꺼내기 싫은 것이 사람 심리이기 때문에 상대적으로 돈을 번 사람들이 많아 보이는 것입니다. 그래서 사람들은 누구나 쉽게 몇 번의 노력만으로 인생을 바꿀 만한 투자 기회를 잡을 수 있을 것이라는 허황된 기대를 합니다. 시장에서는 이러한 사람들의 심리를 교묘하게 이용해 본인의 이득을 챙기는 사람들이 의외로 참 많습니다.

하지만 누군가 자신을 위해 대신 투자해 줘서 수익을 거두어줄 것이라는 기대는 아예 하지 말아야 합니다. 저는 법인을 설립하기 전 20대 초보 투자자였을 때 수익률이 높은 매물을 잡아주겠다는 학원강사에게 계약금을 먼저 보낸 아픈 경험이 있습니다. 사회 경험이 별로 없었고 나이가 어렸던 저는 '학원에서 강의하는 사람이 설마 사기를 치겠어?'라는 생각으로 순진하게, 심지어 얌전히 수익률이 높은 매물이 저에게 올 날을 기다리고 있었습니다. 차일피일 시간이 미뤄지고 결국에는 연락이 끊겨버렸죠. 이 일로 인해 노력 없이 어떠한 성과를 바라는 저의 큰 욕심이 결국 저를 넘어뜨렸다는 큰 깨달음을 얻었습니다. 어떠한 결과든, 성과든 본인 노력에 대한 결과이므로 매일 꾸준히 노력해야 운도 따르는 법입니다.

결과는 지나봐야 알기 때문에 선택이 어렵다

많은 사람들을 만나서 이런저런 이야기를 하다 보면 오른 지역에 못 들어가서 안타깝다는 이야기를 많이 듣습니다. 심지어 그때 왜 이야기를 안 했느냐면서 서운한 목소리를 내는 사람도 있어요.

결과는 지나봐야 알 수 있는 것입니다. 게다가 잘못되면 미안하고 잘 되어야 본전인 것이 투자 추천이어서 더욱 어려운 데 말이죠. 저도 매수하려다가 머뭇한 단지가 갑자기 오름세로 바뀌면 후회가 밀려오면서 좀 더 부지런하지 못한 제 모습에 화가 나기도 합니다. 하지만 이미 그 단지가 오른 것으로 결과가 확인되었기 때문에 후회와 미련이 남는 것입니다.

후회는 가보지 않은 길에 대한 형상 없는 실체입니다. 투자의 결과는 지나봐야 알게 된다는 사실은 변하지 않는 진리입니다. 매수하면서 꼭 그렇게 될 것이라고 100% 확인한다면 그것은 이미 투자 가치가 없는 것입니다. 은행예

금처럼 확정된 이자를 지급하는 상품은 굉장히 적은 이자율에 만족해야 합니다. 살다 보면 늘 가슴 두근거릴 만큼 떨리는 결정의 순간이 많습니다. 내가 지금 하는 이 판단이 어떤 결과로 나타날지 결정하는 순간에는 알지 못하기 때문입니다. 결국 확신을 위해 공부를 하고, 결과를 예상하며, 어느 정도 리스크를 감수하겠다는 의지만 선택을 하는 데 필요한 용기를 줄 수 있습니다.

'아무 일도 안 하면 아무 일도 일어나지 않는다.'

저는 항상 이 말을 기억하고 있습니다. 다가올 결과를 알지 못하기 때문에 선택은 늘 어렵습니다. 법인 대표는 선택에 대한 확신을 갖기 위해 여기저기 흩어져 있는 퍼즐을 맞추는 노력을 끊임없이 해야 합니다.

 ## 투자의 온기를 측정하는 미분양 아파트 판매 현황

사람은 새로운 것을 좋아합니다. 어릴 적 언니한테 물려받은 옷보다 시장에서 엄마가 새 옷을 사주면 참 좋았습니다. 옷뿐만 아니라 자동차와 집도 그렇죠. 새 집을 살 수 있는 보편적인 방법은 청약을 받는 것입니다. 땅에 집을 짓는 단독주택과 다가구주택은 수많은 고민과 리스크가 따릅니다. 사람들은 모여 사는 것을 좋아하고 사람들이 모여있어야 다양한 인프라가 생기니 청약으로 아파트를 분양받는 것은 무척 자연스러운 사회현상입니다.

그런데 경기가 하강 상태이거나, 부동산 흐름이 좋지 않거나, 입지가 별로이면 건설사가 분양하는 곳에 청약 수요가 적습니다. 분양 현장이 많아질수록 미분양 주택도 급격히 늘어나죠. 거주하는 사람 대비 너무 많은 분양도 미분양 주택 수를 증가시키는 데 한몫합니다. 이렇게 미분양주택이 늘어나면 해당 지역의 매수 심리도 주춤해져서 기존 구축 아파트의 매매 및 전세에도 영향을 줍니다.

청약이 저조하여 미분양 주택이 많아지면 기존 구축 아파트의 시세도 주춤해집니다. 그러면 건설사도 더 이상 아파트 건설에 대한 이익을 가늠하기가 힘들어지고 리스크를 감수하기가 어려워져서 한동안 분양을 하지 않게 됩니다. 이렇게 건설사에서 아파트 분양을 하지 않으면 공급이 부족해집니다. 인구가 늘어나지 않더라도 자연적, 인위적 세대 분리 및 1인 가구의 증가로 어느 정도 적절한 신규 분양이 필요한데 말이죠. 그러다가 슬금슬금 미분양 아파트가 하나씩 팔리기 시작됩니다. 적절하게 추가 공급이 필요한데 신규 공급이 없어지니 적체되어 있던 미분양 아파트 수가 줄어들기 시작하면서 매수 심리도 조금씩 회복됩니다. 입지 좋은 구축 아파트도 슬슬 기지개를 펴기 시작하죠.

여러분도 미분양 아파트가 줄어드는지, 늘어나는지 매달 확인해 보세요. 지역마다 분양 아파트 수가 다르기 때문에 지역마다 줄어드는 지역과 늘어나는 지역을 살펴보면서 앞으로 매수 심리가 좋아질 지역을 미리 예상해 볼 수 있습니다.

결국 실수요자 유입이 관건이다

흔한 경우는 아니지만, 어느 지역에 투자자들이 갑자기 진입하면 일시적으로 매물이 부족해집니다. 따라서 다음에 나오는 매물은 직전 거래 가격보다 높기 마련이죠. 또한 기존에는 가격이 주춤하여 매도하고 싶어도 매도하지 못했던 사람들이 오른 가격에 매도를 의뢰하게 되면서 다시 매물이 쌓이기 시작합니다. 이때 실거주자나 투자자를 포함한 뒤의 매수자들이 오른 가격을 인정하지 않으면 가격은 다시 내려갑니다. 만약 주변에 새로 입주하는 아파트가 있다면 오른 가격을 다시 반납해야 하는 경우도 생기죠. 그래서 너무 크게 급등하면 사회적으로도 좋지 않습니다. 결국 실거주자들이 더 오래 머물기를 바라는 지역과 단지여야 합니다. 그렇지 않으면 올랐던 가격은 한여름 밤의 꿈이 된답니다.

3년 차 미션

연봉 5천만 원 목표로 뛰기

지속적인 매출이 발생해야 법인에게 이득이 있다

2년 차 때 매출이 발생했다면 어느 정도 안정권에 들어왔다고 볼 수 있지만, 지속적으로 매출을 유지하는 것이 더욱 중요합니다. 또한 2년 차 때 매출을 일으키지 못해도 괜찮습니다. 저도 법인 설립 3년 차 때 비로소 매출을 발생시켰지만, 지금까지 큰 문제 없이 법인 운영을 해오고 있습니다. 결국 일정하게 계속 매출을 일으켜야 한다는 것이 가장 중요합니다. 그렇지 않다면 굳이 법인을 설립하는 것보다 개인 투자자로 남는 것이 더 나은 대안일 수 있습니다.

연차가 쌓일수록 공부하다 보면 여기저기 투자하고 싶은 지역과 단지가 생깁니다. 이미 예상했던 시나리오대로 가주어서 예상 매도 가격에 도달한 부동산이 있다면 매도해야 할지, 보유해야 할지 고민스러울 것입니다. 저의 경우에는 일단 예상했던 매도 가격에 매도가 가능하다면 더 오르는 것에 신경 쓰지 않고 매도를 하는 편입니다.

이것은 두 가지 의미가 있습니다. 해당 연차에 매출을 발생시키는 것과 다음 연차의 법인 매출을 위해 매수 행위를 할 수 있다는 것을 의미합니다. 더 오를 것을 기대하다가 자칫 매물이 묶일 수 있습니다. 급격하게 시세가 너무 많이 올라버리면 투자자도, 실수요자도 추가 매수하기가 부담되어 오른 시세에서 오랫동안 보합되는 경우가 있습니다. 그 결과, 시세는 올랐지만 거래량 자체가 줄어드는 것입니다. 이런 상황에서 개인이야 얼마든지 기다릴 수 있지만, 개인과 달리 매년 무거운 종합부동산세와 매출을 올려야 하는 법인 입장에서는 곤란한 상황이 됩니다. 그리고 나중에 새로 매수하는 사람도 매수 후 추가 수익을 기대할 수 있어야 매수하기 마련입니다. 법인이 파는 물건을 사는 누군가가 아직도 매력이 있다고 느끼는 그때가 바로 매도 타이밍이란 것을 빨리 깨닫기를 바랍니다.

2~3년 앞을 보면서 매매 계획을 세워야 한다

3억 3천만 원에 법인으로 매입한 32평 아파트가 있었습니다. 1,500만 원을 들여 올수리한 후 3억 2,500만 원에 세입자를 들였어요. 제가 샀던 아파트는 1층이어서 다른 기준 층에 비해 투자 금액이 굉장히 적게 들어갔습니다. 지금도 1층이나 탑층은 투자 가능 부동산에서 제외하는 사람들이 있는데, 학군지의 30평대 1층 아파트에 대한 전세나 매매 수요는 의외로 많습니다. 저는 이것을 경험상 알고 있기 때문에 과감하게 진행할 수 있었습니다.

가격이 오르는 초반에는 일명 '로열층'이라는 기준 층이 먼저 오릅니다. 일반적인 시장의 경우 기준 층과 1층의 가격 차이가 평균 10% 전후 정도입니다. 어떤 경우에는 그 이하로 차이가 나기도 하고, 간혹 키 맞추기를 하다가 기준 층 대비 1층 매물 가격대의 차이가 20~30%까지 차이 나는 경우도 종종 있습니다. 신기하게도 전세는 층보다는 아파트 내부의 인테리어 상태에 따라서 전세금이 정해지는데, 투자금이 적게 들어가는 1층이 매력적이라는 사실은 아는 사람들만 알죠. 이렇게 마지막 남은 저층까지 거래되면 전체 단지의 매물이 오른 가격대에 순조롭게 안착합니다. 아파트에 투자할 때 1층과 탑층은 좀 꺼려지긴 하지만, 지역과 단지의 특성을 살펴보면 못난이 1층도 금덩이 1층이 될 수 있습니다.

저는 지금 하는 행동과 판단이 나중에 저의 부동산법인에 어떻게 영향을 미칠지에 대해서 곰곰이 생각하는 편입니다. 한 치 앞도 못 내다보는 세상이지만, 법인 대표라면 적어도 2~3년 후를 예상해야 합니다. 그래서 앞에서 이야기한 금덩이 1층도 다음을 위해 매도했는데, 사실은 매도한 그 다음이 더 중요합니다. 딱히 다음 계획이 없는 데도 매도하는 것은 이도저도 아닌 상황이 되니까요.

법인 투자금을 5천만 원 전후로 정하는 진짜 이유

앞에서 이야기한 방법으로 공부하다 보면 눈에 보이는 지역과 단지가 항상 있습니다. 금덩이 1층을 매도한 후에는 공부한 지역과 단지 중 나름 저평가라고 확신이 드는 곳으로 가게 됩니다. 매도금에서 전세금을 빼고 약 1억 원 정도의 금액을 법인이 회수했을 경우 대표마다 다르겠지만, 저는 보통 법인으로 투자할 때는 5천만 원 내외의 금액으로 진행합니다. 수요와 공급, 흐름, 심리, 도시 등을 고민해 보고 목표 매출에 도달할 수 있는 범위가 형성되는 투자 금액이 5천만 원이라는 개인적인 이유에서입니다.

　너무 큰 금액을 투자하면 기대치가 높아집니다. 그리고 수익을 실현하려면 약간의 운도 따라주어야 하는데, 법인을 운영하면서 운을 바라는 것은 대표인 제 스스로에게 부끄럽기 때문입니다. 따라서 한 개의 부동산 매도로 회수된 1억 원으로 그동안 눈여겨 보았던 두 개의 부동산을 매수합니다. 만약 새로 매수한 매물의 결과가 별 볼 일 없었다면 차라리 금덩이 1층을 매도하지 않는 것이 나을 수 있습니다. 하지만 법인 대표는 법인의 설립 목표를 다시 한번 생각해 보면서 확실하게 판단하기 위해 끊임없이 공부하고 예상해 보아야 합니다. 매도는 또 다른 시작을 위한 것이라는 사실을 항상 기억해야 하고 오르는 도중에라도 매도할 수 있는 근거 있는 배짱이 필요합니다.

3년 차 미션

개인 명의 VS 법인 명의 투자의 황금률 파악하기

3~4년 지켜보면서 매수 타이밍을 노리는 것도 중요하다

보통 그 지역을 매수 가능 지역으로 바라보고 분석하는 데 얼마나 시간을 할애하나요? 저의 경우는 항상 그런 것은 아니지만, 인구 규모가 100만 명 이상인 큰 도시와 그렇게 인구가 증가하고 있는 도시의 경우에는 분양과 입주가 반복되기 때문에 3~4년 정도 지켜보면서 매매가와 전세가 추이 등을 살펴봅니다. 그러다 보면 적절한 매수 타이밍을 잡을 수 있거든요.

2016년도에 동탄2신도시 아파트 분양권을 개인 명의로 매수했습니다. 여러분도 알다시피 2017년도부터 2019년 하반기까지 약 3년 동안 동탄2신도시의 입주 물량은 어마어마했습니다. 그래서 동탄2신도시는 '미분양의 무덤'이라는 오명까지 얻기도 했죠. 주변에 있는 동탄1신도시뿐만 아니라 수원, 용인, 오산과 같이 생활권이 같은 지역도 한동안 전세가가 내려갔습니다. 심지어 역전세 및 전세 매물 급등으로 임대인이 제때 전세금을 못 돌려주어 사회적으로 큰 문제가 되기도 했습니다.

호재가 있고 분위기와 심리에 의해 매수했는데, 물량 자체가 너무 많다 보니 가격이 오히려 떨어지고 급매가 나오기도 합니다. 법인 설립 초기에는 이런 것도 예상하지 못한 자책감에 빠지기도 했습니다. 하지만 되돌아보니 왜 이런 현상이 발생하는지, 그리고 극복이 가능할 만한 도시 규모인지에 대해 배우는 시간이었습니다. 해당 지역에 보유 부동산이 있다 보니 이러한 흐름에 자연스럽게 관심을 가지면서 도시의 변화에 따른 인구 증가와 사람들의 지역 이동에 따른 새로운 주거 지역 발생을 오랫동안 유심히 지켜보게 되었습니다.

저는 지난 투자 결과에 대해 반성하면서 다음 투자를 위하여 최소한 2주에 한 번씩은 전세 매물 소진 속도와 전세 가격 변동을 살펴보았습니다. 이후 신규 입주가 조금씩 줄어들면서 전세 매물 소진 속도가 이전보다 빨라지고

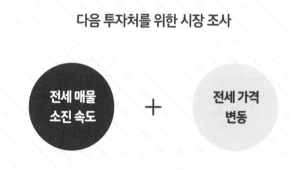

다음 투자처를 위한 시장 조사

전세 매물
소진 속도
+
전세 가격
변동

전세 가격이 움직이기 시작할 무렵, 주변에 새로 분양하는 아파트와 기존의 입주한 아파트의 매매 가격을 비교해 보았습니다. 더 이상의 하락은 어려울 것 같은 확신이 들었던 이유는, 지난 몇 년 동안 그 지역의 흐름을 꾸준히 체크하고 사람들의 움직임에 대해 충분히 이해하고 있었기 때문입니다.

"엄청 좋은 일을 하는 법인이네요!"

법인대출 때문에 자주 만났던 은행 지점장님이 있는데, 그분과 사석에서 만날 일이 있어서 이런저런 이야기를 나누었습니다. 은행 지점장님이 "시세보다 전세금을 싸게 주시는 것 같아요?"라고 묻기에 "대출 있는 법인 명의 아파트여서 대출 없는 다른 전셋집과 차별화되어야 하기 때문에 저렴하게 놓습니다."라고 대답했죠. 그랬더니 "법인대출이 있는 대신 전세보증보험금도 대납해 주시잖아요?"라고 또 물었습니다. 세입자에게는 생소한 부동산법인일 뿐만 아니라 대출도 있어서 불안해 할 수 있으니 안전하게 전세보증보험에 가입해 드린다고 대답했지요.

지점장님은 고개를 끄덕이면서 "은행에 대출 이자를 내니까 은행에 도움이 되고 인테리어 공사를 해서 인테리어 회사에도 도움이 되네요. 게다가 세입자는 싸고 깨끗한 집에서 살게 해 주고, 세금도 내고, 대표님은 엄청 좋은 일을 하네요!"라고 말해서서 좀 머쓱해졌습니다. 사실 법인의 매출과 수익을 위해서 하고 있는 일이지만, 이것도 사회 경제의 한 부분으로 발생되는 경제 효과가 작지는 않은 것 같습니다.

의미 있는 자산 증식을 위해 개인 명의 활용하기

법인과 관련된 상담을 하거나 법인 관련 강의를 들으러 오는 사람들은 무척 열의에 차 있습니다. 힘차게 들어오는 발걸음만 보아도 법인을 설립만 한다면 멋지게 투자하겠다는 마음의 결의가 자연스럽게 전달되곤 합니다. 이런 열정과 열의는 법인 설립에 큰 도움이 되는 것은 맞지만, 법인 설립의 의미를 다시 한번 잘 생각해 보아야 합니다.

결국 우리의 이러한 경제활동은 삶의 여유를 위한 것입니다. 그것은 시간의 여유가 될 수도 있고, 금전적인 여유가 될 수도 있습니다. 금전적인 여유가 생기면 자연스럽게 시간의 여유도 생깁니다. 법인 설립을 했다고 법인으로만 투자하고 개인 명의로는 투자하지 않겠다는 생각은 경험상 추천하지 않습니다. 결국 법인의 매출과 수익이 생겨도 그것은 법인이 돈을 번 것이지, 자신이 돈을 번 것이 아니기 때문입니다. 결국 의미 있게 자산 증식을 하려면 개인 투자와 법인 운영의 장단점을 적절하게 활용하는 것을 추천합니다. 이 내용은 〈준비마당〉에서 충분히 이야기했습니다.

법인을 설립하고 운영하다 보면 자연스럽게 부동산 투자의 러닝머신에 올라갔다는 생각이 듭니다. 간헐적으로 내 기분과 주머니 사정에 맞추어 부동산에 관심을 갖던 과거는 이미 지난 일입니다. 하나의 어엿한 사업체를 운영하는 대표이기 때문에 부동산에 항상 관심을 가질 수밖에 없고 그러다 보면 부동산을 보는 안목이 높아지면서 본인만의 기준도 생깁니다.

법인으로서 크게 장점을 활용할 수 없는 대형 아파트나 투자금이 많이 들어가는 물건, 오랜 기간 동안 보유하고 싶은 부동산은 개인 명의를 활용하는 것이 더 이득일 때가 많습니다. 한동안 대형 아파트는 투자성과 환금성이 적다고 인식되어 30평대 아파트와 50평대 아파트의 가격대가 별로 차이 나지 않을 때가 있었습니다. 이것을 보고 당장은 분양 수익률을 높이기 위해 대형 아파트보다 소형 아파트를 많이 분양하고 있지만, 곧 대형 아파트가 부족할 것이라고 예상할 수 있습니다. 모두들 40평대 이상 대형 아파트는 이제 '한물 갔다'고 생각하면서 40평대와 50평대 아파트 가격의 차이가 불과 2천만 원에 불과하던 단지가 꽤 있었답니다.

지역과 입지마다 조금씩 차이가 있겠지만, 보통 초등·중등·고등학교가 붙어있고 대형 아파트로 이사를 희망하는 4인 가족 이상의 가족 구성원이 있는 곳이어서 대형 아파트는 귀해지겠다는 판단이 든다면 개인 명의로 대형 아파트를 매수하는 것도 좋습니다. 대형 아파트를 법인으로 매수하면 매도 시 건물분에 대한 부가가치세를 부담해야 하기 때문에 법인보다 개인이 유리합니다. 정상이 아닌 것은 결국 제자리로 돌아오게 마련입니다. 결국 30평대와 별 차이 안 나던 40평대, 50평대는 큰 폭으로 상승했고 30평대에 비해서 매물 자체가 적기 때문에 현재는 매물도 잘 안 나오는 상황입니다.

개인은 개인 양도소득세를 신고 납부하면 나머지 차익은 모두 본인의 몫입니다. 법인을 잘 운영하기 위하여 열심히 공부해야 개인 투자로도 연결되는 것입니다. 이렇게 개인으로 자산 증식을 하면서 법인으로 월급까지 받는다면 생각했던 것보다 자신이 원하는 삶의 방식에 좀 더 일찍 도착해 있을 것입니다. 3년 차 정도 되면 그 달콤한 맛을 점점 알아가게 될 때입니다.

3년 차 미션

나만의 투자 인사이트 만들기

나무를 보는가, 숲을 보는가

요즘에는 오픈 채팅방이나 블로그와 같이 다양한 정보를 주고받을 수 있는 온라인 채널이 매우 많습니다. 이전에는 온라인 카페와 소규모 강의에서만 부동산 정보를 전해 들을 수 있었지만, 요즘에는 투자자들이 많이 들어가는 지역을 어렵지 않게 접할 수 있는 방법이 많아졌죠.

정보는 다양하게 공유되지만, 정보가 또 다른 사실을 만들어내기 때문에 선후(先後)를 파악하기가 힘듭니다. 투자자들이 정말 많이 들어가서 소문이 나는 것인지, 앞의 투자자들이 소문을 만드는 것인지는 시간이 지나야 결과를 알 수 있습니다.

3년 차가 되면 투자 경험이 하나둘 쌓이면서 본인만의 기준도 하나씩 생깁니다. 투자 물건을 선별할 때 혹시 아직도 숲을 보지 않고 나무만 보나요? 약 5천만 명이 살고 있고 반만년 역사를 자랑하는 대한민국은 한 개의 특별시(서울특별시)와 여섯 개의 광역시(부산광역시, 대구광역시, 인천광역시, 광주광역시, 대전광역시, 울산광역시), 그리고 여덟 개의 도(경기도, 강원도, 충청북도, 충청남도, 경상북도, 경상남도, 전라북도, 전라남도)와 한 개의 특별자치도(제주특별자치도), 한 개의 특별자치시(세종특별자치시)로 나뉘고 이러한 총 17개의 행정구역은 광역지방자치단체로 구분됩니다.

연차와 투자 경력이 짧을수록 조급한 마음이 앞서고 먼저 앞서간 선배 투자자의 발자취를 보면 뭐라도 빨리 매수해야 할 것만 같은 생각이 듭니다. 이때 숲을 보지 않고 나무를 보는 실수를 흔히 범하지만, 누구나 겪게 되는 일이므로 괜찮습니다.

대한민국은 각각의 지방 자치단체마다 도시 형성 과정뿐만 아니라 발달한 주요 산업, 지형에 따른 건물 분포도와 도로 형태가 모두 다릅니다. 인구 규모에 따라 새로운 신도시가 생기고 그것에 따라 상업시설과 업무시설, 주거시설, 교통시설 등이 자연스럽게 배치됩니다. 그러다 보면 각 도시마다 선호하는 주거 지역이 있게 마련이므로 방향을 잃고 숲에서 헤매지 않아야 합니다.

대한민국 안에서 각 도의 위상과 역할이라는 큰 숲을 보고 해당 도 안에 있는 각 시들의 유기적인 연결을 살펴보면서 그 안에서 자라는 각각의 나무에 해당하는 단지들을 보세요. 분명히 '기다림'이라는 지루함 속에서 '확신'이라는 든든한 친구가 함께할 것입니다.

낯선 곳에서 투자를 시작한다면 사람들 이야기에 경청하자

　　사람들의 보편적인 생각과 행동을 이해하려면 공감 능력이 필요합니다. 그리고 공감 능력을 키우려면 기자처럼 일단 경청이 중요합니다. 중요한 질문을 하고 그 사람의 이야기를 경청해 보세요. 새로운 도시나 단지를 방문하면 낯선 환경 때문에 어리둥절할 겁니다. 이럴 때 자칫 날씨가 좋아서, 햇살에 비치는 단지의 문주가 무척 좋아 보여서, 매물로 본 그 집의 인테리어가 자신의 스타일이어서, 중개사님이 너무 친절해서 등등 내 기분이 좋아져서 덜컥 매수 계약을 하는 경우가 종종 있습니다. 누구나 초보 시절 조급한 마음에 겪는 일입니다.

　　이때 저는 편의점이나 이제 막 바쁜 시간이 마무리된 음식점, 또는 카페를 방문합니다. 편의점에서는 물과 간단한 간식 등을 계산하면서 생기는 1분도 채 안 되는 그 짧은 시간 동안 동네 분위기를 물어봅니다. 원하는 대답을 못 들어도 싱긋 웃고 다른 편의점으로 다시 갑니다. 뉴스에서 볼 때 기자들이 수많은 질문을 해도 대답을 못 듣는 경우도 많으니 크게 기죽을 필요가 없습니다.

　　카페나 음식점에서도 주문하면서 한 가지라도 물어보려고 노력합니다. 처음에는 힘들지만, 자신이 살아보지도 않은 곳의 분위기를 알려면 이러한 노력은 필수라고 생각해요. 일부러 사람이 많을 때 카페나 음식점에 가기도 합니다. 주문한 음식이나 차를 먹으면서 귀는 최대한 크게 열어두고 주위 사람들이 무슨 이야기를 하는지 들어봅니다. 교차로 앞에 있는 가게 안에서는 바깥쪽 풍경이 보이는 자리에 앉아서 눈을 크게 뜨고 어느 연령대의 사람들이 왔다 갔다 하는지, 그 사람들이 어디로 이동하는지 살펴봅니다.

친구와 친해지려면 그 친구에 대해서 잘 알아야 하듯이 생소한 지역에서 단지와 친해지려면 가끔 이렇게 기자처럼 행동해 보는 노력도 필요합니다. 그러면 그 지역과 단지를 둘러싼 사람들의 보편적인 생각과 행동을 이해하는 데 조금이나마 도움이 됩니다.

경험이 쌓이면 돌발 상황에 능숙하게 대처할 수 있다

최근 정부에서는 개인이 소유한 주택을 그 개인이 대표로 있는 법인에게 명의를 넘기는 것과 관련하여 세금 등 위반 사항이 있는지 자금 출처 등에 대해 조사하고 있습니다. 법인 설립의 목적이 단순히 개인의 비과세를 위한 것이라면 법인 설립 목적에 맞지 않는다는 정부의 생각에 저도 충분히 동의합니다. 저는 위의 상황과는 반대로 정말 그러기 싫었는데 부동산법인으로 매수한 집을 제 개인 명의로 바꾼 적이 있습니다. 세입자와 전세 재계약하는 과정에서 법인과는 절대로 재계약을 하지 않겠다고 하여 이미 부동산법인으로 소유권 이전등기가 끝났는데도 취득세를 한 번 더 부담하고 개인 명의로 바꾼 사연이 있거든요.

무척 더웠던 2018년 여름, 세입자가 전세 재계약을 원하는 집이 있다고 중개사님에게서 매물을 소개받았습니다. 이미 지역과 단지에 대한 분석이 끝난 상태였고 새로운 세입자를 구할 걱정이 없기 때문에 법인 명의로 매수하고 전세 재계약은 중개사님이 마무리하기로 약속한 상태였습니다. 이전등기가 끝난 후 전세 재계약을 하기 위해 다시 부동산을 방문했을 때 세입자는 법인이 새로운 매수자인지 몰랐다면서 실체도 없는 법인과는 절대로 전세 재계약을 하지 않겠다고 말했습니다. 중개사님이 전세 재계약을 마무리해 주기로 약속했기 때문에 그것만 믿고 새로운 매수자가 법인이라는 것을 세입자에게 충분히 설명하지 않았던 제 탓이 컸죠. 전세금을 증액하지 않고 전세권 설정 비용도 법인에서 부담하겠다는 설득도 통하지 않았습니다. 저는 그 당시에 법인은 전세보증보험도 절대로 가입이 안 되는 것으로 알았기 때문에 방법이 전혀 떠오르지 않았습니다.

결국 세입자에게 6개월이라는 시한부 선고(?)를 받았습니다. 6개월 안에 전세금을 반환해 주거나, 개인 명의로 바꾸어서 전세 재계약을 하거나, 둘 중 한 가지 방법을 선택하여 알려달라고 했습니다. 6개월이 되기 전에 어떻게든 새로운 전세자를 구하거나, 아니면 매도를 하는 방법을 선택해야 하는 상황 이었어요. 한참 상승 분위기에 아파트 값이 조금 오르더니 이 상태에서 거래 가 주춤해졌고, 투자자들이 한꺼번에 들어온 탓과 주변의 입주 물량까지 겹 치면서 전세 물건이 많아졌기 때문에 제가 쓸 수 있는 선택지가 별로 없는 상 황이었습니다. 심지어 세입자와의 한바탕 소동으로 법인인 임대인에 대한 선 입견이 크다는 것을 다시 깨달았기 때문에 그 단지에서 다시 새로운 세입자 를 구하기도 쉽지 않았죠. 이렇게 어려운 상황을 인지한 순간 마음이 더욱 무 거워졌습니다.

제가 쓸 수 있는 선택지는 두 가지였습니다. 대출을 받아서 세입자에게 전 세금을 반환하거나 아파트 소유자를 다시 개인으로 바꾸어야 했어요. 만약 대출을 받았을 때 지출되는 비용을 계산해 보았습니다. 중도상환수수료, 대 출 이자, 공실 관리비, 새로운 전세자에 대한 중개수수료, 공실 탈출이 언제 될지 모르는 불안감이 계산되었죠. 새로운 세입자를 언제 구할지 모르기 때문에 얼마나 지출이 커질지 가늠할 수 없는 상황이었습니다. 그에 비해 명의자를 다시 개인으로 바꾸면 취득세 및 법인의 법인세와 추가 과세가 다소 계산이 되는 상황이어서 결국 저는 후자를 선택했습니다. (이 당시에는 취득세가 현재와는 달랐습니다.)

이 경우에는 법인과 그 법인의 대표의 거래이기 때문에 실거래 금액이 중요합니다. 이후 거래가 되고 있는 같은 평형대의 실거래가로 다시 매매 계약을 체결하고 기존 세입자와 전세 재계약을 했는데, 4년이 훌쩍 넘은 지금은 어떻게 되었을까요? 개인으로 넘겨받은 그 물건은 지난 날의 고생을 보상해 주듯 제법 오른 가격으로 매도할 수 있었습니다.

결국 법인이든, 개인이든 매수의 한 방법인 것입니다. 상승이 될 만한 지역과 단지라면 누구의 명의든지 크게 상관없다는 것을 느끼게 해 주었죠. 법인을 잘 운영하는 방법은 결국 수익이 될 만한 부동산을 보는 안목을 갖고 있느냐의 여부입니다. 3년 차가 된 지금, 지난 기간 동안의 투자 물건을 돌아보면서 앞으로의 계획도 다시 세워보기 바랍니다.

신도시에 열광할 때 구도심을 주목할 것

생활권을 공유하는 주변에 신도시가 생긴다는 것은 몇 가지 중요한 의미가 있습니다. 여기서 생활권이란, 직장 출퇴근 경로, 생활 밀착형 상업시설을 포함한 고차 상업시설의 이용 범위, 학군 등 대형학원 이용 가능 거리 등을 포함하여 우리가 알게 모르게 모여서 집단을 이루고 있는 권역이라고 해석할 수 있습니다. 학교 다닐 때 컴퍼스의 뾰족한 침을 바닥에 꾹 누른 채 동그라미를 그려본 기억이 모두 있을 겁니다.

자동차가 생기고 교통이 발달하면서 인구와 일자리 분산을 축으로 한 지역 균형 발전의 일환으로 새로운 신도시가 생겼습니다. 그러면서 그 반경이 이전보다 더 넓어지기도 하고 겹치기도 합니다. 예를 들어, 분당 옆의 판교신도시와 수원 영통구 옆의 광교신도시, 동탄1신도시 옆의 동탄2신도시 등을 떠올릴 수 있습니다.

신도시를 개발할 때는 대부분 주거지가 가장 먼저 생기고 그 다음에 상업시설과 업무시설이 순차적으로 생깁니다. 주거지만 먼저 생기기 때문에 해당 신도시에 일자리는 아직 없습니다. 그러다 보니 새로 생긴 신도시에는 해당 신도시의 일자리를 가진 사람들보다 인근 교차되는 생활권에 사는 사람들이 많습니다. 구도시 주민들에게 신도시가 매력적으로 보이고 연차가 쌓인 구도시의 아파트에서 새로운 신도시의 아파트로 거주지를 옮기고 싶다는 생각도 한몫합니다. 여기에 새 아파트를 좋아하는 대한민국의 투자자들도 같이 거들다 보니 '신도시의 아파트 값은 언제나 진리'라는 공식이 생기기도 합니다.

이렇게 새롭게 생긴 신도시로 이사하는 사람들이 많아지면서 구도시는 일시적으로 갑자기 전세 및 매매 매물이 많아집니다. 사람들이 온통 신도시에만 관심을 가지니 구도시 포함 인근 생활권 지역은 역전세가 발생하기도 하고 매매 가격도 한동안 하락세를 면치 못하는 경우가 많습니다. 그렇게 한동안 시간이 흐르고 신도시의 입주가 끝나면 문득 슬리퍼만 신고 단지 앞에서 누렸던 상가들이 종종 그리워집니다. 요즘 신도시를 보면 도로 폭이 너무 넓어서 사실 걷기에는 그리 좋지 않은 거리가 많습니다. 나무도 아직 작아서 땡볕을 피하기도 어렵고요. 오히려 이전 구도시가 아파트단지 앞에 상가도 잘 되어 있고 걷기에도 좋았던 것 같습니다. 또한 아이들이 고학년이 될수록 신도시 학교보다 오래되고 안정적인 학교에 보내고 싶다는 생각도 듭니다. 신도시는 새롭게 생긴 일자리의 종사자에게 임대를 주고 생활 인프라와 학군이 잘 형성되어 있는 구도시로 다시 이사갈까 고민하는 사람들이 분명히 있을 것이라는 판단을 해 보았습니다.

이러한 이유 때문에 화성의 동탄2신도시 입주가 마무리될 때쯤에는 동탄1신도시를, 수원 광교 신도시의 입주가 마무리될 때쯤에는 영통지구와 매탄지구를 유심히 살펴보았습니다. 같은 생활권을 가진 사람들의 움직임을 살펴보면서 대다수 사람들이 신도시에만 관심이 쏠려있을 때 여전히 관심이 적은 동탄1신도시에서 가서 기다렸습니다. 사람들의 심리와 보편적인 생각, 그리고 그것을 실행에 옮길 만큼 주변 조건이 충분한지 살펴본 후 확신을 가졌습니다. 이러한 확신이 주관적이지 않으려면 상대방에 대한 관심과 공감 능력이 매우 중요합니다.

이 책은 부동산법인 관련 책인데 타인에 대한 공감 능력까지 이야기한다고 고개를 갸우뚱할 수도 있을 겁니다. 하지만 부동산이라는 것은 결국 여러 사람들의 심리와 감정에 따라 거래된다는 것을 이해한다면 투자에서 공감 능력이 얼마나 중요한지 이해할 것입니다. 그러고 보면 부동산법인 대표는 할 일이 무척 많네요. 그래도 공감 능력은 꼭 챙기기를 바랍니다.

4년 차 미션

연봉 7천만 원 목표로 뛰기

이제 제법 법인이 익숙해졌나요? 비교 대상으로 적절하지 않을 수도 있지만, 자영업 창업은 1년을 넘기기가 힘들다고 합니다. 그런 것에 비해 4년 차 법인이 되었다면 무척 잘한 것입니다. 그동안 앞만 보고 달려왔다면 이제는 나와 내 법인에 좀 더 집중해 보는 시간을 가져야 합니다.

나의 투자 성향과 내 법인의 방향을 점검하자

법인 운영 4년 차 정도 되면 자신이 어떠한 부동산 종목을 접근했을 때 마음도 편했고 수익도 괜찮았는지 곰곰이 생각해 봅니다. 부동산법인과 그 안에 있는 대표의 생존은 철저하게 대표 본인의 업무 습관과 마음가짐, 그리고 그로 인한 판단에 의해 결정됩니다. 결국 '나'라는 것입니다.

우리는 나이가 들면서 내가 어떤 것을 좋아하고, 어떤 것은 정말 참기 힘든지에 대해 무뎌집니다. 성인이기 때문에 주어진 의무와 역할을 다하려고 사회에서 요구하는 일정한 형식에 '나'를 맞추다 보면 그럴 수밖에 없기도 합니다. 하지만 내 부동산법인의 생존 가능 기간, 즉 존폐 여부는 내 몫이기 때문에 대표인 내가 계획한 법인의 목표를 달성하기 위해 우선 자신이 어떤 사람인지 아는 것이 중요합니다.

사람들 앞에서 발표할 때 정리한 자료가 있어야 하는지, 아니면 즉흥적으로 발표할 때가 더 나았는지를 생각해 보세요. 그리고 도시를 먼저 둘러보고 지도를 보는 것이 효과적인지, 지도를 보고 현장에 가는 것이 나은지, 비어있는 집을 수리해서 매도하는 것과 세입자가 있는 상태로 매수하는 것 중 어느 것이 나은지를 생각해 보면서 자신에게 맞는 부동산 종목과 투자 방법을 좁혀 나가봅니다. 그리고 고도의 집중을 위해서 나의 컨디션을 최상으로 만들려면 어떤 행위와 동기 부여가 필요한지, 내가 아침에 집중을 잘 하는지, 또는 밤에 더 일을 잘하는지, 혼자 곰곰이 생각해 보면서 답을 찾는지, 아니면 누군가와 토론하면서 생각을 정리하는 사람인지 등등 이러한 것들을 모두 파악한 후 부동산 종목과 그 방법에 대한 목표를 세우고 그것을 위해 시간을 할애한다면 분명히 목표를 좀 더 효과적으로 달성할 수 있을 것입니다.

부동산법인 대표라고 해도 세상에 있는 모든 부동산 투자 종목과 매수 방법을 섭렵할 필요는 없어요. 나를 알고 나에게 맞는 종목과 방법에 집중하는 것이 결국 법인을 오래 운영할 수 있는 방법입니다. 법인을 운영한다는 것은 결국 나를 알아가는 것입니다. 나의 의지로 나와 닮은 멋진 법인으로 운영하기를 바랍니다.

수익률과 수익금의 적절한 조화가 중요하다

저희 부부는 활동적인 운동을 좋아합니다. 아파트 지하 커뮤니티센터 헬스장에서 실내자전거를 자주 함께 타는데, 저는 시간을 알차게 보내고 싶은 마음에 짧은 시간이라도 운동 효과를 높이기 위해 나름 빠르게 다리를 움직입니다. 이렇게 운동이 끝난 후 화면에 표시된 결과는 어떨까요? 예상 밖으로 자전거로 주행한 거리(km)도 제가 더 많은데, 소비한 칼로리는 남편이 더 많다는 사실에 자주 놀랍니다. 남편은 저보다 체격이 좋아 더 강도 높게 난이도를 세팅했기 때문입니다. 다시 말해서 남편은 저보다 천천히 다리를 굴리고 주행한 거리도 짧지만, 체격이 작은 제가 여러 번 움직이는 것보다 결과적으로는 더 많은 칼로리를 소비한 셈이죠.

초보 시절에 투자금이 적은 여러 개의 물건을 사는 것이 수익률 면에서는 좋아 보였지만, 결국 최종 수익금 면에서는 아쉬웠던 경험이 떠올랐습니다. 체격이 작은 저는 이렇게 힘들게 열 걸음을 뛰어도 결국 체격 큰 사람이 네다섯 걸음이 더 앞서고 있는 현상이 운동뿐만 아니라 부동산 투자에도 적용된다는 생각이 들었습니다. '돈이 돈을 번다.'와 '투자 파이 자체가 작으면 수익금이 적다.'라는 말이 사람들이 그냥 하는 말이 아니라는 겁니다.

최근 부동산시장에도 양극화 현상이 발생하고 있습니다. 저렴한 아파트보다 연차나 입지 면에서 좀 더 상위 아파트의 오름세가 더 가파른 추세입니다. 결국 입시 때 아이들 수가 줄어도 서울에 있는 대학교는 들어가기가 더 어려워지고 지방 대학교의 인기가 떨어지는 것처럼 인구가 감소해도 사람들이 살고 싶은 지역과 단지는 한정되어 있기 때문입니다.

법인이 투자하기 좋은 물건은 투자금이 적게 들어가는, 즉 전세가와 매매가의 차이가 크지 않은 단지입니다. 하지만 자세히 살펴보면 결국 실거주자가 전세로 거주는 하지만, 매수하기는 꺼리는 아파트일 수도 있습니다. 그러므로 초보 시절에는 체격을 키우거나 나의 성향을 알기 위해 적은 투자금으로 여러 번 연습하는 것은 좋지만, 연차가 쌓일수록 관리 측면에서라도 상급지로 조금씩 확장하는 것을 추천합니다. 수익률과 수익금이 따라오는 상품을 적절하게 배치하는 포트폴리오로 법인의 안정성과 수익을 모두 챙기세요.

보유 물건을 체크하고 향후 2년 후까지의 매출을 확보하자

4년 차 정도 되면 법인으로 소유한 물건이 꽤 있을 겁니다. 4년이라는 기간 동안 매도했거나 새로 매수한 물건도 있을 텐데, 어떠한 이유에서든지 나름대로 판단하여 우리 법인을 스쳐지나간 매물입니다. 세입자와의 관계나 주변 상황 등으로 자신의 의지와는 상관없이 매도 시기가 늦어지는 매물도 있고요.

매년 매출을 일으켜야 하는 우리 법인의 입장과는 상관없이 시장 흐름이 전개된 적도 있었습니다. 순간순간 해야 하는 판단에 확신을 갖기 위해 공부를 하지만, 결과는 아무도 알 수 없습니다. 결국 시간이 지나야 알게 되므로 좋든, 싫든 결과를 받아들여 보세요. 분명히 다음 판단에 도움이 될 것입니다.

연초가 되면 매출을 위해 매도할 수 있는 매물을 정해봅시다. 그리고 일단 현재의 상황에서 비추어볼 때 1년 후, 2년 후에 매도할 수 있는 매물도 미리 정해봅시다. 이때 보유 물건이 속해 있는 지역의 입주 물량과 매매 및 전세 거래 상황 등에 따라 분명히 내년이 되면 상황이 달라져서 계획이 수정될 수도 있다는 것을 명심하세요.

새로운 매수를 위하여 지역 탐색을 하는 것도 중요하고, 일정 연차 이상이 되면 보유 물건 관리와 최적의 매도 타이밍을 유추해 보는 것도 중요합니다. 일단 3~4년 차 이상 된 법인이라면 매년, 또는 분기별로 보유 물건에 대해 체크해 보아야 상황에 맞는 최선의 선택을 할 수 있어요. 어설프게 매도한 후 매도한 매물의 시세가 더 많이 오르고 새로 매수한 매물이 별 볼 일 없다면 너무 허무할 것입니다.

선택과 집중이 필요한 시기

대한민국에는 수많은 도시와 그에 따른 아파트단지가 있습니다. 여기저기 공부하다 보면 매력적인 곳이 많아서 분산 투자를 하기도 하지만, 일정 연차가 되면 그중에서 가장 많이 확신이 드는 곳에 집중하는 것이 좋습니다. 리스크 방어 및 분산 투자의 일환으로 여기저기 분산하는 방식은 어쩌면 확신이 부족해서 그럴 수도 있답니다. 지나고 보니 그때 여기저기 사지 말고 그 지역에 몇 개 더 샀어야 했다는 아쉬운 곳이 분명히 있었고, 생각해 보면 그런 곳들이 은근히 많았습니다. 그래서 지난 경험이 쌓이면서 아무리 보아도 가장 많은 확신이 들고 자신의 확신에 근거가 있다면 선택과 집중을 해 보세요.

우리가 로또에 거는 몇천 원은 사실 당첨될 확률이 매우 희박하기 때문에 부담하는 기회 비용입니다. 그래서 로또를 사도 당첨될 것이라고 크게 기대하지 않습니다. 만약 로또에 들어가는 비용이 우리 지갑에 있는 전 재산이라면 쉽게 살 수 없죠.

투자도 마찬가지입니다. 확률이 높은 곳으로 선택해야 하는데, 불안 요소가 없는 곳이 아무래도 확률상 승산이 높겠죠? 이렇게 불안 요소를 제거하면서 지역과 단지를 선정하는 과정에서도 객관적이지 못한 생각으로 확률이 적은 곳에 큰 기대를 하는 경우가 종종 있습니다. 이러한 실수는 연차가 좀 쌓이면서 자신감이 붙을 때 발생할 수 있어요. 실제로 매수를 한 후 시세가 오르는 경험을 하게 되면 다음 투자는 더 과감해지는 경우가 많습니다. 그러므로 이럴 때일수록 현재 부동산 상황과 도시를 최대한 객관적으로 바라보는 연습을 해야 합니다. 적은 확률에 큰 기대를 하고 있는 자신의 모습은 가까이에서는 보이지 않기 때문입니다.

이제는 체력싸움! 법인의 규모에 맞는 체력을 갖추자

사람은 모두 아기였을 때가 있었고, 이후에는 성장하는 몸과 함께 마음도 함께 자랍니다. 따라서 유치원생 때보다 초등학교 학생이 되니 자기 생각을 더욱 논리적으로 표현할 수 있게 되고 참을성도 생깁니다. 그렇게 어른이 되어 나잇값을 하게 되는 것이죠.

우리 법인도 연차에 맞게 나잇값을 하려면 규모에 맞는 체력을 갖추어야 합니다. 무슨 말이냐 하면 우리가 매수한 부동산 매매 가격을 합해서 재무제표의 '자산' 항목에 기입합니다. 법인 운영 연차가 쌓일수록 재무제표의 '자산' 항목은 분명히 늘어납니다. 대표가 공부를 열심히 했다면 한 개의 매물을 팔고 두 개의 매물을 사는 경우가 많기 때문입니다. 그런데 '자산' 항목만 늘어나고 그에 따르는 매출과 당기순이익, 현금 보유액은 전혀 늘지 않았다면 규모만 커졌지, 체력이 부족해집니다.

아무래도 여러 물건을 보유하게 되면 다음 세입자를 적절한 시기에 구하지 못하여 세입자의 전세 반환 일자에 현금이 필요할 수도 있습니다. 이때 규모에 맞는 현금 보유액을 갖고 있어야 안정적입니다. 대출 규제를 살펴보면 과거보다 규제 강도가 더욱 세졌습니다. 따라서 담보대출을 받아도 세입자에게 반환해 줄 보증금에 못 미치거나 법인에 예비 현금 보유액이 없다면 매우 당황스러울 것입니다. 4년 차 정도 법인이 되면 규모에 따른 체력을 갖고 있어야 더욱 오래 유지할 수 있다는 것을 꼭 명심하세요.

유무형 가치의 선순환!
이익은 주변과 나누지만 리스크는 법인의 몫이다

저는 제 자신에게 월급을 주기 위해 법인을 설립했습니다. 그리고 유무형의 가치가 사회에 선순환되는 법인으로 운영하겠다고 다짐했습니다. 하지만 사실 과정이 쉽지 않았습니다. '사업 목적에 맞는 이익이 생기지 않으면 결국 사회에 피해를 주는 일이 이 일이구나!'라는 생각이 들었기 때문입니다.

초보 시절 무턱대고 정확하게 분석하지 않고 아파트를 매수한 후 전세를 주었는데, 시장 상황이 안 좋아져서 역전세가 나는 경우는 개인으로 투자해도 부딪히는 일입니다. 법인도 충분히, 아니 더 자주 겪을 수 있는 일이기도 하죠. 전체적으로 부동산시장이 안 좋아지면 매수했던 취득가액보다 시세가 더 낮아지는 경우도 많습니다. 이때 대출을 받았다면 담보 가치가 떨어져서 집을 팔아도 대출을 상환하지 못하는 하우스푸어가 양산되는 것입니다. 그런데 이런 일이 일어난 게 불과 몇 년 전입니다.

법인의 사업 목적에 따라 부동산을 매수했는데, 어설픈 분석과 만일의 상황에 대비하지 않는다면 결국 그 피해는 나에게서만 끝나는 것이 아닙니다. 세입자와 은행을 포함하여 사회적으로 큰 문제가 되는 것이죠. 그래서 세입자들이 법인에 대한 막연한 불안감과 불편함을 느끼는 것을 어느 정도는 충분히 이해합니다.

내가 나의 이익을 위하여 법인을 운영하는 것은 좋은데, 그에 따른 리스크도 철저하게 나의 몫으로 해야 합니다. 그 누구도 그 부동산, 그 아파트를 사라고 등을 떠밀지 않습니다. 설사 그랬어도 결국은 대표인 본인이 스스로 판단한 것이므로 그것에 대한 경제적, 도덕적, 사회적 책임은 법인 대표인 자신에게 있음을 명심하세요.

법인의 사업이 오래도록 잘 되려면 결국 사회와 어느 정도 이익을 나누어야 합니다. 법인세도 내고, 추가 과세도 부담하며, 급여를 받으면서 소득세 및 국민연금과 건강보험료도 납부해야 합니다. 그리고 소소한 문제로 세입자와 실랑이하지 말고 내 집에 온 손님처럼 불편함 없이 잘 지내게 해 주기 바랍니다. 집도 깨끗하게 사용할 수 있도록 부분이든, 전체든 인테리어를 해 주세요. 그러면 나중에 매도도 잘 됩니다. 스스로가 엄연한 사업체를 운영하는 법인 대표라는 사실을 꼭 기억하세요. 그에 맞는 사회적 책임을 다하려는 노력 속에서 크고 작은 유무형의 가치가 사회에 선순환되기를 진심으로 바랍니다.

신축 아파트와 연식 차이는 없는데 저렴하다면?

가끔 여러 지역과 단지들의 과거 아파트 시세를 살펴보면 참 신기합니다. 지금은 호가가 20~30 억 원인 서울 강남의 아파트도 이전에 1억 원도 안 될 때가 있었으니까요. 그만큼 물가가 상승했고 화폐 가치도 이전하고 다르기 때문에 절대로 다시 돌아갈 수 없는 가격입니다. 그렇다면 현재 30평대 기준으로 새 아파트를 짓는다면 토지 매입비와 건축비가 얼마나 들까요? 근로기준법에 의해 공사 현장도 주 52시간에 맞추어 근무하기 때문에 인건비는 더 늘어날 것이고, 아파트를 지을 때 필요한 건축자재 가격도 이전보다 훨씬 비쌉니다. 이러한 이유 때문에 아파트 분양가도 자연스럽게 상승할 수밖에 없는 구조입니다.

가격이 경쟁력인 곳을 찾아보자

여기서 힌트를 얻었나요? 새로 분양하는 아파트와 연식 차이가 얼마 안 나는데, 저렴한 아파트가 있다면 어떨까요? 곧 인상된 분양가에 맞춰서 가격이 동반상승할 수밖에 없을 것입니다. 이전에 사먹던 과자나 라면 한 봉지, 버스요금이 절대적으로 과거 가격으로 가능하지 않은 지금처럼 아파트 시세에도 절댓값이 존재합니다. 땅의 가치가 아무리 저렴한 지역이어도 최소 건축비 때문에 불과 몇 년 전 가격으로는 분양을 할 수 없는 것이죠. 즉, 가격 자체가 호재가 되는 곳이 있다는 것입니다. 다만 인구와 세대 수가 감소하고 있는 지역이나 일자리가 줄어들고 있는 지역조차도 절댓값이라는 잣대로 저평가되었다고 판단하는 것은 크게 오류가 있을 수도 있으니 주의해야 합니다. 어느 지역이든 오르다가 내리기도 하고, 한동안 미분양이 많았기에 연식이 몇 년 안 된 아파트가 분양가보다 낮아지기도 했습니다. 이때 그래도 사람들이 살 만한 곳이라면 물가 상승률만큼은 어느 정도 시세가 따라옵니다. 가격이 저렴한 음식점에는 맛보다 가격이 주는 포근함 때문에 늘 사람이 가득 차는데, 아파트도 마찬가지입니다.

'가격이 호재'라는 말이 있듯이 저평가된 아파트를 찾아보세요. 단, '싼 게 비지떡'이라는 말도 꼭 기억하면서 여러 지역과 아파트단지를 비교해 보기 바랍니다. 비교 항목이 많을수록 오차 범위가 줄어든답니다.

마음 그릇이 곧 부의 그릇!

정부의 규제가 불편한 당신에게

최근 부동산법인에 대한 정부의 매서운 시선이 느껴집니다. 아무래도 선한 서민들의 등골을 빼먹는 투기세력이라고 결론을 내린 채 까만색 안경을 쓰고 부동산법인을 바라보니 그렇게 보일 수 밖에 없을 것입니다. 정부의 입장을 이해는 합니다. 그리고 재건축과 재개발 규제 때문에 사람들이 살기 원하는 도심 안에 신규 공급이 부족해졌고 그로 인한 집값 상승에 대한 책임을 누군가에게 넘기고 싶은 마음도 있을 것 같습니다. 어떠한 이유에서든지 이것도 사회의 한 현상으로 부동산법인을 운영하는 우리가 안고 가야 합니다.

저는 상담할 때나 강의할 때마다 항상 당장 부동산법인을 설립하라고 말하지 않습니다. 눈에 보이는 부동산법인의 장점 외에 보이지 않는 단점도 솔직하게 이야기하는데, 그럼에도 불구하고 내가 부동산법인을 설립하려는 목적과 방향이 뚜렷하다면 부동산법인의 장단점을 잘 파악해서 도전해 보세요. 반면 아직은 투자에 자신이 없거나, 법인의 단점에 실망했거나, 부동산법인의 목적과 방향이 없는 등 준비가 되지 않았으면 부동산법인을 조금 나중에 설립하거나, 설립하지 않고 개인 투자에 집중하기로 결심하는 것도 하나의 방법입니다. 부동산법인은 언제라도 설립할 수 있으니까요.

최근 부동산법인에 대한 정부의 높은 취득세와 보유세, 대출 규제 등을 보면서 이제 막 부동산법인을 설립하려고 했는데 이렇게 강하게 규제하는 정부가 야속하기도 합니다. 하지만 내가 합법적으로 적법하게, 그리고 부동산법인의 사업 목적에 맞게 법의 테두리 안에서 설립하고 운영한다면 크게 문제될 것이 없습니다. 분명 높아진 세금 때문에 법인 이익금이 줄어든 것은 사실이어서 잘못하면 손해를 보기도 합니다. 하지만 어느 사업이든, 투자든 이러한 리스크와 책임은 모두 존재합니다.

때로는 천천히 가는 게 순리다

내가 법인을 설립한 취지에 맞게, 나라에 등록한 취지에 맞게, 부동산 매매와 임대 목적에 맞게 법인을 운영하면 됩니다. 본인이 개인적으로 비과세를 받기 위해서, 실거주 집을 마련하기 위해서 부동산법인을 이용하는 것이 그 취지에 맞는지 생각해 볼 필요가 있습니다. 취득세 중과를 피하기 위해 비과밀억제권역에 본점을 설립했으면 그곳에 가서 실제적으로 본점 업무를 보면 됩니다.

정부는 부동산 가격의 지나친 상승도, 지나친 하락도 바라지 않습니다. 지나치게 상승하면 규제가 나오는 것이고, 지나치게 하락하면 규제를 완화해 주기도 합니다. 이 모든 것은 내가 결정할 수도, 예측할 수도 없습니다. 다만 내가 합법적인 테두리 안에서 사업 목적에 부합하게 부동산법인을 잘 운영하고 대응하면 정부의 눈치를 볼 필요가 없습니다. 우리가 사업 목적에 맞지 않게 법인을 단편적으로 이용하려는 마음 때문에 정부 규제든, 현재 상황이든 더 힘들고 부담스럽게 느껴질 뿐입니다.

정부가 아무런 규제를 하지 않고 내버려 두기를 바랄지도 모릅니다. 그러면 부동산 가격이 계속 오를 것만 같죠. 그래서 이제 막 법인 설립에 눈을 뜬 나에게 기회를 좀 더 주었으면 합니다. 하지만 아무런 규제 없이 고삐 풀린 망아지처럼 부동산 가격이 계속 오른다면 가장 큰 피해자는 누구일까요? 부동산 가격이 계속 비이성적으로 말도 안 되게 오르면 결국에는 시장에서 인정되는 가격으로 다시 내려오게 마련입니다. 그 오름폭이 클수록 내림폭도 깊을 것입니다. 그러면 그에 따른 가장 큰 피해자는 집 많은 투자자와 부동산법인일 것입니다.

조금 천천히 가는 것이 순리에 맞습니다. 그래서 정부는 그것을 인위적으로라도 조절하고 싶어 합니다. 앞으로 부동산법인에 대한 정부의 규제가 얼마나 더 나올지, 또는 지금보다 조금 완화해 줄지는 예상할 수 없습니다. 하지만 너무 가파른 것은 결국 누군가에게 피해가 된다는 사실은 확실합니다.

부동산법인을 설립하려면 목표와 방향을 명확히 하고 법의 테두리 안에서 사업 목적에 따라 운영하세요. 그러면 크게 걱정할 것이 없습니다. 단순히 세금적인 측면에서 접근했다면 〈준비마당〉에서 이야기한 것처럼 아무런 메리트가 없습니다. 그럼에도 불구하고 내가 부동산법인으로 실현하려는 눈에 보이지 않는 장점과 목표와 방향이 뚜렷하다면 씩씩하게 한 발 한 발 내디뎌보세요.

나에게만 적용되는 규칙이 아니라 대한민국에서 사업자등록증을 낸 모든 부동산법인에게 적용되는 규칙입니다. 실력이 부족할수록 게임의 규칙이 바뀔 때마다 불안하고 걱정되는 것이므로 실력을 쌓으면 됩니다.

하면 됩니다! 당장 조금 먼 미래를 걱정하지 말고 지금 이 순간 손가락 사이로 흘러가는 시간을 걱정하세요.

과거의 명예는 잊을 것, 지금 당신은 무엇을 하고 있는가

2020년 여름, 법인을 향한 정부의 강도 높은 규제가 발표되었습니다. 한동안 제가 무엇을 할 수 있을지 저도 고민을 많이 했습니다. 몇 년 전 상승장에 심취되어 그것을 명예로 삼아 현재에 대해서 이야기하고 싶지 않았습니다. 스스로 부끄럽기 때문입니다. 지금 시장에 진입했거나 지금이라도 뭘 하려는 사람들에게 과거의 이야기는 단지 허탈감만 불러올 수도 있고, 제가 법인에 부여한 가치가 단순한 세금 절세가 아니었기 때문입니다.

현재 상황을 정확하게 인지할 필요가 있었습니다. 이전 같으면 1억 원이라는 시세 상승이 있을 경우 50~60%가 내 몫이었습니다. 하지만 현재는 취득세와 종합부동산세뿐만 아니라 다른 세금까지 포함하면 20%~30% 정도가 내 몫이라는 것이죠. 그럼에도 불구하고 내가 이 일을 계속 할 것인지, 그만큼 나에게 절실한지, 그리고 내가 이 일을 하지 않으면 다른 무슨 일을 할 수 있을지 등을 생각하면서 규제를 스스로 작게 만들어 내 안에 품어버리기로 했습니다. 제가 더 큰 사람이 되기로 했습니다. 그것을 극복할 만한 지역과 단지를 찾기 위해 부동산시장의 기초 원리와 도시에 대해 더욱 이해하고, 더 나아가 그 안에 있는 사람들에 대해서 이전보다 더 분석하고 고민하는 데 많은 시간을 보냈습니다.

미래는 알 수 없기 때문에 현재 내가 지불하는 이 취득세가 혹시 잘못된 판단으로 손실로 돌아오지는 않을까 불안했지만, 그럼에도 불구하고 현재의 행동에 후회는 하지 말자고 다짐했습니다. 그리고 최선을 다했다고 스스로에게 솔직하게 말할 수 있다면 그것으로 됐다는 떨리는 마음을 가지고 처음으로 취득세 12%의 고지서를 발부받으러 구청에 갔을 때 놀란 구청 직원의 표정이 아직도 생생합니다.

미래의 불확실성에 비해 현재 내가 치루어야 할 대가가 크다고 느낄수록 지난 2년 동안 그 불확실성을 확신으로 바꾸기 위한 고민과 분석에 더욱 많은 시간을 보냈습니다. 2020년 여름 이후 취득세 12% 부담하고 꽤 많은 부동산을 매수했지만, 되돌아보니 후회는 없습니다. 오히려 하지 않았으면 세월이 지나 현재의 내 모습에 후회와 아쉬움이 남았을 것 같습니다. 더욱 높아진 각종 세금 때문에 내가 가져가야 할 이익이 과거보다 적어졌지만, 그래도 시장 안에 머물러 있음에 감사합니다. 그리고 무엇보다 이렇게 큰 장애물(?)을 극복하고도 수익을 낼 수 있다는 자기 확신과 자신감을 얻게 된 것이 가장 큰 성과라고 생각합니다.

2022년 현재에도 부동산법인 대표로서, 전업 개인 투자자로서 현재 진행형으로 투자하고 있기 때문에 이 책을 쓰는 지금도 결코 스스로에게 부끄럽지 않습니다. 과거의 영광으로 입만 떠드는 것이 아니라 현재 상황에서 법인 운영 및 투자를 하려는 사람들과 필드에서 같이 뛰고 있는 한 사람이기 때문입니다. 그러므로 자신이 극복할 수 있는 것과 할 수 있는 일에 최선을 다하기를 진심으로 바랍니다.

부동산법인 대표의 근무 태도에 관하여

저는 법인을 단순히 부동산 투자의 다른 명의로만 생각하지 말고 저의 소중한 직장이라고 생각합니다. 그러기 때문에 오전 9시나 늦어도 10시에는 근무 가능한 상태로 만든 후 근무 시간 동안은 여느 직장인처럼 집중해서 일합니다. 한 달, 한 주, 하루에 해야 할 일에 대해 계획을 세우고 해야 할 일을 처리합니다.

우리 부동산법인은 보통 1인 법인으로 운영되기 때문에 누가 일을 지시하거나 업무 마감 처리 시간이 있지 않습니다. 그러므로 대표는 목표를 정확하게 세우고 목표에 도달하기 위한 강한 동기가 포함된 자기 주도 근무가 무척 필요합니다. 아이들에게만 자기 주도 학습이 중요한 것이 아닙니다. 목표를 세우고 그것을 실행하기 위해 노력하는 일이 바로 대표가 하는 일입니다. 이러한 대표의 습관과 사풍으로 법인의 수준을 더욱 높이기 바랍니다. 대표의 자기 주도적 태도에 따라 무급 대표에서 유급 대표로의 연봉 인상 기회도 더 빨리 찾아옵니다.

부동산 투자든, 법인 운영이든 모두 사람이 하는 일이기 때문에 내가 잘하면 법인도, 투자도 잘 될 것입니다. 그러므로 자신에게 너그러워지기 바랍니다. 투자하다 보면 손해도 보고, 실패도 맛보는데, 그럴 때 자신을 너무 몰아세우지 마세요. 그 순간에 내가 아는 한도 안에서는 최선을 다했다고 스스로를 위로해 주세요. 지금 되돌아보니 그때보다 아는 것이 많아진 지금에 와서야 후회되는 것입니다. 그 당시에는 다 알지 못했기 때문에 그러한 선택을 한 나를 용서하고 최선을 다 했다고 인정해 주세요. 실패한 경험은 나에게 아주 좋은 선생님이었다는 것을 지나고 나서야 알게 되었습니다.

부동산법인을 잘 운영하는 방법은 부동산공부를 하면 자연히 해결되는 것들입니다. 부동산시장의 전체적인 흐름 속에서 부동산을 보는 안목이 중요하다는 것을 늘 깨닫습니다. 내가 안목을 쌓기 위해 무엇을 하고 있는지, 부동산법인 대표로서의 자신의 근무 태도를 돌아보기를 바랍니다.

나란히 또는 마주보고 걷기 - 때론 혼자, 때론 함께하기

부동산법인은 대부분 1인 법인이므로 자기 주도 근무가 굉장히 중요하다고 강조했습니다. 그리고 정확한 투자 판단을 위해 혼자 오래 고민하는 시간이 반드시 필요합니다. 고민 속에서 더 나은 대안이 나오는 것은 진리입니다. 더 나은 대안이 없어도 생각하면서 스스로 상황을 받아들이기도 하기 때문에 대표로서 극한 상황을 결정하기 위해서라도 이런 시간은 꼭 필요합니다. 그렇다고 해도 너무 갇혀만 있지 말고 나와 목표와 방향이 비슷한 사람들과 정기적으로 교류하는 것이 좋습니다. 이런 모임은 생각의 범위와 이해의 폭을 넓혀주기 때문입니다. 혼자의 경험보다 여러 명의 경험이 합쳐지면 더욱 다양한 대안을 생각해낼 수 있습니다.

너무 혼자만 깊이 생각하다 보면 주관적 오류에 빠지기도 하고, 반면 너무 다른 사람들과 어울려 다니면 본인의 주관 없이 이리저리 휘둘리게 되므로 적절한 조화가 필요합니다. 이렇게 때로는 각자 나란히, 때로는 마주 보면서 함께하세요. 부동산법인을 운영하는 사람들끼리 경험과 지혜를 공유하면 혼자인 듯하지만 그 길이 전혀 외롭지 않습니다. 좋은 일에는 서로 손뼉쳐서 축하해 주고, 힘든 일에는 따뜻하게 격려해 줄 동료가 있다면 법인을 더 즐겁고 오래 운영할 수 있습니다.

가정일이나 다른 일로 잠시 부동산에 소홀해질 때가 있습니다. 그렇게 서서히 관심 밖으로 벗어나면 책장에 쌓인 오래된 책처럼 먼지가 쌓일 때도 있죠. 이때 이러한 모임이 있으면 떨어졌던 자석들이 서로 달라붙듯이 느슨했던 마음도 다시 다잡을 수 있습니다. 그리고 좋은 사람을 만나려고 노력하는 것보다 내가 좋은 사람이 되어 주는 건 어떨까요? 서로서로 그런 마음이 모여 법인 운영에 힘이 되는 모임이 만들어지는 것입니다.

나의 목표와 방향에 맞게 부동산법인 운영하기

부동산법인의 설립 목표와 방향에 대해 정했나요? 그리고 그것에 맞게 잘 운영하고 있나요? 만약 설립 목표와 방향도 없이 그냥 법인을 설립했다면 바다 항해를 위해 배만 구입한 겁니다. 어디로 가야 할지, 어디에 도착할지 모른다는 것이죠. 이런 상황에서는 빨리 가면 갈수록 경로를 조금만 벗어나도 전혀 엉뚱한 곳에 도착할 가능성이 높습니다.

사회 테두리 안에서 내가 좋아하는 일을 하면서 일과 가정의 균형을 잡고 진정한 나를 찾고 싶었습니다. 부동산법인의 대표로 직업을 정하고 월급을 받겠다는 목표로 지금까지 달려왔습니다. 나의 좋은 점을 닮은 법인을 만들고 싶었고 그 안에서 사회와 함께 성장하는 내가 되고 싶었습니다. 이러한 목표가 없었다면 지금의 사무실도, 지금의 이 책도 없었을 것입니다. 되돌아보니 법인을 잘 운영하기 위해 필요한 것은 화려한 투자 기법과 세금과 관련된 박식한 지식이 아니었습니다. 이것보다 오히려 목표와 방향에 따른 대표의 마음가짐과 근무습관이 중요하다는 것을 깨달았습니다.

처음에는 급여와 사회적 테두리가 간절했기 때문에 시작한 법인이었지만, 오래 지나지 않아 깨달았습니다. 급여는 1차원적인 수익 면에서의 목표였고, 사회적 테두리는 2차원적인 사회적 소속감의 갈증 해소가 목표였다는 것을요. 사실 이런 목표를 달성하기도 쉽지 않았지만, 목표 달성에 근접해 가는 순간에는 1차원적인 목표와 2차원적인 목표, 그리고 그 다음에 나를 설레게 할 법인이 추구해야 할 좀 더 상위 가치의 목표가 필요하다는 것을 절실히 느꼈습니다.

부동산법인에 '유무형 가치의 선순환'이라는 대원칙을 대표인 내가 법인에 스스로 직접 부여함으로써 방향에 대해 고민하는 사람들에게 특강을 진행하고 수익금의 일부를 매달 지정 보육원에 기부하고 있습니다. 매일 블로그에 성급한 투자를 부추기는 글보다 투자 방향과 마인드에 대한 글을 올리는 것도 제 법인이 지향하는 '유무형 가치의 선순환'의 대원칙 중 하나입니다.

숫자적으로 레버리지를 활용해 최고의 수익률과 수익금을 추구하는 것도 좋지만, 어느 정도 목표한 경제적인 만족점에 도달하면 자신을 찾는 시간을 꼭 가지세요. 내가 무엇을 좋아하는지, 어느 순간에 가장 행복해 하며, 만약 주어진 인생이 몇 년 안 남았다면 어디에서 무엇을 하면서 시간을 보내고 싶은지 고민해 보세요.

앞에서 법인 사업 다각화로 설명했던 공유 오피스도 이러한 고민 끝에 탄생했습니다. 그 당시 그 돈으로 다른 곳에 투자했다면 수익률이 더 좋았겠지만, 나만의 법인 사무실이 매우 절실했습니다. 전망 좋은 창가에서 차 한 잔의 여유를 느끼면서 오롯이 일에 집중할 수 있고, 내가 좋아하는 책과 소품으로 깔끔하게 인테리어한 법인 사무실이 절실하게 필요했으며, 나의 생각과 가치관, 결이 비슷한 사람들이 모여 삶의 다양한 가치를 공유하면서 나누고 싶었습니다. 감사하게도 사람과 서로 주고받는 행복 덕분에 돈으로는 환산할 수 없는 많은 기쁨과 뿌듯함을 느낄 수 있었습니다.

다음 목표는 아마 이 책이 나올 쯤에는 완성되어 있을 것 같습니다. 저를 믿고 오밀조밀 둥지에 모여주신 여러 대표님들과 스터디 선생님들께 감사한 마음을 보답하고 싶었습니다. 그래서 투자를 넘어 삶의 다양한 맛을 음미해 보면서 생각을 나누고 싶은 또 다른 공간을 준비하고 있습니다. 물론 이러한 공간도 숫자적인 금액으로만 따지면 물음표가 생길 수 있지만, 우리에게 힐링의 휴식터가 될 수도 있고, 삶의 상위 가치를 충족시키고 싶은 사람들에게는 새로운 아지트가 될 것입니다. 아울러 저의 법인 내적 가치를 한 단계 더 높일 수 있는 곳으로 발전되도록 가꾸는 것이 지금 또 하나의 목표입니다.

법인 안에서 진정으로 여러분이 원하는 것은 무엇인가요? 도착지(목표)가 있다면 크고 작은 파도도 잘 이겨낼 수 있고 흔들림도 덜할 것입니다. 목표에 맞게 계획을 세우고 계획 안에서 크고 작은 상황을 잘 맞이하기 바랍니다. 이런 상황을 맞이하고 극복해 나가는 내 모습, 그 자체가 나의 수준이고, 나의 그릇입니다. 매일 꾸준히 근무하면서 자신의 수준과 그릇을 높이려는 노력이 결국 법인의 가치를 높이는 일입니다. 숫자적인 목표 외에 내가 진정 꿈꾸고 계획한 방향에 맞게 부동산법인을 운영하세요. 그리고 그 안에서 진심으로 행복했으면 합니다.

나의 정신적 지주인 부모님과 가족들, 안동건 대표님과 사무실 대표님들께 감사하며

제 블로그를 자주 찾아오는 이웃님들은 잘 알겠지만, 저에게는 정신적 지주님들이 있습니다. 바로 저희 부모님이신데, 아마 유년 시절의 여러 기억과 경험, 그리고 생각이 모여 지금과 미래의 제 모습이 만들어지고 있습니다. 어린 시절에는 넉넉하지 않지만, 부족함 없는 집에서 태어나 하나의 단독주택에서 대학교에 입학할 때까지 살았습니다. 부모님께서는 단독주택 앞의 상가와 단칸방에서 근로소득 외에 임대소득을 받으셨습니다. 그래서 저는 알게 모르게 부동산에 대해 자연스럽게 밥상교육(?)을 받았는데, 이것은 정말 최고의 행운이었습니다.

부모님께서는 단독주택 앞에 있는 본인의 상가에서 장사도 하셨습니다.

장사하시면서 어려운 사람들에게는 식사값을 받지 않으셨고, 주택에 임차하는 사람들은 최소 10년 넘게 살 정도로 월세도 저렴하게 주셨습니다. 그리고 항상 1만 원 쓰는 마음과 100만 원 쓰는 마음이 같아야 한다면서 돈의 주인이 되는 모습도 보여주셨습니다.

아버지는 장사를 하시면서 주경야독으로 공인중개사 자격증을 취득하신 후 보유 부동산 관리도, 투자도 열심히 하셨어요. 시간이 흘러 딸인 저는 대학교에서 부동산학과 도시공학을 전공하면서 공인중개사 자격증을 취득했고 졸업 후에는 은행과 부동산 사무실을 차례대로 거치면서 일하다가 지금은 이렇게 부동산법인을 운영하게 되었습니다.

어려운 일, 힘든 일, 곤란한 일이 생길 때 부모님이라면 어떻게 행동하셨을지를 생각하곤 합니다. 어린 시절부터 현재까지 부모님께서 몸소 보여주시는 모습으로 부동산 투자를 할 수 있었고, 이러한 DNA를 물려주신 부모님의 삶의 모습을 배우려고 저는 지금도 노력중입니다.

좌충우돌 의욕만 앞섰던 20대 때의 10년 동안 수익은커녕 손해를 볼 때도 묵묵히 저를 지켜봐 주시고, 일하는 딸을 위해서 크고 작은 집안일을 늘 챙겨주시는 부모님 덕분에 지금까지 건강한 몸과 마음으로 법인을 운영하고 있습니다.

부동산으로 돈을 버는 것보다 끈기 있게 마무리하는 모습,

힘들어도 포기하지 않는 모습,

일을 하면서 만나는 모든 사람에게 정도(正道)를 지킬 것을,

수익이 난 것은 내가 잘해서가 아니라 사회 전체가 수고한 것이기 때문에,

기쁜 마음으로 세금을 내야 한다는 것을,

스스로를 절제하고, 다독이며, 주위를 돌아볼 줄 아는 모습을 물려주신 것이 진정한 부동산법인을 운영할 수 있는 DNA인 것 같습니다. 늘 새로운 것에 도전하고 이상적인 삶을 꿈꾸는 딸을 믿고 지지해 주시는 부모님께 진심으로 사랑과 감사의 마음을 전하고 싶습니다.

실패의 이면에는 저의 부족함과 잘못된 만남도 있었습니다. 하지만 부동산업계에서도 오래 볼 수 있는 좋은 사람이 있음을 알려주신 부동산차트연구소(www.rme.co.kr) 안동건 대표님께도 깊은 감사의 마음을 전합니다. 투자는 인품에 비례하는 것이라고 하면서 귀한 경험을 나누어 주셨고, 함께 성장할 수 있도록 마음까지 내어주셨던 대표님과의 만남으로 제가 한 단계 더 성장할 수 있었습니다.

부동산법인 전문 공유 오피스를 꾸린 것이 이제 4년 차가 되어 가는데, 이 길을 함께 걸어가는 사무실 안의 여러 대표님들께 감사드립니다. 혼자보다

함께 가면 더 오래, 더 즐겁게 갈 수 있다는 또 다른 가르침을 주신 사무실의 여러 대표님들 덕분에 이 책이 더욱 빛이 납니다. 제가 성장을 도와드린다고 이야기는 했지만, 그건 교만이었습니다. 되돌아보니 사무실의 대표님들 덕분에 인생의 깊이를 더 알게 되었음을 고백합니다.

끝으로 늘 저의 생각과 일을 존중해 주고, 저의 컨디션을 먼저 챙겨주며, 심적·물적 지원을 아끼지 않는 가장 가까운 사람, 제가 하는 모든 일을 서슴없이 명품이라고 이야기해 주는 남편에게도 마음속 깊은 고마움을 전합니다. 15년째 초보엄마, 일하는 엄마에 대한 배려로 저의 마음넓이를 오히려 키워주고 있는 사랑스런 두 딸. 고사리 같은 손으로 엄마를 위해 늘 이것저것 챙겨주는 기특한 혜원이, 혜율이에게도 깊은 사랑을 전하고 싶습니다. 두 딸의 탄생으로 인해 적극적으로 사회 테두리를 얻으려고 노력하게 되었고 그 결과, 법인으로 월급 받는 엄마가 될 수 있었던 것 같습니다. 이 책이 나중에 사회의 시련 속에서 헤맬 수도 있는 두 딸들에게 큰 나침반이 되길 바랍니다.

원고를 마무리할 쯤 되니 아쉬움을 비롯한 알 수 없는 감정이 밀려옵니다. 알랭 드 보통(Alain de Botton) 저자의 《여행의 기술》에 이런 이야기가 나옵니다. 여행 가이드가 그 지역의 명소와 그에 따른 여러 활동을 소개하고 안내할 수는 있지만, 여행객들에게 그 지역과 활동을 좋아하고 잘하게 해 줄 수는 없다고요. 여행 가이드의 역할에도 어쩔 수 없는 한계가 분명히 있다는 뜻입니다.

저 역시 제 경험을 발판으로 삼아 이 책을 통해 부동산법인의 장단점과 개인과 법인을 활용할 장기적인 투자 방향을 소개할 수 있지만, 독자 개개인이 부동산법인을 좋아하고 잘 운영할 수 있는 것은 오로지 본인 몫입니다. 그렇기 때문에 현재 이 시간이 조만간 다가올 미래에 어떻게 평가받을지, 혹시라도 놓친 것이 있을지, 처음 쓰는 책이다 보니 혹시라도 글솜씨가 부족해 전달력이나 가독성이 떨어지지는 않았을지 등등 걱정이 앞섭니다.

우리는 처음 하는 일 앞에서는 대부분 설렘과 함께 두려움이 생깁니다. 저도 사람이기 때문에 그것에서 완전히 자유롭지는 않습니다. 하지만 이 책을 쓰는 이유는 돈을 벌기 위함도, 명예를 위함도 아닙니다. 부디 이 책을 읽는 독자 여러분이 제 경험을 바탕으로 삼아 법인에 대한 막연한 고민 속에서 작은 불빛이라도 찾을 수 있다면 그것이 바로 고된 집필의 가장 큰 보람일 것입니다.

자산을 많이 이룬 분들이 보기에는 다소 부족한 책일 수도 있습니다. 자산을 더욱 효율적으로 보유하기 위해, 또는 소유한 자산을 재배치하기 위해 법인을 활용할 수 있습니다. 이런 경우에는 개개인마다 상황과 성향이 모두 다르기 때문에 세무사와 상담하는 것이 더 나은 방법입니다.

이 책의 출간 배경과 목적은 평범한 대다수의 사람들이 본인만의 목표를 가지고 자산을 이루기 위한 과정에 도움을 주는 것입니다. 그럼에도 불구하고 부족한 부분은 저의 블로그를 통해 좀 더 성장해 나가는 모습을 공유하겠습니다. 부디 이 책이 법인 설립의 갈림길에서 고민하고 좀 더 나은 법인으로 운영하려고 하는 사람들에게 작은 등대가 되기를 진심으로 바랍니다.

인아랑 (따스한 지인)

돈이 된다! ETF 월급 만들기

투생(이금옥) 지음 | 18,000원

80만 월재연 열광!
ETF 풍차 돌리기로 10% 수익 무한 창출!

- ETF 풍차 돌리기 선구자 투생의 강의가 책으로!
- 기계적으로 수익 실현! 월급처럼 현금이 꽂힌다!
- 투생의 지속 가능 10% 수익 실현 대공개!

돈이 된다! 급등주 투자법

디노(백새봄) 지음 | 18,800원

월급쟁이도 주식으로
월 500만 원 창출!

- 월재연 80만 회원 열광, 한경TV가 주목!
- 월수익 500만 원 디노의 급등주 투자법
- 누구나 한 달에 500만 원 수익 내는
  초단기 투자법 대공개!

돈이 된다! 주식투자

김지훈 지음 | 24,000원

삼성전자만큼 매력적인
똘똘한 성장주 39 대공개!

- 돈 버는 산업도, 내일의 금맥도 한눈에 보인다!
- 차트도, 재무제표 분석도 어려운 왕초보도 OK!
- 〈포스트 코로나 투자 리포트〉 무료 쿠폰 제공!

★ 네이버 최고 기업분석 블로거의 족집게 과외 3단계!
1. 좋아하는 기업을 찾는다.
2. 뒷조사를 한다.
3. 가장 쌀 때를 노린다.

돈이 된다! 스마트스토어

엑스브레인 지음 | 22,000원

네이버 No.1 쇼핑몰 카페 주인장
엑스브레인의 스마트스토어 비밀과외!

- 취업준비생, 자영업자, 제2의 월급을 꿈꾸는
  직장인 강추!
- 포토샵 몰라도, 사진이 어설퍼도, 광고비 없어도 OK!

★ 스마트스토어로 부자 되기, 단 5일이면 충분!
1일 차 | 스마트스토어 세팅하기   2일 차 | 상세 페이지 만들기
3일 차 | 상위 노출하기   4일 차 | 돈 안 내고 광고하기
5일 차 | 매출 분석하기

돈이 된다! 해외소싱 대박템

하태성(물주 하사장) 지음 | 22,000원

**국내 유명 셀러를 부자로 만든
하사장의 해외소싱 비법 대공개!**

- 돈많은언니, 유정햇살, 정다르크 등 유명 셀러 강추!
- 고수의 눈으로 대박 아이템 찾고
  해외소싱까지 한방에!
- 이론은 책으로! 현장실습은 동영상으로!
  1석2조 학습서

부록 | 왕초보를 위한 소싱 파격지원 쿠폰 제공!

왕초보 유튜브 부업왕

문준희 지음 | 19,800원

**소소한 용돈부터 월세 수익까지!
현직 유튜버의 영업비밀 대공개!**

- 대본 쓰기부터 스마트폰 촬영, 프리미어 프로까지
  한 권이면 OK!
- 조회 수 UP! 구독자 수 UP!
- 3분 동영상 홍보 비법 완벽 공개!

엑스브레인 쇼핑몰 성공법

엑스브레인 지음 | 20,000원

기사회생! 매출 급등!
쇼핑몰·스마트스토어·오픈마켓 모두 OK!

- 왕초보도 연매출 4천만 원!
  성공한 쇼핑몰의 비밀 대공개!
- 경쟁사 분석, 기획력, 마케팅,
  아이템 선정 노하우 수록
- 2주 완성 쇼핑몰 실전 창업리스트 수록

심정섭의 대한민국 학군지도

심정섭 지음 | 35,000원

자녀교육 + 노후대비 최고해결사!
집값하락 걱정 없는 아파트 찾기!

- 학업성취도 100위 학교 철저분석!
- 우수학교 배정아파트 시세분석!
- 세종시, 강동, 용인, 수지 3개 학군 추가 수록

★ 학군지도 세 가지 효과
1. 왕초보 엄마아빠도 학군 전문가로 변신!
   '학교알리미' 사이트 200배 활용법 대공개!
2. 전국 명문학군 아파트 배정표 + 시세표를 한눈에!
   전국 19개 명문학군 학교, 아파트, 학원가 철저분석!
3. 부동산 입지의 핵심 요소인 학군 완벽 이해!
   학군의 부동산적 의미와 저출산시대의 학군 전망!

김병권의 **부동산** 대백과

김병권(부동산아저씨) 지음 | 38,000원

200만 부동산스터디가 사랑한
부동산아저씨의 '내집마련+월세수익' 로드맵

- 전월세, 청약, 재개발, 재건축, 경매, 상가,
  절세, 대출까지!
- 20/30/40/50대 투자 로드맵 제시!
- 필요할 때마다 펼쳐보는 1가구 1부동산대백과!

김지혜의 **부동산** 경매 지도

김지혜 지음 | 38,000원

네이버 태양신의 핵심지 입찰 족보!
대한민국 TOP78 초저가 매수 공략집!

- 가성비 투자 물건 Pick!
- 아파트 14개/빌라&단독 12개/
  오피스텔&지식산업센터 22개/토지 20개/
  상가&꼬마빌딩 10개

| 부록1 | 왕초보 패스! 위험한 경매 유형 12
| 부록2 | 소액 투자용 빌라 감별법